Le Docteur BERNARD

DE CANNES

DE TOULON
AU TONKIN

(ITINÉRAIRE D'UN *TRANSPORT*)

OUVRAGE ILLUSTRÉ DE QUATRE GRAVURES

PARIS

LAPLACE, SANCHEZ ET Cie

3, RUE SÉGUIER, 3

1885

DE TOULON
AU TONKIN

CORBEIL. — Typ. et stér. CRÉTÉ.

Le Docteur BERNARD
DE CANNES

DE TOULON
AU TONKIN

(ITINÉRAIRE D'UN TRANSPORT)

OUVRAGE ILLUSTRÉ DE QUATRE GRAVURES

PARIS
LAPLACE, SANCHEZ ET Cie
3, RUE SÉGUIER, 3

1885

A

Frédéric BÉCHARD

Simple relation de voyage notée au courant de la plume et écrite pour charmer les loisirs d'une longue traversée, ce livre n'était pas destiné aux honneurs de l'impression. Vous l'avez lu le premier, alors qu'il n'était encore qu'un manuscrit informe ; il a eu le don de vous intéresser et de vous plaire, et vous lui avez facilité l'accès d'une des plus anciennes et des meilleures revues de France.

De Toulon au Tonkin, vous le savez, n'est guère que l'énumération, que la description plus ou moins pittoresque des étapes de nos marins et de nos soldats sur la longue route qui les mène au pays d'Annam. — Les ouvrages écrits sur la Cochinchine et sur le Tonkin sont nombreux, mais tous transportent d'un trait le lecteur à Saïgon ou à Haï-Phong, comme si le voyage se faisait en ballon : « Nous ne parlerons pas de la route, disent-ils toujours, elle est trop connue. » — Trop connue ! Et comme aucun n'en parle sous ce prétexte, il finit par en résulter que bon nombre de personnes ne s'en font qu'une idée fort vague. C'est justement cette route si intéressante, c'est ce voyage même que décrit mon travail.

Comme ces gravures à grandes marges que publient certains imprimeurs et qui peuvent s'adapter à toutes les éditions d'un auteur célèbre, ce livre peut s'adapter à tous les ouvrages qui traitent de l'extrême Orient : il peut en être regardé comme l'introduction.

Puisse le public porter sur mon œuvre le jugement favorable que vous avez porté vous-même! Puisse-t-elle trouver auprès de ses lecteurs l'accueil flatteur qu'elle a trouvé déjà auprès du *Correspondant* et auprès de ses bienveillants et sympathiques éditeurs!

Le nom de l'auteur des *Déclassés* et des *Deux Lucien*, inscrit à son frontispice, doit, une fois encore, être pour elle un patronage précieux. Veuillez donc accepter d'en être le parrain, et permettez-moi de la placer sous vos auspices et, en même temps, de vous la dédier comme un témoignage de ma gratitude et de mon affection.

Dr BERNARD, de Cannes.

Cannes, avril 1885.

PORT-SAÏD. (Entrée du Canal de Suez.)

DE TOULON AU TONKIN

CHAPITRE I

MÉDITERRANÉE ET PORT-SAID.

Départ. — Le Stromboli. — En mer. — Arrivée à Port-Saïd. — Population. — Quartier européen. — Casino. — Quartier arabe. — Fellahines et Nubiennes. — Marché.

Six rameurs vigoureux appuient sur leurs avirons qui plient et, comme un goëland, notre embarcation vole sur les eaux transparentes dans lesquelles traîne noblement le bout de son large pavillon tricolore.

Au milieu de la rade de Toulon, un énorme navire blanc semble pris à l'abordage par des bateaux de toute espèce : canots à vapeur, lourds chalands, baleinières élancées, youyous vacillants, chaloupes massives. C'est le transport qui doit nous conduire là-bas, dans l'extrême Orient, vers les pays où le soleil se lève. Un coup de sifflet retentit; nous sommes à bord et, un instant après, pendant que le guidon blanc et bleu monte au mât de misaine, une détonation se fait entendre : c'est notre coup de canon de partance qui roule le long des côtes et que, comme un dernier adieu, nous renvoient les échos prolongés du Faron.

Tous ceux qui ne doivent pas venir avec nous quittent le navire; les factionnaires arrêtent à la coupée les visiteurs qui nous arrivent en retard; toute communication avec la terre est interrompue ; nous sommes seuls.

Dans la batterie encombrée, grouillent en foule artilleurs et soldats de marine que les matelots affairés bousculent en passant. Tous les militaires ont déjà revêtu la tenue de voyage : coiffe blanche sur le képi, pantalon de coutil, longue et large blouse de toile neuve dont les manches raides forment sur les bras comme des ailes de surplis empesé. Les chefs, la sacoche en bandoulière et serrée au flanc par le ceinturon, s'agitent au milieu de tous ces gens ahuris et s'efforcent de faire établir un certain ordre dans le fouillis des sacs qui s'empilent un peu partout. De temps à autre, le clairon sonne gaiement dans le tumulte de cette multitude. Les officiers qui partent font embarquer leurs dernières caisses et prennent possession de leurs cabines à quatre lits. Sur le pont, c'est un autre entassement remuant de soldats, de marins et d'employés : à l'avant, des civils, agents du pourvoyeur, installent et casent de leur mieux le bétail bêlant et beuglant et la volaille affolée ; à l'arrière, sur la dunette, se pressent, rêveurs et dépaysés, les passagers officiers et les fonctionnaires qui leur sont assimilés.

A midi, un canot à vapeur de la Majorité nous arrive tout essoufflé : il porte l'ordre d'appareiller.

L'hélice frémit, les pavillons flottent, et notre navire se met lentement et majestueusement en marche. Toulon disparaît peu à peu derrière la Grosse-Tour. Chacun a les yeux fixés sur la terre qui s'éloigne et plus d'un soldat retrousse fièrement sa moustache pour y essuyer, sans en avoir l'air, quelque larme furtive qui vient d'y rouler malgré lui. Nous sommes huit cent cinquante à bord : combien parmi nous ne reverront pas le doux pays de France !

Le temps est d'une beauté de bon augure et tout le monde est sur le pont. A peine avons-nous doublé Saint-Mandrier, qu'un léger mouvement qui n'est pas encore du roulis se fait sentir : il suffit pour faire disparaître dans les profondeurs du navire la moitié de nos soldats déjà surpris par les balancements de la houle. La mer est pourtant unie comme un miroir ; aussi loin que la vue peut s'étendre, on la dirait hérissée de bulles d'écume : c'est une flottille innombrable de méduses olivaires qui voguent en étalant au vent une voile minuscule, transparente et bleuâtre.

Nous sommes bientôt par le travers des îles d'Hyères. Cinq heures après notre départ, nous sommes nord et sud avec le feu des Titans ; derrière la pointe aride et rocailleuse de la Galère, se dégage un autre cap, la pointe Maupertuis ; l'îlot désolé de la Gabinière file le long du bord et, peu à peu, les côtes de Provence s'estompent et s'évanouissent à l'horizon déjà voilé par la nuit qui tombe.

Le lendemain matin, la diane nous réveille au nord du cap Corse : c'est un promontoire sauvage dont le dos s'arrondit en hautes collines, les unes boisées, les autres couvertes de ces maquis si chers aux bandits et surtout aux romanciers.

Plus loin, se montrent le phare de Giraglia et l'île d'Elbe que domine le Monte-Capane, haut de 1,000 mètres. L'île d'Elbe, ce lieu d'un court repos entre l'abdication de Versailles et les Cent-Jours, cette première édition de Sainte-Hélène ! Sur son rivage historique, blanchissent confusément les maisons de Porto-Ferrajo et, dans son port, les longues-vues nous montrent vaguement les mâtures des navires qui viennent y chercher les minerais de fer, seule production de l'île.

Plus loin encore, sortent des flots bleus de la mer Tyrrhénienne Capraja, Pianozza, petits îlots plats, presque sans verdure et où ne s'élèvent que quelques maisons éparses, quelques batteries italiennes et quelques cabanes de pêcheurs.

Plus loin enfin, apparaît le cône de Monte-Cristo, dont le sol désolé ne nourrit que des chèvres à demi sauvages. Une centaine de pauvres marins habitent ce rocher fameux, propriété d'un Anglais original. Puissance de la plume! Il a suffi du caprice d'un écrivain célèbre pour faire cette île perdue aussi connue, aussi fameuse que celle de Napoléon!

Encore quelques tours d'hélice, le phare de Giglio passe à l'horizon comme la cheminée blanche d'un steamer et nous perdons toute terre de vue.

Le lendemain, plus rien n'apparaît sur l'immensité liquide formant autour de nous un vaste cercle désert dont nous sommes le centre : pas un nuage au ciel, pas une voile au large, pas un pli sur l'eau qui s'endort dans le calme plat. Seuls, les gens de quart ont, dans la nuit, vu briller au loin les feux de Ponza et de Palmarola.

Ce n'est que le soir que nous arrivons en vue des îles Lipari ou, plus poétiquement, des îles Éoliennes. La nuit s'est faite pendant que nous en approchons et elles ne nous apparaissent dans l'obscurité que comme quatre grandes pyramides aux contours bien accusés et se détachant nettement en noir sur le ciel d'un bleu très foncé. L'une d'elles, située à l'est des autres, se couvre d'un nuage de fumée épaisse : c'est le volcan toujours en activité de Stromboli ; c'est, avec les cratères du Vésuve et de l'Etna, l'une des bouches par lesquelles respire le formidable foyer souterrain qui bouillonne sans cesse sous le sud de l'Italie. A dix heures du soir, nous en sommes très rapprochés ; le ciel est magnifiquement étoilé ; la mer est noire ; les îles de Volcano, de Salina, d'Alicudi, de Felicudo ne sont plus que des nuages dans le lointain : seul, le Stromboli occupe la scène. On dirait la grande voile sombre de quelque vaisseau fantôme. Aux angles inférieurs du triangle qu'elle forme brillent des feux de pêcheurs ; son sommet se bifurque en mitre, et, sur son versant nord, s'ouvre un grand trou béant qui s'éclaire de clartés fantastiques et rougeâtres comme la gueule d'une immense fournaise. De cet antre embrasé s'échappent des torrents d'une fumée noire qui se teint, par intervalles, d'une grande lueur rouge. De temps en temps, cette lueur devient plus vive, des flammes s'élèvent, deux ou trois larges gerbes de feu jaillissent étincelantes vers les étoiles, comme sous l'action de quelque soufflet cyclopéen, puis, tout retombe dans une demi-obscurité, et l'embrasement recommence quelques secondes après. Spectacle grandiose, saisissant et devant lequel les idées viennent en foule à l'esprit. Nos passagers, enthousiasmés, applaudissent quand le volcan lance un jet de flammes plus haut que les autres, comme on applaudit, au Châtelet, un effet de féerie.

A onze heures, nous avons tourné l'île, et tout a disparu. Nous n'apercevons plus au loin, vers le sud, que les feux du Faro, de Messine et de Reggio, qui brillent comme des étoiles tombées sur l'horizon.

Trois jours après que nous avons quitté Toulon, la Sicile nous montre de loin le cap Spartivento et le sommet de l'Etna qui fume tout blanc de neige, et après deux nouvelles journées de mer et de solitude, nous laissons sur bâbord Candie, l'ancienne île de Crète, que marquent les sommets du Psiloritis et de l'Elino-Seli : le Psiloritis, ancien mont Ida dont le miel nourrit Jupiter, mais qui n'a rien de commun avec le mont Ida de Troade illustré par Vénus, par Pâris et surtout par Offenbach ; l'Elino-Seli, dont la tête domine fièrement le pays des Sphakiotes, ces descendants les plus purs et les plus libres des anciens Hellènes.

Le lendemain, le surlendemain, encore l'immensité ! toujours l'immensité ! Spectacle sublime, s'écrient les poètes ! Spectacle, hélas ! bientôt monotone, disent les marins ! Ce cercle immense semble bien étroit ! Cet infini semble bien fini ! Notre existence à bord est cependant loin d'être triste. On part à peine, on n'est pas encore fatigué et on s'amuse de tout. Des siestes prolongées, peu de lecture, encore moins de travail; d'interminables parties de whist ou de jacquet : voilà l'emploi de la journée coupée à peine par quelques heures de service. Le matin, on monte en général d'assez bonne heure sur le pont : on a hâte d'aller aspirer à pleins poumons l'air frais et pur de la mer. Le navire est alors tout brillant du soleil levant et tout ruisselant du lavage; l'eau court partout et coule de toute part; les fantassins de corvée, péniblement courbés sur des balais sans manche, manœuvrent avec ensemble et en reculant à petits pas, tandis que nos marins demi-nus lancent au loin leurs seaux d'eau de mer et inondent en riant le pont, la batterie et les jambes des soldats.

C'est alors l'heure de la visite du docteur. La cloche et le clairon appellent les malades. Ils sont bien peu nombreux et leurs maladies sont surtout bien peu graves! Quelques recrues qui viennent naïvement se plaindre du mal de mer; quelques soldats qui nous apportent un poignet contusionné ou un front meurtri, résultat de chutes faites en montant dans le hamac dont ils n'ont pas encore l'habitude; quelques matelots dont le doigt a été pincé dans une manœuvre, et c'est à peu près tout. Le soir, on se réunit sur la dunette ; on y cause, on y fume et même on s'y endort. Le gaillard d'avant est couvert d'une fourmilière de matelots en noir et de soldats en blanc ; entre le gaillard et la passerelle, dix grands bœufs ruminent placidement, sans s'inquiéter des hommes qui se couchent dans leurs jambes et sur leur litière, pas plus qu'ils ne s'émeuvent de la vue de ceux de leurs compagnons qui, déjà immolés et écorchés, balancent dans les haubans leurs membres pantelants et ensanglantés. Sur le pont, les chœurs et les quadrilles s'organisent; on chante et on danse au son du triangle, et pourtant, au milieu de toute cette gaieté un peu factice, que de soucis de l'avenir, que de regrets dans certains cœurs ! Plus d'un ne prend aucune part aux jeux de ses camarades et, assis à l'écart, le front dans les mains, rêve à tous ceux qu'il a quittés pour longtemps, peut-être pour toujours! Mon Dieu, pour être soldat ou marin, on n'en est pas moins homme! Quelques jeunes conscrits, déjà nostalgiques, ont essayé de passer, la nuit, par un sabord, comme par hasard. Tous ces pauvres jeunes gens vont sans doute bien volontiers soutenir l'honneur du drapeau sur la terre lointaine où les attendent les hommes jaunes, mais avouons que la plupart en reviendraient avec plus de plaisir encore. Il faut voir, le matin, à la visite, quelle joie rayonne sur la figure de ceux à qui le major dit avec ce tutoiement amical qui est de tradition dans la marine : « Allons, mon garçon, tu n'es pas assez fort pour rester là-bas; nous te ramènerons avec nous! »

Au bout de sept jours de traversée, à quatre heures du matin, les hommes de veille signalent le feu de Damiette dans le sud et, à neuf heures, comme une colonne blanche plantée dans les flots, apparaît le phare de Port-Saïd.

La mer, qui était houleuse, se calme; des navires nombreux passent à côté de nous.

A dix heures, nous ne voyons toujours que le même phare; la côte est si plate qu'on ne la découvre que lorsqu'on la touche. Enfin nous distinguons, tout près, une longue plage de sable blanc commençant, à l'est, dans la direction du golfe de Péluse; cette bande de terre s'arrondit un peu pour former la baie de Dibbeh et se perd vers l'ouest, dans la direction de Damiette : c'est la terre d'Égypte.

Les sondeurs, hissés dans les embarcations suspendues aux porte-manteaux, font décrire de grands cercles à leurs plombs et crient d'une voix lamentable : « Fond ! Douze mètres tribord ! Douze ! Fond ! Onze mètres bâbord ! Onze ! » Nous allons arriver.

En face de nous, derrière le phare, surgissent deux villes en bois et en briques, réunion de maisons basses dont les toits pointus nous rappellent plutôt la Bretagne que l'Afrique. Un large espace vide et sablonneux sépare ces deux villes l'une de l'autre. Celle de l'ouest est la ville arabe, celle de l'est, la ville européenne de Port-

Saïd. Port-Saïd est de création entièrement moderne ; elle doit le jour à M. de Lesseps, et elle a été bâtie sur l'emplacement choisi en 1859 par M. Larousse, ingénieur hydrographe de la marine. Son nom hybride, mi-partie arabe et mi-partie français, lui vient de son parrain, Mohammed-Saïd, alors vice-roi d'Égypte.

Un essaim de pavillons de toutes couleurs voltige au-dessus des toitures ; ce sont les consulats. Une grande enseigne qui se détache sur la façade d'une maison attire notre attention ; nous braquons sur elle nos longues-vues, et les premiers mots que nous lisons sur les rivages de Sésostris et de Moïse sont : Modes de Paris ! Les hiéroglyphes humiliés sont allés cacher leur honte dans les salles basses du Louvre et du British Museum.

A l'est de la ville européenne, de la ville franque, s'ouvre l'embouchure du canal, qui sert en même temps de port. Les navires se pressent le long de ses quais ; à leurs mâts flottent les drapeaux de la Grèce, de l'Italie, de la Turquie, de l'Autriche, de l'Angleterre et, çà et là, de la France.

Lentement, notre navire pénètre entre les deux longues jetées qui prolongent le port et le canal assez avant dans la mer, et nous stoppons bientôt pour attendre les employés de la Santé. Ils arrivent à force de rames. Ce sont de gros bonshommes dont la taille arrondie, la longue redingote noire et le fez écarlate justifient la comparaison, banale mais juste, d'un Oriental moderne avec une bouteille de vin de Bourgogne. L'un d'eux est un médecin. Quel singulier confrère! Il parle et gesticule à grand bruit. Il craint peut-être que nous n'apportions le choléra en Égypte! Tous ces Turcs parlent italien, et c'est en italien que sont imprimés leurs papiers officiels. C'est que l'Égypte, grand caravansérail du monde, grande gare sur la route de l'Orient, a adopté trois langues : le français, l'italien et l'arabe. On nous admet enfin en libre pratique ; notre patente est nette et nous pouvons descendre à terre.

Les quais de Port-Saïd nous rappellent ceux d'Alger. Il s'y agite, en criant, une foule bariolée d'Européens, de Grecs au costume moitié oriental, moitié occidental, de Turcs à la grande robe et au vaste turban, et surtout d'hommes de peine de toutes les couleurs, vrais frères des Yaouleds barbaresques dont ils portent la misérable livrée. De lourdes mahonnes débordent au moment où nous accostons et se dirigent sur notre navire, pleines d'Arabes que ne peut plus noircir le charbon qu'ils nous apportent. Le long du bord, se pressent et sautillent une multitude de barques abritées, comme celles de Marseille, par des tendelets multicolores. Une nuée d'hommes peu vêtus s'abat sur nous : l'un nous offre un hôtel,

l'autre veut absolument porter des bagages que
nous n'avons pas, un troisième tient à nous guider
à travers les plaisirs douteux de Port-Saïd ; nos
bateliers nous poursuivent encore dans la foule
et, dans le brouhaha de tout ce monde glapis-
sant, il est un mot qui revient sans cesse : *Bachich!*
C'est certainement le substantif le plus employé
de la langue du pays : il répond aux termes français pourboire, étrenne, aumône, bref, à toutes
les expressions qui rendent l'idée d'argent mal
gagné.

Il est midi. Le sable blanc, qui partout couvre
le sol, nous renvoie à la face une chaleur brûlante.
Du quai, se dirige vers l'ouest la principale artère
de Port-Saïd, large rue dont les maisons ont rarement plus d'un étage. Tous les rez-de-chaussée
sont occupés par d'assez beaux magasins anglais,
français ou grecs, largement ouverts sur les
trottoirs et où se mêlent à ceux de l'Égypte tous
les produits de l'Orient et de l'Occident ; les dé-
bits de boisson répandent dans l'air des parfums
d'absinthe, de gin et de raki ; les bazars étalent, pêle-mêle avec les boîtes de cirage et les miroirs de cinq sous, des scarabées sacrés, des livres,
des ibis empaillés, des ichneumons desséchés depuis des siècles, des objets de Jérusalem à profusion, et jusqu'à des têtes de momie qui mettent
dans des coins de vitrine le sourire funèbre de
leurs lèvres de parchemin noir ; enfin, les photo-

graphes sans vergogne, à qui sont inconnus les pudiques règlements de notre police des mœurs, exposent au grand jour les choses les plus extraordinaires.

Tous les costumes de la Méditerranée et de la mer Rouge se coudoient et se confondent dans cette rue. Les voilà tous mêlés dans une querelle à laquelle nous assistons dès notre arrivée. C'est un Grec au jupon blanc, à la haute calotte rouge et à la moustache démesurée qui vient de heurter, en passant, un Égyptien noir, majestueusement drapé dans sa vaste gandoura, sa large chemise bleue et flottante. Celui-ci, qui brandit comme une lance une longue pipe en bois de jasmin, appelle à son aide un grand nègre de la Nubie, en turban blanc, en gandoura blanche et en pantoufles à la poulaine. Un Turc, qui traîne flegmatiquement ses babouches dans le sable chaud et qui laisse flotter au vent sa large robe en soie rayée, vient, la tête renversée en arrière par le poids d'un turban gigantesque, mettre son nez aquilin au milieu de cette affaire qui ne le regarde pas ; la discussion s'échauffe ; le palikare fait le simulacre de cracher à la figure de l'Égyptien qui lui répond par la même pantomime ; le nègre, plein de dédain pour le descendant dégénéré des Spartiates, saisit sa longue moustache d'une main et, de l'autre, lui caresse le menton avec mépris ; tout cela se passe avec un étourdissant mouvement

de grands gestes, avec un assourdissant tapage
de clameurs et d'injures. On a fait aux Orientaux
une réputation de gravité et de noblesse qui nous
semble bien usurpée; ils ne la doivent certainement qu'à leur costume; habillez comme nous un
Turc ou un Arabe, mettez-le en colère le moins
du monde, et vous aurez le Marseillais le plus
bruyant qui ait jamais fait retentir la Canebière
de ses cris, qui ait jamais éborgné les passants de
sa pantomime la plus exagérée. On hurle, mais
on ne frappe pas. Un nouveau croyant, vêtu
cette fois de la redingote ottomane et coiffé du
fez de la réforme, intervient, traînant à sa suite
des agents de police armés de chassepots et équi-
pés à peu près à l'européenne. Des soldats, tout de
blanc vêtus comme des meuniers, avec des bonnets rouges sur la tête et des pattes d'argent sur
les épaules, viennent prêter main-forte à l'autorité; les policemen rient, les soldats crient, les
adversaires rugissent, tout le monde crache et
s'envoie, à distance, de furieuses chiquenaudes;
l'altercation va, selon l'expression locale, devenir
une barouffe, c'est-à-dire une bataille générale.
Balak! balak! crie heureusement à tue-tête un
nègre, arroseur public, qui passe tenant sous son
bras l'outre de cuir dont il répand le contenu sur
la chaussée; le groupe en dispute se disperse devant sa douche et va se reformer plus loin;
Balak! balak! gare! crie un fellah en burnous

rouge qui, dans un nuage de poussière et le bâton levé, chasse devant lui un troupeau d'ânes minuscules. Portant chacun une outre d'eau en travers du bât, les bourricots arrivent au galop ; ils semblent faire une charge de cavalerie sur nos querelleurs qui, cette fois, se séparent et se dispersent pour tout de bon. Cette heureuse terminaison du tapage semble causer une vive satisfaction à la femme du Grec qui, serrée dans une petite veste de velours vert et coiffée d'une charmante toque dorée, communiquait ses craintes à une gracieuse Levantine, en mantille rose, tandis que les Égyptiennes, voilées de la tête aux pieds, passaient, indifférentes et silencieuses, comme des fantômes noirs.

Le voile des Égyptiennes a une forme tout à fait particulière : c'est un long triangle en épais tricot noir dont la base souligne les yeux et dont le sommet, terminé par un gros gland, touche presque le sol. Il est soutenu par une chaîne qui fait, en couronne, le tour de la tête et d'où pendent de gros paquets de sultanis disposés comme les glands en pendeloque d'un chapeau de cardinal; une longue série de pièces dorées est appliquée sur le voile, de la base au sommet, et trace la bissectrice du triangle qu'il forme ; enfin, un autre voile noir serre la tête, qu'il recouvre comme un capuchon étroit, et les deux voiles sont réunis entre eux par un gros cylindre, une espèce de bobine de cuivre, qui traverse le front, des cheveux au nez. Une grande draperie noire qui enveloppe le corps tout entier, complète ce costume funèbre que ne portent que les femmes des fellahs. Les fellahs, chacun le sait, sont les autochtones, les anciens maîtres du pays, longtemps opprimés et dégradés sous le bâton des conquérants qui, depuis les rois pasteurs jusqu'aux Turcs, ont occupé l'Égypte, mais tendant à se relever et jouissant d'un bien-être relatif depuis l'avènement d'Ismaïl-Pacha. Ce vice-roi, à qui l'Égypte doit tout et à qui le monde doit, en partie, le canal de Suez, est le neveu de Mohammed-Saïd, mort en 1863. Mohammed-Saïd avait lui-même succédé sur le trône vice-royal à son neveu Abbas-Pacha, petit-fils du fameux Méhémet-Ali. Méhémet-Ali, enfin, n'était que le chef d'une bande d'Albanais, quand, par l'influence de M. Mathieu de Lesseps, alors consul de France à Alexandrie, le sultan de Constantinople le nomma pacha d'Égypte. M. Mathieu de Lesseps était le père de M. Ferdinand de Lesseps. Il y a quelque chose de bizarre et de curieux dans cette succession au divan égyptien allant ainsi du neveu à l'oncle et de l'oncle au neveu. On nous l'explique bien simplement par ce fait : que la Sublime Porte décida, en 1841, que la vice-royauté d'Égypte passerait de fils aîné à fils aîné dans la ligne directe masculine des fils et des descendants de

Méhémet-Ali. C'est ce qui a eu lieu jusqu'à présent. Méhémet-Ali, en effet, le contemporain de Napoléon Ier, avait deux fils, Ibrahim-Pacha et Mohammed-Saïd. Ibrahim-Pacha mourut avant son père, en laissant Abbas-Pacha et Ismaïl-Pacha. A la mort de Méhémet-Ali, celui qui doit donc hériter, et qui hérite en effet, est Abbas-Pacha, fils aîné d'Ibrahim. Mais Abbas-Pacha meurt à son tour sans enfants. L'hérédité remonte et est recueillie par le second fils de Méhémet-Ali, c'est-à-dire par Mohammed-Saïd, oncle d'Abbas-Pacha. Enfin, à la mort de Mohammed-Saïd, la vice-royauté repasse dans la ligne du fils aîné de Méhémet-Ali et revient à Ismaïl-Pacha, khédive actuel, qui se trouve donc être le petit-fils du fondateur de sa dynastie.

Mais, laissons ces points un peu arides de l'histoire contemporaine, et revenons à Port-Saïd. Si les produits de toutes les industries, si les accoutrements cosmopolites, si les types les plus variés y abondent, ce qui y est totalement inconnu, ce sont les voitures; on n'y voit même pas une charrette. Les ânes et les chameaux se partagent avec les dahabiehs du lac Menzaleh le monopole des transports. Faute de voitures, on prend donc des ânes. C'est ce que nous allions faire, lorsque le bruit joyeux d'un orchestre frappe notre oreille. Il sort d'une porte borgne au-dessus de laquelle se lit le mot pompeux de Casino. Des guerriers égyptiens tout blancs, mais la figure noire, encombrent le corridor sombre orné de fresques grossières ; au fond de ce couloir, s'ouvre un petit jardin, une cour poudreuse qu'ombrage un vernis du Japon et dont les murs sont tapissés de plantes grimpantes, et dans cette cour, s'éparpillent des tables chargées d'alcarazas humides déposés dans de petits saladiers. Voilà le casino ! Au mur du fond est adossée une scène étroite, décorée elle aussi de peintures horribles ; c'est sur ces tréteaux que se tiennent non les exécutants, mais les exécutantes du concert. Ces sortes d'établissements sont très répandus dans l'Orient méditerranéen. L'orchestre, seul et maigre attrait du lieu, ne se compose ordinairement que de femmes : ce sont de jeunes Allemandes, à la figure carrée, qui parcourent en troupes les Échelles du Levant pour y gagner leur dot en soufflant dans un trombone ou en frappant sur une grosse caisse. Quoique très aimables pour leurs auditeurs, on dit ces musiciennes très sages, retenues qu'elles sont par la présence de leurs fiancés, espèces de grands vauriens, qui les suivent partout et qui n'ont que deux occupations : montrer leur béate face blonde derrière les chignons filasse de leurs Gretchen et empocher la recette. Quelquefois, cependant, quand l'exécution faiblit, ils s'arment d'un outil de musique et travaillent un peu pour nourrir l'orchestre qui, de son côté, en attendant le mariage, travaille tant pour les nourrir eux-mêmes. Les établissements de ce genre pullulent à Port-Saïd ; mais les plaisirs de ces boîtes à musique ne se bornent pas aux sons plus ou moins mélodieux de leur orchestre ; tout casino, tout alcazar, tout lieu de plaisir est, en Égypte, doublé d'une salle de jeu. Cette salle, ouverte tout le jour et à tout le monde comme une honnête boutique, est occupée par une table de roulette assez semblable à celles de Monaco, mais dans des proportions moins grandioses, il est superflu de le dire. Auprès de cette table, se tient sans cesse l'allumeur : c'est un monsieur qui a l'air d'un monsieur quelconque, qui joue du matin au soir et du soir au matin, et qui gagne toujours. Au lieu de faire son travail à ciel ouvert, le croupier, grec de nation et de profession, lance la boule dans la roulette et referme immédiatement le couvercle de la boîte qui la contient : personne ne peut rien y voir. Quand la bille a cessé de tourner et que les jeux sont faits, notre industriel prononce sentencieusement le mot *Apro!* qui est son *Rien ne va plus*, et il ouvre sa boîte. Ce jeu cachottier ne peut inspirer et n'inspire aucune confiance ; chacun, cependant, s'y laisse prendre peu ou prou. Les 24 numéros dont se compose seulement cette roulette et ses deux zéros ne donnent, paraît-il, pas encore assez de bénéfices à leurs propriétaires : ils y joignent de petites spéculations sur le change.

Donnez-leur une pièce de cinq francs pour de la monnaie, ils vous remettront deux roupies; redemandez-leur, un instant après, de l'argent français pour leurs roupies, ils vous soutiendront que ces pièces ne valent que quarante sous et ils ne vous rendront plus que quatre francs. Ce n'est pas tout, d'ailleurs, et à toutes ces sources de revenus ils ajoutent le vol pur et simple. Ce n'est pas seulement, hélas! des teneurs de tripots, c'est de tout le monde qu'il faut se méfier à Port-Saïd. Achetez, par exemple, un chapeau dans un magasin de l'endroit et laissez chez le marchand celui que vous avez sur la tête, en disant que vous viendrez le prendre une heure après ; quand vous arriverez, on vous soutiendra que vous l'avez emporté et, raisonnements ni menaces, rien n'y fera : vous ne reverrez plus votre premier couvre-chef. Mieux encore : allez acheter des bœufs pour les provisions du bord; vous embarquerez triomphalement des animaux plus dodus que les sept vaches grasses de Pharaon ; le lendemain, vous aurez, si vous n'y avez pris garde, un bétail plus étique que les sept vaches maigres du même songeur. Vos bœufs se seront vidés dans la nuit! Les commerçants égyptiens, qui sont, en général, italiens ou grecs, leur avaient entonné des hectolitres d'eau et les avaient soufflés avant de vous les vendre. Je ne cite là que des faits personnels : qu'on juge du reste!

Hâtons-nous de sortir de ces casinos plus qu'interlopes ; les bourricots nous attendent. Ce sont de pauvres petits ânes, à l'œil doux et intelligent, couverts de fanfreluches et chargés d'une énorme selle en drap rouge, rembourrée comme un fauteuil. Le but ordinaire des promenades est la ville indigène. Une légion de gamins arabes qui glapissent, gambadent sur le sable et se battent entre eux, court avec nous ; notre ânier, grand fellah en burnous rouge, nous suit au pas gymnastique, en nous débitant toutes les injures du vocabulaire égyptien parce que nous ne voulons pas aller au pas. Nous arrivons ainsi en face du grand espace sablonneux et vide que nous avons vu, du large, s'étendre entre la ville franque et la ville arabe : c'est une large bande d'un sable blanc comme de la neige et chaud comme de la braise, un morceau du désert oublié dans Port-Saïd ; elle sépare la Méditerranée du lac Menzaleh. Nous voulons la traverser au galop ; notre saïs se remet à hurler ; il tente même de se porter à des voies de fait, et il saisit par la bride la monture de l'un de nous. Celui-ci, qui n'en est pas à son premier voyage, met tranquillement pied à terre, ferme son parasol, en assène froidement quelques coups sur la tête du Turc, fait tomber sur ses yeux son turban de cordes à nœuds d'argent et, cet acte de haute justice accompli, remonte sur sa bête et revient au triple galop rejoindre le reste de la troupe. Nous arrivons enfin au quartier indigène. Qu'on se figure deux longues séries parallèles de baraques en bois, de cabanes en roseaux et de huttes en paille formant comme un large boulevard inondé de soleil et de lumière ; qu'on mène perpendiculairement à ce chemin des avenues semblables mais plus courtes, des torrents de sable ardent allant aboutir les uns, vers le nord, à la Méditerranée, les autres, vers le sud, au lac qui forme partout en bleu le fond du tableau, et on aura le plan exact de Port-Saïd indigène. Les costumes sont moins variés ici que dans l'autre ville : on n'y voit guère que des Arabes et des nègres ; ce ne sont que burnous blancs ou noirs, que chemises bleues ou blanches, que turbans blancs ou rouges. Presque toutes les femmes portent le sombre costume des fellahines ; mais, moins sévères qu'ailleurs, beaucoup moins, elles ne se font pas scrupule de se montrer à découvert, souvent plus qu'il ne faudrait. Chaque cabane est coiffée d'une large toiture de chaume formant des auvents tout le long des rues. Ici est installée, en plein air, une école où des enfants barbouillés psalmodient d'une voix braillarde ; là, un savetier ouvre son échoppe où s'amoncellent de vieilles babouches ; plus loin, un boucher empile des tas de viande, un fruitier entasse ses pastèques et ses légumes et, de tous côtés, près de bric-à-brac sans nom, s'offrent des cafés primitifs où des fellahs mélancoliques font la sieste sur des nattes. Ces cafés sont des baraques comme les autres demeures du quartier. Le fourneau brûle dans un coin de l'établissement. Comme dans les cafés maures d'Algérie, le *kawadji,* propriétaire, cuisinier et garçon du lieu, fabrique ses produits devant les consommateurs eux-mêmes ; le vent du large envoie chez lui une douce fraîcheur et vient refroidir les gargoulettes poreuses suspendues aux poutres et aux montants des portes. Les Égyptiens ont, nous dit-on, une façon particulière de faire ces réfrigérants avec un mélange d'argile et de sel ; cette addition de sel à la terre, paraît-il, a pour but de favoriser la transsudation de l'eau à travers la multitude de trous microscopiques que le sel laissera en fondant dans les parois de l'alcarazas. Certains de ces cafés sont très fréquentés ; ils doivent cette vogue aux noires houris du voisinage, qui viennent, volontiers, y jouer le rôle d'odalisques à la portée de toutes les fantaisies. Reposons-nous un instant sous l'un de ces auvents hospitaliers. Debout, assis, accroupis ou couchés, les clients se réunissent en groupes pittoresques autour de la salle largement ouverte aux quatre points cardinaux ; d'énormes narghilés de cristal doré, déposés au milieu d'eux, sur la terre battue, élèvent leur fourneau d'argile rouge au bout d'un long tube de métal ou de bois peint et envoient à toutes les bouches de longs tuyaux qui se déroulent comme des serpents. Au milieu des fumeurs et des pipes, vont et viennent des fellahines qui, débarrassées de leur long voile noir, demeurent vêtues de robes sans taille, de blouses teintes de couleurs voyantes. Une petite veste, qui se rapproche de la *fremla* mauresque sans en atteindre l'exiguïté, dessine leur buste bien modelé ; la jupe, largement fendue jusqu'à la ceinture, laisse voir, serrés aux chevilles, des pantalons plus ou moins riches ; les cheveux sont roulés dans un foulard ou simplement dénoués et chargés de verroterie et de sultanis. Boucles d'oreilles prodigieuses, lourds anneaux de pieds, larges anneaux de bras, colliers et bracelets aux tours multiples, foisonnent sur leur fauve personne. L'ampleur des vêtements, l'ignorance du corset, une enfance passée comme celle de la nuée de gamins qui se roulent autour de nous sur le sable, nus et en plein soleil, ont donné à ces femmes des formes souvent admirables. Un artiste en quête de modèles n'aurait que l'embarras du choix : là, l'une d'elles, appuyée contre un angle de muraille ensoleillée, nous regarde fixement de ses grands yeux brillants de koheul, nous montre dans un sourire sauvage une éclatante rangée de dents blanches qu'elle polit sans cesse avec un bâton de souak, et fait onduler sa taille dans une pose pleine de grâce et d'abandon ; ici, une autre s'asseoit avec nonchalance sur la porte du café et renverse langoureusement sa tête pour tordre ses longs cheveux d'ébène qu'elle enroule autour de ses doigts teints de henné couleur de brique ; dans la rue, passe, appelant les comparaisons bibliques, une fellahine à la démarche lente, qui tient en équilibre sur la paume de sa main renversée et rapprochée de l'épaule une sorte de grand vase modelé comme une amphore antique. Les Nubiennes paraissent plus belles encore que ces filles du Nil. Peut-être doivent-elles cette supériorité à la raison qui fit que Pâris donna la pomme à Vénus ; être vêtues ou ne pas l'être, leur semble, en effet, une question tout à fait secondaire. Leur nudité n'a, du reste, rien de choquant. La taille est si parfaite, les lignes sont si pures, la peau est d'une si belle couleur d'ébène, qu'on voudrait les figer dans leurs poses souvent sculpturales et les emporter comme des statues de bronze pour en faire des torchères autour d'un Opéra. Leur coiffure est un étonnant travail de patience. C'est une masse de tresses tombant par moitié de chaque côté de la tête, mais de tresses si étroites et si nombreuses, que chacune d'elles ne se compose certainement pas de plus de trois cheveux. Et sous cette coiffure, qu'on retrouve dans les fresques des Pharaons, se reconnaissent les yeux en amande, les nez fins et recourbés, les mentons arrondis et les lèvres épatées des profils fiers et dédaigneux des sphinx Égyptiens. Chaussées, comme les fellahines, de pantoufles à la poulaine ou de sandales en bois sculpté, c'est aussi comme les Égyptiennes qu'elles s'habillent; mais c'est avec plus de profusion encore que, obéissant à une coquetterie naïve et sauvage, elles font ruisseler sur leur personne une véritable cascade de bijoux sans valeur; et, comme si ces bijoux ne suffisaient pas, elles constellent leur peau noire d'amulettes, petits sacs de cuir rouge et médaillons de métal où sont enfermés des papiers que les marabouts ont couverts de miraculeux grimoires. Elles en ont à la tête, au cou, aux bras, aux pieds, sur le ventre et, selon la place occupée par ces talismans, qu'elles semblent, du reste, ne pas prendre très au sérieux, elles sont préservées de la migraine ou du torticolis, des rhumatismes ou des entorses, de la grossesse ou de la stérilité.

L'heure s'avance; on enfourche les ânes et on repart au galop dans les rues sablonneuses, faisant crier les enfants nus et aboyer les chiens galeux. On arrive ainsi dans la ville franque, sur la place de Lesseps qui, avec ses kiosques et ses petits arbres altérés, a l'air d'un square de sous-préfecture : c'est le moment de se séparer des bourricots fourbus et du saïs haletant.

Cette séparation ne se fait pas sans tiraille-

ments : c'est le quart d'heure de Rabelais. L'ânier
crie, se démène, supplie, injurie, rit et pleure
tout à la fois ; les gamins qui nous avaient har-
celés au départ sont revenus fondre sur nous
comme une nuée de sauterelles ; le mot *bachich*
retentit de plus belle à nos oreilles, crié, pleuré,
murmuré par vingt voix différentes : l'un est
allé chercher l'âne, l'autre l'a poussé quand il
voulait reculer, le troisième nous a donné un
bâton, le quatrième a rattaché la selle, et tous
demandent leur salaire dans un si étourdissant
concert, qu'on finit par s'en débarrasser en
faisant pleuvoir sur leurs épaules une grêle de
coups de parasol qui les disperse comme un vol
de moineaux effarouchés.

Non loin de la place de Lesseps, s'élève le
marché ou caravansérail, espèce de vaste halle
couverte, autour de laquelle règne une rangée
de petites boutiques perchées sur une marche
élevée. Épiciers, barbiers, écrivains publics
travaillent dans ces échoppes étroites qui leur
servent, en même temps, de demeure, et devant lesquelles leurs femmes voilées vaquent
aux soins du ménage. Des monticules de légumes
et d'herbages, des tas de ballots, des sacs de
grains encombrent la halle, et au milieu de ce
pittoresque désordre, les Arabes crient, se disputent, s'amusent et se battent ; les enfants noirs
et nus volent à qui mieux mieux ; les chiens

hérissés errent en grognant, et les commerçants grecs, en longue robe noire, circulent gravement, l'encrier de cuivre à la ceinture.

Le soir, entre cinq heures et six heures, est, pour la population de Port-Saïd, l'heure de la promenade et des rafraîchissements. Le soleil descend sur l'horizon ; l'ombre des maisons basses s'allonge dans la rue ; le sol a été largement arrosé, et partout circule une foule bigarrée d'hommes de toutes couleurs, de femmes de tous costumes, d'ânes et de chameaux. Rappelant de fort loin ceux de Marseille, les cafés européens couvrent les trottoirs de leurs tables et de leurs bancs de bois. Les Levantins, les Grecs et les Turcs se mettent à quatre ou à six, souvent sans se connaître, pour fumer un grand narghilé déposé sur le sol ; chaque consommateur a droit à un tuyau. L'œil mi-clos, ils aspirent avec béatitude une fumée froide, sans vie, et qui n'exhale qu'une forte odeur d'eau de rose, tandis que dans leurs verres coule à flots le raki blanchâtre, ce mastic parfumé que Chio fabrique avec la résine de ses lentisques.

Il serait, dit-on, dangereux de circuler après le coucher du soleil dans certaines rues de Port-Saïd ; les soirées y sont, d'ailleurs, à peu près dénuées de charme, et le mieux est de les passer à bord.

2.

CHAPITRE II

CANAL DE SUEZ ET MER ROUGE.

Le canal. — Lac Menzaleh. — Le désert. — El Guisrh. — Lac Timsah. — Lacs Amers. — Golfe de Suez. — Fontaine de Moïse. — Suez. — Côtes d'Afrique. — Périm et Obock.

Après une relâche peu prolongée à Port-Saïd, nous appareillons le matin, d'assez bonne heure, et, avec une prudente lenteur, nous nous engageons dans la bouche moyenne du grand lac Menzaleh.

Simple golfe avant l'époque des Hébreux, ce lac ne communique plus aujourd'hui avec la Méditerranée que par cinq ouvertures ou bouches percées comme des portes à travers la longue barrière de sable que les siècles ont accumulée et qui, sur une longueur de 60 kilomètres, sépare le lac de la mer. Ces ouvertures sont, en allant de l'est à l'ouest : la bouche de Tineh ou bouche Pélusiaque, la bouche Tannitique, la bouche de Port-Saïd, la bouche de Gemileh, enfin, la bouche de Dibbeh. La bande de terre qui borde ainsi le lac s'étend, nous l'avons dit, de Péluse à Damiette ; elle se termine là près de l'embouchure de cette branche du Nil qui se détache de la branche de Rosette, au-dessous du Caire et des pyramides, et qui arrose Samanoud, Mansourah et Damiette, après avoir alimenté le canal d'eau douce.

Nous voilà donc, puisque le Menzaleh en fait partie, dans ce fameux canal, l'une des gloires de la France, merveille dont le monde a été doté par le puissant génie de M. de Lesseps. Les avantages de ce détroit artificiel frappent chacun ; il suffit, pour les reconnaître, de jeter les yeux sur une carte. L'Angleterre cependant s'est longtemps opposée à cette œuvre de géants ; c'est elle aujourd'hui qui en profite le plus. Elle craignait alors de voir la France en retirer de trop grands bénéfices commerciaux ou politiques et, pendant notre guerre d'Italie, elle était parvenue à arracher au Divan l'ordre de suspendre les travaux. L'impératrice Eugénie, alors régente, intervint heureusement comme protectrice de l'entreprise, et cet arrêt ne fut que provisoire : après le traité de Villafranca, l'autorisation de poursuivre le percement de l'isthme fut de nouveau et définitivement accordée.

L'isthme de Suez, au point où le canal le coupe, a 150 kilomètres de long ; il est constitué par une immense dépression de terrain qui s'affaisse entre les monts de la Syrie d'un côté et les plaines de l'Égypte de l'autre. Son sol n'est pas régulier : il se creuse du nord au sud et forme les quatre grands réservoirs des lacs Menzaleh, Ballah, Timsah et Amers, espèces de vastes flaques d'eau que la mer semble avoir laissées en se retirant, comme si jadis elle eût couvert l'isthme entier. Un plateau, haut seulement de 19 mètres, sépare les deux premiers lacs des deux autres : c'est le point culminant de l'isthme, c'est ce plateau que, dans notre amour des pléonasmes en géographie, nous appelons le seuil d'El-Guisrh et que nous devrions appeler tout simplement Le Seuil, *Guisrh* ne signifiant pas autre chose. Une autre éminence sépare le lac Timsah des lacs Amers, c'est le seuil de Sérapeum. Moins élevé que le premier, il est constitué par un terrain de formation tertiaire, un dépôt de la mer préhistorique, comme l'ont prouvé les coquillages fossiles qu'on y a trouvés en le perçant. On s'est naturellement servi de ces lacs pour y faire passer le canal et diminuer ainsi la quantité de terrain qu'on avait à creuser. Leur longueur totale est, du sud au nord, de 94 kilomètres. Le canal, proprement dit, n'aurait donc eu en tout qu'une longueur de 56 kilomètres, s'il n'avait fallu creuser des chenaux dans les lacs eux-mêmes.

Le canal a, au niveau de l'eau, 60 mètres dans ses parties les plus étroites, et 100 mètres dans les plus larges; la largeur du fond de la cuvette est de 20 mètres, les parois du canal étant fortement taillées en talus; enfin, la profondeur de l'eau y est de 9 ou 10 mètres. Ces dimensions ne permettent pourtant pas à deux forts navires d'y passer de front ou de s'y croiser, et on a dû établir plusieurs gares. La partie des parois du canal qui s'élève hors de l'eau est, elle aussi, taillée en pente douce; elle est ainsi à l'abri des éboulements et des détériorations qu'y produiraient sans cela les eaux refoulées par le passage des navires.

L'un des premiers obstacles qui s'opposaient au percement de l'isthme était le rivage de la mer. On craignait, en effet, que la vase charriée par le Nil à l'époque de sa crue ne vînt encombrer l'embouchure du canal : l'étude a démontré que ces vases sont portées à 10 lieues au large : il n'y a donc aucun danger de ce côté. On disait aussi que les sables, poussés par les courants littoraux, pourraient avoir le même inconvénient : cette menace a été conjurée par les deux jetées qui forment comme le couloir du canal dans la Méditerranée. Longues : celle de l'est de 1800 mètres, et celle de l'ouest de 2500, elles s'avancent vers le large jusqu'au point où les sondages ont montré que le fond de sable est remplacé par un fond d'argile. Le sable vient ainsi s'amonceler contre elles, et l'embouchure du canal se trouve respectée.

Quant à la fameuse différence de niveau de 9 mètres qu'on devait trouver entre les eaux de la Méditerranée et celles de la mer Rouge, il est superflu de dire qu'elle n'a jamais existé. Le seul ingénieur qui l'ait signalée est M. Lepère, l'un des savants qui accompagnèrent Bonaparte en Égypte. Il opéra dans de si mauvaises conditions, qu'il put bien se tromper, et il ne donna lui-même ses mesures que sous toutes réserves.

Quelques heures après notre départ de Port-Saïd, nous sommes en plein Menzaleh. Ce lac d'eau salée tire son nom de la ville de Menzaleh bâtie entre ses eaux et celles du lac de Daqhelieh, autre ville située près de Mansourah. Le lac de Daqheliéh, vaste plaine marécageuse et inondée seulement pendant huit mois de l'année, et le lac Menzaleh occupent presque toute la partie nord de l'isthme. Le dernier a de 30 à 50 kilomètres de diamètre. Bien que la profondeur de cette grande étendue d'eau soit, en quelques endroits, suffisante pour permettre la petite navigation, elle est pourtant, en général, assez faible : le Menzaleh est plutôt une vaste mare de boue qu'un lac véritable. Une lumière éblouissante donne à sa surface un aspect vague, indéfini ; on se demande en le voyant si on est en présence de l'eau ou de la terre ; notre navire touche presque la berge qui limite le cours du canal dans le lac, et nous ne pouvons nous rendre compte de ce qui s'étend au delà de cette barrière : ce ne sont, de tous côtés, qu'immenses espaces confus, blancs et brillants, terminés à l'horizon par des côtes d'une couleur plus foncée, mais à contours indécis. On est presque étonné de voir passer sur ces eaux, sur ces plaines d'un aspect si étrange, les grandes voiles rouges et pointues de quelques bateaux pêcheurs, de quelques boutres qui suivent les chenaux. De loin en loin, des pélicans et des grues s'élèvent en vols nombreux, tandis que des flamants, posés çà et là sur des bas-fonds et sur des berges, tracent des lignes et mettent des points roses sur un fond d'argent et de lumière.

De nombreux îlots émergent de ce lac marécageux. Le plus considérable que nous laissons sur tribord est l'îlot de Tennis ou de Tânis, monticule brûlé et encore couvert de débris de colonnes et d'amas de briques ; c'était, en même temps que Memphis, une des résidences royales des anciens Pharaons. Il paraît, d'après Mariette-Bey, le plus connu et le plus compétent de nos égyptologues, qu'à l'époque où Abraham visita la ville de Tennis, elle existait déjà depuis vingt siècles ! C'est près de cet îlot que passait la branche tannitique du Nil sur laquelle Moïse fut exposé aux eaux, branche qui se confond aujourd'hui en grande partie avec le lac Menzaleh. Ces régions aquatiques, ces pays d'îlots et de marais sont encore habités par les descendants directs des Hycsos, ces guerriers pasteurs qui chassèrent de la Basse-Égypte les Éthiopiens, ses premiers maîtres.

Pendant tout son trajet à travers le lac Menzaleh, le canal est bordé de deux longues bandes de terre sur lesquelles s'élèvent, de distance en distance, des huttes de boue desséchée où des fellahs se livrent à la préparation du sel marin : ce sont les berges du canal. Il n'a pas suffi, en effet, de creuser un chenal dans le sol mouvant du lac, il a encore fallu en limiter le lit au moyen de deux longs parapets, de deux levées, dont la construction a été, paraît-il, des plus difficiles.

Vers midi, longtemps après avoir, sans nous y arrêter, dépassé la gare d'Al-Kantara, nous nous trouvons en plein dans le désert, le vrai désert dans toute sa morne splendeur. Nous sommes sortis depuis longtemps du lac Menzaleh et nous naviguons dans un océan de sable : c'est plus imposant qu'aucun paysage terrestre, plus imposant que la mer elle-même ! Devant nous et derrière nous, le canal disparaît ou ne se montre que comme une ligne insignifiante sur cette vaste uniformité. Autour de notre navire, de tous côtés, s'étendent à perte de vue des plaines immenses, plates comme une mer calme : c'est un sable qui, légèrement brunâtre du côté de l'Asie, brille, du côté de l'Afrique, du blanc d'argent le plus pur, comme l'océan Indien au soleil de midi. Cette immensité de poussière aveuglante s'unit, à l'horizon, avec le ciel, blanc comme elle, de sorte qu'on ne peut voir où le firmament finit, ni où le désert commence : tout cela se confond dans un éblouissement de lumière d'opale. La mer a quelquefois de ces effets, par les belles soirées d'été, quand l'horizon est légèrement brumeux et que l'atmosphère est calme. Et sur ces espaces immenses et embrasés, sur cette mer immobile qui, mieux que l'Océan, donne la sensation de l'infini, pas un pli, pas un buisson, pas une ombre, si ce n'est la tache brune que quelque nuage y promène, par hasard, en passant devant le soleil. Le sol, incandescent sous un ciel de plomb, flamboie par places comme du métal en fusion; çà et là, de larges plaques blanches, formées par des dépôts de sel, scintillent comme des miroirs. Loin, bien loin, vers l'est, s'élèvent des éminences brunâtres qui ressemblent à des collines aussi bien qu'à des nuages; vers l'ouest, s'étend une ligne longue et brillante qu'on prendrait pour l'écume blanche des flots; plus loin encore, se perd à l'infini le lac de sable miroitant, ressemblant si bien à la mer, que nous sommes obligés de recourir aux cartes pour être convaincus que c'est encore le désert. Parfois, cependant, le paysage semble se varier un peu plus ; nous croyons voir de vagues monticules, des nuages incertains, des fumées indécises : simples effets de mirage changeant de forme à mesure que nous avançons, et disparaissant bientôt pour aller reparaître ailleurs. Le ciel est bas, noir à force d'être bleu ; une espèce d'ondulation immobile, transparente, semble trembler à l'horizon ; tout dort, tout est mort autour de nous ; seuls, quelques *dahabiehs*, à la proue élevée et pointue, promènent au bout de leurs mâts tronqués leurs antennes démesurées et mettent un peu d'animation dans ce tableau lugubre.

Et à la même place, il y a quelques années à peine, vingt mille ouvriers vivaient et travaillaient sous les ordres de nos ingénieurs ! Leur œuvre gigantesque achevée, ils se sont dispersés, et le désert est retombé dans sa solitude ; mais il gardera éternellement au front cette marque imposante de la conquête de l'homme : le canal qui l'a partagé comme un coup de hache de Titan !

Nous arrivons ainsi au lac Ballah. Le paysage ne change guère : un sol un peu plus humide ; çà et là, des flaques d'eau, et c'est toute la différence.

Le lac Ballah, moins l'étendue, ressemble en tous points au lac Menzaleh. Nous le traversons du nord au sud pour aller nous arrêter à la gare d'El-Ferdane. De distance en distance, en effet, le canal s'élargit un peu. En ces points, s'élèvent des maisons de bois à larges auvents, semblables à celles de nos petites stations de chemin de fer. Des mâts de signaux surmontent ces maisons, et le télégraphe électrique, dont les poteaux courent tout le long du canal, y a une station : cet ensemble constitue une gare. Toutes les fois qu'un navire, montant ou descendant, passe devant un de ces postes, celui-ci le signale à son voisin, le premier que le bâtiment rencontrera en poursuivant sa marche. Si aucun autre navire n'est signalé comme venant en sens inverse, la gare avertie hisse le signal : « Le canal est libre, » et on passe. Si, au contraire, une gare est prévenue que deux navires, allant l'un vers Suez, l'autre vers Port-Saïd, se dirigent sur elle, elle signale : « Garez-vous. » Le premier qui arrive devant elle stoppe, se range le long du bord et laisse passer son confrère qui arrive bientôt, les gares étant assez rapprochées l'une de l'autre. Quand le canal est dégagé, le navire qui avait stoppé reprend sa marche.

Tout cela nécessite une assez grande quantité d'employés ; aussi, le prix du passage, le péage, est-il très élevé. Il se règle à tant par tonneau de marchandises ou de jauge officielle, et à tant par passager. Notre transport a eu à verser pour cette traversée un droit de 26,000 francs, ce qui est moins cher qu'on ne pourrait le croire. En effet, il y a, de Marseille à Bombay, par exemple, 5,650 lieues par le Cap, et il n'y en a que 2,374 par Suez. Une économie de 3,276 lieues dans ce voyage ne compense-t-elle pas plusieurs fois les droits de passage?

Nous ne sommes pas amarrés depuis dix minutes à la gare, que passe, lentement et majestueusement, à côté de nous, la malle des Indes, immense paquebot où flottent les couleurs britanniques. Sa dunette, que protège une double tente, est couverte de dames, armées de lorgnettes, et d'Anglais aux casques blancs et aux voiles de gaze; ils sont tous gantés et en toilette, comme s'ils faisaient une promenade au large de Brighton. Un autre paquebot suit la malle, beaupré sur poupe : il appartient à la compagnie Piano, comme l'appellent les Anglais facétieux, parce que ses drapeaux portent les initiales P. O. P. and O. Sur son pont se mêlent des Chinois, des Nègres, des Anglais, des Japonais, et à sa corne, flotte le yacht d'Angleterre. Le piano passe, mais il y en a encore un : celui-ci a un complet chargement d'Arabes et de Turcs qui reviennent de la Mecque, et il étale à nos yeux le pavillon du Royaume-Uni. Des Anglais partout ! Des Anglais toujours! Et ils voulaient s'opposer au percement du canal! Enfin, la voie est libre, et nous nous remettons en route.

C'est encore le désert, désert plus désolé peut-être que celui que nous avons vu jusque-là. La chaleur est étouffante. Nous laissons, à droite et à gauche, des gares qui s'assoupissent au soleil, d'anciens campements en bois et des maisons à demi démolies qu'habitaient les ouvriers du percement. On travaille toujours au canal, mais seulement pour son entretien. De gigantesques dragues creusent toujours quelque point de son parcours ; des troupes de fellahs, commandées par des Turcs, consolident les talus. Ces noirs travailleurs sont aux trois quarts nus et, à notre vue, ils ont bien vite fait de l'être tout à fait pour plonger comme de grosses grenouilles, malgré les cris et le bâton de leurs gardiens ; ils arrivent en foule autour de nous, à la nage, et ils se livrent à d'amusants combats aquatiques qui ont pour cause et pour prix les galettes que nous leur jetons. Il en est de plus philosophes, et nous en rencontrons qui, par groupes de cinq ou six, sont placidement assis au soleil, la tête nue, entourés de chiens plus faméliques encore que ceux de Port-Saïd : ils gardent des chèvres étiques qui broutent des buissons desséchés, et ces sauvages daignent à peine détourner la tête pour regarder nos navires, la civilisation qui passe ! Non loin de ces Diogènes, s'élèvent, ou plutôt s'affaissent sur quelque dune leurs misérables gourbis. Quelquefois ce gourbi est une pauvre maisonnette dont la toiture plate sert de terrasse à des femmes voilées et qui, assises sur le plancher et immobiles comme des statues, nous contemplent d'un œil terne.

Plus loin, le terrain devient plus accidenté ; nous y voyons se mouvoir quelques êtres vivants et végéter quelques plantes : c'est que nous approchons d'El-Guisrh. Nous sommes dans l'antique terre de Gessen, le séjour des Hébreux, Gessen aux gras pâturages. C'est certainement mieux que tout ce que nous avons traversé jusqu'ici ; mais on ne peut cependant, en présence de ces monticules de sable et de ces alfas altérés, s'empêcher de faire une réflexion, c'est que si l'état des lieux était le même à l'époque où vivait le patriarche Jacob, les Pharaons avaient tout simplement voulu faire une mauvaise plaisanterie au peuple de Dieu, en lui concédant ce pays. Les premiers chrétiens avaient de cette terre où s'est écoulée l'enfance de Moïse fait un séjour de mortification et de pénitence, demeuré célèbre sous le nom de solitude de la Thébaïde : cela se comprend infiniment mieux.

Encore quelques coups de piston, et nous nous enfonçons dans les tranchées du seuil. Ces tranchées sont quelquefois taillées dans des amas de sable durci qui semblent n'avoir pu être ouverts que par la mine ; mais le plus souvent elles sont creusées dans d'immenses dunes d'un sable fin et mouvant. Ces dunes semblaient devoir être un des principaux obstacles apportés par la nature au percement du canal; on s'attendait à les voir, poussées par le vent du désert, s'y précipiter et le combler; quelques plantes que, grâce à l'humidité du canal lui-même, on a pu faire pousser sur le bord de l'eau, ont suffi à les arrêter et il s'est, au contraire, accumulé contre ces maigres plantations des amas de sable qui ont été eux-mêmes un obstacle élevé contre les dunes à venir. C'est ainsi que s'étaient naturellement formées autour des lacs leurs barrières protectrices. Si, poussé par le vent, le sable franchit les obstacles qu'on a ainsi opposés à sa marche, il passe assez haut pour aller tomber de l'autre côté du canal et non dans son lit. Il doit cependant y en tomber toujours une certaine quantité. Au moment, par exemple, où nous traversons El-Guisrh, le vent soulève ce sable en poussière si fine, que la surface du sol semble fumer; il nous en envoie assez à bord pour que nous en soyons fortement incommodés; il nous l'apporte en poudre si impalpable, que nous en trouvons partout : au fond de nos poches, dans nos livres et surtout sous nos dents où nous le sentons craquer; il le dépose partout en assez grande quantité pour que, une minute après avoir essuyé la table, nous puissions encore y écrire avec le doigt. Cette invasion d'atomes nous oblige à tenir tout fermé, et ce n'est rien moins qu'agréable, entre les parois élevées du canal où le soleil nous fond tout à son aise comme dans un creuset. Et le sable entre quand même : il passe partout où passe l'air. La chaleur devient intolérable ; dans les endroits les plus frais du navire, nous avons une température constante de 37 degrés ; au carré, notre thermomètre oscille entre 39 et 40 degrés ; sur le pont, à l'ombre, il se maintient à 42, enfin, sur la passerelle qui, il est vrai, est assez rapprochée de la machine, il ne descend pas au-dessous de 53 degrés, à l'ombre, toujours ; au soleil, le thermomètre monte à des hauteurs ridicules. Il est vrai que nous avons la mauvaise fortune de traverser le canal un jour de vent de nord-est, de *chamsyn*, de ce terrible simoun de l'Égypte. Ce qui permet de supporter d'une façon passable cette épouvantable température, c'est la sécheresse de l'atmosphère qui favorise l'évaporation cutanée ; cette sécheresse est telle, que les cheveux et la barbe semblent se briser sous les doigts, que le tabac tombe en poussière, que le pain, fabriqué cependant le matin même, prend la dureté du granit. L'éclat éblouissant de la lumière réfléchie par le sol blanc du désert est encore plus gênant que la chaleur ; malgré les morceaux d'étamine verte ou bleue, malgré les verres colorés, malgré même les verres noircis à la bougie à travers lesquels nous regardons le tableau, cette clarté est si vive que nos yeux sont injectés et cuisants, que nous sommes, par instants, éblouis au point de ne plus voir que du rouge partout, que nous éprouvons tous de vives

CANAL DE SUEZ.

douleurs dans les globes oculaires et autour des orbites.

Les Conseils de santé de la marine ont, parfois, à réformer, comme aveugles, des matelots ou des soldats qui n'ont fait que fixer imprudemment et pendant trop longtemps la lumière terrible de ces régions.

Enfin, vers quatre heures du soir, nous sortons de cette fournaise pour entrer dans le lac Timsah. Sur les bords de ce lac, comme partout ici, errent, ainsi que de poétiques fantômes du passé, les souvenirs de l'Ancien et du Nouveau Testament; c'est sur ces rivages que passa Jacob allant à Rhamsès retrouver son fils Joseph chez le pharaon Aménophis; c'est sur ces mêmes rivages que la Sainte Famille s'arrêta, alors qu'elle venait demander à l'Égypte un refuge contre les poursuites d'Hérode.

Au point où le canal s'embouche dans le lac, s'élèvent deux chalets. Ils furent, pendant les fêtes d'inauguration, habités: l'un par le khédive, l'autre par l'impératrice Eugénie. Des nègres préposés à leur garde fument placidement à la porte, pendant que le sable, qui a déjà recouvert les marches des perrons, s'introduit peu à peu dans les appartements où, lentement, il reprend son empire.

Les dunes et les monticules qui entourent le lac Timsah nourrissent une végétation relativement luxuriante : absinthes, maigres alfas et joncs épineux, au-dessus desquels d'orgueilleux tamaris élèvent jusqu'à deux mètres leur tête altière, tandis que des statices aux mille petites fleurs violettes bordent le rivage. Les insectes et les papillons foisonnent dans ces réductions de forêts et viennent jusqu'à bord nous rendre visite. Au loin, sur les dunes, un Arabe en burnous, grandi par le mirage, suit une file de chameaux dont la silhouette énorme se découpe sur le ciel, comme celle d'animaux fantastiques : c'est tout ce que nous voyons d'humain.

A l'ouest du lac Timsah, se cache à demi, au milieu d'une fraîche oasis de grands arbres verts, une petite ville, très élégante et très agréable, dit-on, qui portait jadis le nom de Timsah. Elle s'appelle aujourd'hui Ismaïlia, en l'honneur d'Ismaïl-Pacha. La position centrale d'Ismaïlia, que les Arabes, toujours un peu emphatiques, appellent déjà la Reine des Sables, et sa situation sur le canal et près de Zagazig, dont elle n'est séparée que par la terre de Gessen et par les fertiles jardins de l'Ouady, lui promettent un avenir prospère. Un chemin, traversant Zagazig, met Ismaïlia en communication avec la grande voie ferrée qui va de Suez à Alexandrie en passant par le Caire. Cette ville, enfin, est assise en même temps sur le grand canal et sur le canal d'alimentation qui vient de la branche de Rosette. Pendant les travaux du percement, un long tuyau de fonte allait de Port-Saïd au lac Timsah et distribuait l'eau douce sur son parcours. Pour les travaux qui restaient à faire entre ce lac et Suez, on préféra avoir, en même temps, de l'eau potable et le moyen d'utiliser de suite pour le transit des matériaux et des marchandises la partie nord du canal, qui était praticable : au lieu d'un simple conduit, on établit, pour cela, un véritable canal parallèle au futur canal maritime, en s'aidant des restes d'anciens canaux et, entre autres, de celui de Néchao ; les barques pouvaient ainsi traverser l'isthme moitié dans le canal définitif, moitié dans le canal auxiliaire. On amena dans ce dernier l'eau du Nil, au moyen d'un nouveau canal, dit d'alimentation, et le canal auxiliaire fut, en même temps, un canal d'eau douce servant aux besoins des ouvriers, et une voie allant aboutir à la mer Rouge. Tout ce système de canaux existe encore, et il sert à la navigation intérieure effectuée par les barques du pays. La traversée du lac, retardée cependant par le changement de pilote à Ismaïlia, ne prend guère qu'un quart d'heure, et on entre de nouveau dans le canal proprement dit, creusé ici dans un sable durci, sorte de grès accumulé en blocs irréguliers et auxquels le vent et l'eau ont donné les aspects les plus bizarres de sphinx et d'animaux mystérieux. Le désert recommence ensuite mais la monotonie en est rompue, de loin en loin, par quelques plantes étiques et par quelques petits lacs d'une eau rouge comme du carmin. Cette coloration n'est pas un simple effet de lumière, l'eau est réellement rouge ; elle doit cette particularité à la présence d'un infusoire végétal ou animal, probablement le trichodesmium qu'on retrouve ailleurs et par lequel les naturalistes veulent expliquer la teinte de la mer Rouge, teinte que n'a d'ailleurs nullement cette mer, la mer la plus bleue du monde.

Quelques minutes de marche encore et le terrain se relève pour former le seuil de Sérapéum, dont les sommets sont jonchés des débris de la ville qui porta ce nom et qui s'appelait primitivement Cambysis.

De Sérapéum aux lacs Amers, le canal parcourt un terrain peu accidenté et où pousse à grand'peine une végétation maigre et rabougrie.

Partis le matin de Port-Saïd, nous arrivons dans la soirée aux lacs Amers, qui forment une partie du trajet. Cette réunion de lacs est, après le lac Menzaleh, l'amas d'eau le plus considérable de l'isthme. Le principal d'entre eux est large et profond et, au lieu d'y tracer un chenal, il a suffi de baliser la route que les navires doivent y suivre. Un phare sur pilotis en marque le milieu. Des collines sablonneuses, assez élevées et portant des bois qui méritent à peu près ce nom, lui forment une ceinture que domine, au sud-ouest, la toute petite chaîne du Djebel-Géneffe.

Malgré toutes les précautions, la navigation de nuit serait difficile et dangereuse dans ces lacs ; aussi est-elle interdite et doit-on y passer la nuit quand on arrive trop tard.

On ne s'en plaint pas. Après la chaleur et les fatigues du jour, les soirées sont charmantes au milieu des collines boisées que blanchit la lune et où hurlent les hyènes et les chacals, dans ces poétiques régions où l'esprit évoque les souvenirs du passé si faciles à trouver sur ces eaux où flotta la galère dorée de Cléopâtre.

La nuit, la température devient supportable.

Le lendemain, au point du jour, on se remet en marche.

A partir des lacs Amers, le canal a été très long à creuser, mais il a, dans cette portion de son parcours, l'avantage d'être plus solide qu'ailleurs. Il suit, en effet, les tranchées de Chalouf, pratiquées dans des masses rocheuses. Elles ont 20 kilomètres de long, et dix mille ouvriers, travaillant en même temps, ont employé huit mois à les creuser. Elles longent, sur une certaine étendue, l'ancien canal de Néchao et, sur tout leur trajet, le canal d'eau douce qui va d'Ismaïlia à Suez et dont le premier fait partie. Vers neuf heures, Suez apparaît dans le lointain, et à dix heures, on est à l'embouchure sud du canal. A gauche, s'étend une immense plaine de sable, qui va se terminer au pied des grandes montagnes qui bornent l'horizon à l'est. Sur les bords du canal, qui deviennent de véritables plages, quelques barques échouées se fendent au soleil; quelques huttes de boue, simples cubes gris percés d'une seule ouverture, ressemblent à des constructions de castors sur la fange desséchée, crevassée, blanchie par les efflorescences du sel marin; autour de ces huttes, des Bédouins dorment ou fument, roulés dans leurs burnous, et leurs chameaux accroupis allongent leur cou, le menton sur la terre; des nuées de pigeons voltigent autour de ces groupes pittoresques et somnolents. De longues traces, laissées sur le sol par le large pied des dromadaires, marquent les routes, comme le sillage marque sur l'eau le passage des navires; c'est de ce point, en effet, que partent, pour diverger vers l'est, les caravanes de l'Arabie, de la Syrie et de la Palestine. De grands garçons et de grandes filles sortent, pour nous suivre, de leurs misérables demeures; un pagne blanc forme le costume des premiers, de longs sarraux roses ou bleus celui des secondes; les garçons font briller au soleil leur crâne noir et nu que surmonte une touffe de laine; les filles n'ont pour coiffure que leurs longs cheveux d'ébène flottant sur les épaules; des squelettes de chiens à poils noirs les suivent, tirant la langue et les flancs décharnés palpitant dans une respiration haletante. On leur jette des morceaux de pain dur : s'ils tombent sur la plage, quelque chien, qui travaille pour son compte, les happe et les emporte ; s'ils tombent dans le canal, les pagnes sont arrachés, les sarraux volent au vent, et femmes, chiens et hommes, tout le monde se jette à la nage pour saisir cette misérable proie qui s'en va au courant de l'eau salée.

A droite, le canal d'eau douce côtoie toujours le canal maritime. On ne voit, de ce côté, qu'un désert traversé de temps à autre par des mâtures ou par les locomotives dont le sifflet va réveiller les solitudes de l'Égypte endormies depuis tant de siècles.

Vers onze heures, nous laissons à tribord un îlot de verdure où sont construits les établissements de la Santé et ceux des messageries maritimes. Tout le monde y remarque, sur son piédestal, un buste de bronze, et se demande quel grand homme il rappelle. C'est tout simplement la tête d'un Anglais qui, le premier, a traversé l'isthme à cheval. Il est pourtant un homme, un Français, à qui cette place et ce piédestal appartiennent de droit ! Quelques minutes plus tard, c'est-à-dire environ vingt heures après y être entrés, nous sortons du canal, en effarouchant des troupeaux de hérons qui dorment sur leurs longues pattes, comme des oiseaux hiéroglyphiques.

On stoppe alors pendant quelque temps pour déposer le pilote de l'isthme et pour prendre son collègue arabe qui doit guider le navire dans la mer Rouge. On est en face de Suez. Vers le nord, ou plutôt vers le nord-ouest, un plan éloigné de collines rocheuses, nues et rougeâtres, le Djebel-Attaka, ferme l'horizon; à leurs pieds, sur une plage de sable blanc, au milieu d'un pays sans arbres, la ville grisâtre de Suez élève ses dômes et ses minarets. Le canal qu'on vient de traverser s'ouvre à deux kilomètres à l'est de la ville, à laquelle le relie une longue chaussée qui suit la courbure du golfe.

Le tableau est ici d'une splendide simplicité. Sous un ciel d'un bleu noir, se déroule une mer qu'un aquarelliste ne pourrait comparer qu'à une épaisse solution de cendre bleue; le long du bord, des chiens de mer tracent dans l'eau de longues fusées blanches, et des méduses gigantesques laissent flotter, mollement et comme au hasard, leur corps de cristal que les rayons lumineux traversent, en s'y décomposant comme dans un prisme. A l'horizon, aussi bien du côté de la terre que du côté du large, la coloration du golfe devient du plus bel outre mer; Suez disparaît dans les rayons enflammés du soleil comme dans une brume de feu; les montagnes de l'Égypte revêtent les teintes magiques du rouge et du rose les plus purs, se veinent de longues traînées blanches et se reflètent en violet dans le miroir bleu de la mer; à l'est, les hauteurs confuses de la presqu'île Sinaïque sont laiteuses et violacées. Cet ensemble éblouissant donne au golfe l'aspect d'une immense coquille de nacre aux reflets colorés et changeants; on croirait assister à une de ces scènes de féeries parisiennes où les pierreries, les tissus et les métaux brillants sont illuminés à profusion par les feux blancs de la lumière électrique. La clarté de ce tableau est si vive, que les yeux ne peuvent longtemps en supporter l'éclat. Ce spectacle grandiose semble revêtir peu à peu une teinte violette et uniforme; lentement, tout passe au rose sombre, et enfin tout devient rouge : les montagnes, le ciel, la mer. Il serait imprudent de prolonger trop longtemps la contemplation de cet océan de lumière.

Du côté de l'Arabie Pétrée, la plage, qui forme une longue et large ligne de sable blanc, est coupée par une grande tache d'un vert foncé : c'est la fontaine de Moïse. C'est, en effet, à travers le golfe de Suez que passèrent les deux cent mille Hébreux qui fuyaient la captivité. Ils atteignirent à pieds secs le rivage est du golfe, en un point du désert de Sür où coulaient les fontaines de Mara; l'eau de ces fontaines était amère; Moïse y jeta quelques morceaux d'un certain bois : elles devinrent saumâtres, à peu près potables et, depuis cette époque, elles ont conservé ce goût. Soixante-dix palmiers, juste le nombre rapporté par la Bible, ombragent encore en ce lieu les douze sources miraculeuses que Moïse appela les douze sources d'Élim. A l'ombre de ces arbres s'élève un petit monument blanc qui est en même temps une chapelle, une mosquée et une synagogue : là viennent tour à tour faire leurs dévotions les chrétiens qui vont au mont Sinaï, les musulmans qui vont à la Mecque et les Juifs qui vont partout.

Avant que le canal ne fût ouvert au transit des paquebots et des transports, les voyageurs qui se rendaient dans l'extrême Orient débarquaient à Alexandrie, traversaient l'Égypte en chemin de fer et venaient reprendre la mer à Suez.

Cette ville n'est plus aujourd'hui comprise dans l'itinéraire du voyage de Chine, au moins pour les navires de l'État. On s'arrête seulement pendant quelques heures dans sa rade et on repart sans avoir pu mettre pied à terre.

Le canot à vapeur y conduit pourtant le vaguemestre qui va porter nos lettres à la poste et prendre celles qui nous sont adressées. Seul du bord, avec un enseigne qui a obtenu à grand'peine l'autorisation de nous accompagner, nous pouvons faire à Suez une apparition d'une heure. Une formalité que nous avons à remplir pour notre patente de santé et qui a été oubliée à Port-Saïd, nous vaut cette bonne fortune. « Nous allons à terre pour le service de Sa Majesté, » disent, en riant, nos camarades qui nous voient partir d'un œil un peu jaloux. Il ne leur reste qu'une consolation, c'est de filer leurs lignes par les sabords et de faire une de ces pêches miraculeuses si faciles dans ces parages où le poisson foisonne.

Notre bâtiment est mouillé à quatre kilomètres du rivage que nous atteignons après une traversée de vingt minutes sur la plus belle mer qu'on puisse rêver. Les eaux sont hautes. Le golfe, ou plutôt la nappe liquide qui le remplit, a, maintenant, environ quatre mille mètres de largeur de l'est à l'ouest; elle n'aura plus, à marée basse, qu'à peu près le quart de cette étendue. Le rivage est si plat en certains endroits que c'est avec une rapidité dangereuse que le flot parcourt, quand la mer monte, la distance qui sépare ces deux limites extrêmes. Le général Bonaparte faillit, dit-on, être victime de ce phénomène et c'est là, sous la quille de notre canot, que périt en désordre l'armée de Pharaon, là que la main de Dieu submergea le cheval et le cavalier, *equum et ascensorem dejecit in mare,* disent les livres saints.

Nous accostons au quai qui fait face au midi : Suez perd beaucoup de près l'attrayant aspect oriental qu'il a de loin. Des maisons bâties comme les nôtres bordent la mer; une grande vérandah en fer s'élève sur le quai pour la commodité des promeneurs ; un hôtel confortable y ouvre sa porte hospitalière.

Suez était devenu un centre important avant et surtout pendant les travaux de percement de l'isthme ; c'était alors un caravansérail, une grande et étrange ville de 25 à 30,000 hab. et si les Ptolémée avaient pu sortir de leurs pyramides, ils eussent été fiers de leur antique Arsinoë. Port-Saïd l'a un peu détrônée aujourd'hui. Les baraques, les magasins, les entrepôts qu'on y avait élevés alors sont à demi abandonnés et tombent en ruine. Les paquebots des Messageries qui vont dans l'Inde, ceux qui vont en Australie, les steamers de Marseille qui vont en Chine et au Japon y font pourtant toujours une courte escale ; des vapeurs égyptiens font un service régulier entre son port et Djeddah et Hodeidah, et tout cela y entretient une certaine animation. Les boutres, les dahabiehs, les barques de toute espèce, les petits bateaux à vapeur, se pressent encore dans ses eaux.

Ils apportent à Suez les produits des bords de la mer Rouge, les marchandises qui, venues de Djeddah, du Yémen, de l'Abyssinie, de Zanzibar, vont gagner le Caire et Alexandrie soit par le chemin de fer, soit par le canal d'eau douce. D'autres se livrent, sur les côtes, à la pêche du corail et surtout à celle des éponges. C'est principalement au moment du pèlerinage de la Mecque que Suez retrouve le mouvement de ses beaux jours. Presque tous les croyants d'Égypte et de Tripoli, une bonne partie de ceux de Stamboul et d'Alger qui veulent accoler à leur nom le titre respecté d'El-Hadj, viennent s'y embarquer pour leur saint voyage. Des boutres étranges, comme nous en voyons des spécimens dans un coin du port, des navires qui semblent plonger par l'avant et dont le château d'arrière, avec ses deux étages de petites fenêtres, fait penser aux nefs de saint Louis, les transportent à petites journées, longeant les côtes et mouillant, tous les soirs, dans quelque crique où ils passent la nuit.

Nous n'avons qu'une heure pour visiter Suez ! D'autant plus âpres à la curée que les voyageurs deviennent chaque jour plus rares, les Bédouins dépenaillés du port se jettent sur nous comme sur une proie. Suivons-en un à la course.

Suez est une agglomération de maisons cubiques, basses, grises et blanches, bâties enfin et alignées presque sans ordre. Des rues, les unes sablonneuses, les autres pavées en briques, toutes peuplées de volailles variées qu'effarouchent de tous côtés les pas des promeneurs, se frayent une route pourtant assez droite entre ces constructions et s'élargissent, çà et là, pour former des places et des marchés curieux. Marche ! nous dit le temps qui passe. L'un des quartiers que nous ne faisons qu'entrevoir mériterait de nous arrêter longtemps : c'est le quartier du bazar, quartier d'un pittoresque achevé avec ses échoppes, ses voûtes sombres, ses planchers de bois suspendus sur les rues comme des tentes, ses étalages en désordre, ses cafés enfumés, ses recoins mystérieux, ses odeurs de parfum et de cuir. Marche ! nous dit encore l'heure qui s'écoule, et, bousculant les nègres, mettant le pied sur la robe rouge des Arabes de l'Hedjaz, accrochant la pelisse des Bédouins de Moka, nous courons et nous retombons dans le dédale des rues. Çà et là, se dressent, comme des intruses, des maisons européennes et se montrent quelques hôtels à physionomie peu engageante. Il y a même un café-concert avec ses virtuoses en jupons et sa roulette louche. Le directeur de l'établissement, debout sur sa porte, fait sauter des pièces d'or dans ses doigts chargés de bagues et semble nous appeler avec son sourire patelin et obséquieux. Oui, mon ami, nous savons. *Apro !* Eh bien, non, n'ouvrez rien ! Il nous en a assez coûté à Port-Saïd pour apprendre ce qu'est votre boîte à malice. On voit bien ce qui y entre, mais on ne voit pas ce qui en sort.

Poudreux et haletants, nous allons, avec mon compagnon, relâcher un instant dans la grande cour à galeries de l'hôtel anglais qui s'élève sur le quai. C'est encore l'Europe, mais c'est déjà l'Inde, c'est la Chine qui nous apparaissent dans la curieuse personne des domestiques. Déjà des Chinois ! De Suez à San-Francisco, de la Sibérie à l'Australie, le peuple jaune de l'empire du Milieu s'étend peu à peu comme une large tache d'huile. Pourvu qu'il soit sûr que son pauvre corps reviendra dormir dans la terre natale, là-bas dans la vaste plaine des tombeaux où dorment ses pères, le Chinois part content : tout le reste lui est égal. Il s'expatrie avec une facilité extrême et nous ne devons pas désespérer de voir un jour cet ouvrier, économe et économique, remplacer chez nous les Piémontais et les Belges.

Le temps passe. Allons, au moins, du haut de la terrasse de l'hôtel, jeter un coup d'œil d'ensemble sur cette ville que nous ne pouvons voir en détail. A nos pieds, se déroulent en désordre les maisons grisonnantes, les terrasses plates, les dômes, les minarets blancs et, de loin en loin, quelques arbres qui se prennent à lever la tête depuis que le canal d'eau douce est venu apporter la vie à ce pays toujours altéré, toujours mourant de soif avant son percement. Une enceinte délabrée, démolie et qui a disparu par places, se montre encore autour de la cité. On y reconnaît même, paraît-il, les restes des travaux de défense que nos soldats y ajoutèrent, il y a bientôt un siècle. Sur la plage de neige, les petites tentes rayées, les Arabes et les dromadaires d'une caravane au repos s'affaissent en tas grisâtres, comme des amas de décombres. D'un autre côté, un enterrement dont les chants arrivent jusqu'à nous déroule ses files de burnous dont la couleur se confond avec la blancheur éclatante de tout ce qui les entoure. Ce convoi funèbre de quelque pauvre fils du prophète se dirige à pas lents vers un grand cimetière dont nous voyons, au loin, s'éparpiller sur le sol les pierres blanches et les modestes monuments. En face de nous enfin, tandis que derrière la ville les trains quittent la gare en sifflant, en face, vers le sud, s'étend la nappe éblouissante de la mer Rouge que nous allons parcourir. Elle s'ouvre comme une immense porte triomphale entre les monts Attaka et les massifs du mont Horeb; elle s'ouvre sur un océan de lumière dont l'éclat fascine et attire, et c'est avec plaisir qu'on regagne le bâtiment qui fume, prêt à reprendre sa course.

Le pilote est à bord. L'équipage vire joyeusement au cabestan et on repart.

La première journée de navigation dans la mer Rouge se passe entre des côtes abruptes et rôties. Vers le soir, on laisse à tribord le phare de Zafarana et à bâbord le mont Hummum-el-Faroum.

Cette montagne marque la péninsule Sinaïque, ancienne demeure des Amalécites et des Madia-

nites et divise le fond de la mer Rouge en deux
golfes dont le plus important est celui de Suez, à
l'ouest.

Quelques heures après, le feu de Zafarana
s'éteint vers le nord, et celui de Gharib s'allume
dans le sud.

Le lendemain matin de bonne heure, c'est le
phare de Jubal qu'on découvre au sud-est. Au
lever du jour, on range, du nord au sud, la côte
d'Égypte qui s'arrête, au midi, à Raz-el-Aosh.
C'est une côte de falaises tourmentées, jaunes ou
noirâtres, une côte désolée, calcinée, où ne pousse
pas un arbre; il y a des sources, mais ce sont des
sources de liquide inflammable : des sources de
pétrole. Un cap tire même son nom de cette
huile de pierre : la Pointe Pétroleum. Une avarie
se produit justement dans notre machine au
moment où nous allons doubler cette pointe, et
comme les réparations exigent quelques heures,
nous allons, sous ses falaises, chercher un abri
contre les courants. Le cap a la forme d'un ma-
melon, et on ne peut mieux comparer cette éminence qu'à un pain de munition brûlé. C'est
rouge et noir; c'est déchiqueté, crevassé, et c'est
chaud comme si le soleil y eût mis le feu au pétrole.
Le temps est heureusement splendide pendant le
long arrêt de notre machine. Un naufrage dans
ces parages doit être une chose horrible. Et
comme si la nature ne suffisait pas à rendre ces

côtes hideuses, des tribus sauvages et sanguinaires errent encore au delà de ces collines décharnées et viennent souvent jusqu'à la mer. Elles y viennent surtout quand le naufrage leur envoie des victimes. Nos cartes marines les signalent elles-mêmes avec les autres dangers de ces parages maudits : « Côte rocailleuse ; mouillage peu sûr, lit-on, en effet, sur un point ». « Tribus d'un naturel féroce et sauvage, lit-on sur un autre. » Et plus loin : « Bas-fonds ; courants ; coraux ; récifs sous-marins. » Plus loin encore : « Tribus d'un naturel traître et cruel. » C'est avec un véritable plaisir qu'on sent de nouveau l'hélice frissonner sous ses pieds et qu'on s'éloigne de ce Soudan inhospitalier, de ce pays embrasé et menaçant des Nubiens et des Barabras.

Dans l'après-midi, on découvre, à l'est, fort vaguement, il est vrai, le double sommet du mont Sinaï, aux flancs escarpés. Ce ne pouvait être que pour trouver le moyen de les promener pendant quarante jours dans le désert, que la nuée lumineuse fit faire un pareil détour aux Hébreux pour les conduire de Gessen à Jérusalem, la Terre Promise. A une certaine distance au-dessous du sommet sacré, on croit, avec de fort bonnes lunettes, distinguer le couvent qu'ont bâti les Grecs. Non loin de cette montagne, où fut donné le Décalogue, au sud, apparaît le mont Horeb. Moins heureuses que celles de Selim, les sources que la baguette de Moïse y fit jaillir du rocher sont, paraît-il, taries.

On dépasse plus tard Asharafi et on s'engage dans le détroit de Jubal, au milieu des îles de Jubal, de Shadwan, de Tawila et autres lieux à peu près aussi gais et aussi fertiles que la pointe Petroleum.

La chaleur devient plus que gênante, et c'est ordinairement dans ces régions qu'on installe le *panka* au carré.

Le panka est en grand usage dans tous les pays intertropicaux ; il semble souvent que, sans lui, il serait impossible de respirer ni de manger. C'est un large écran en parallélogramme fait d'une toile tendue sur un châssis, sur un grand cadre de bois. L'un des côtés longs de ce cadre est lesté avec du plomb, et on y cloue un double ou un triple volant ; le côté opposé porte deux crochets qui servent à suspendre l'appareil au plafond, ordinairement au-dessus des tables. Une corde, fixée sur l'une des faces du panka, va, dans un coin de la pièce où il est installé, se réfléchir sur une poulie de renvoi, et un domestique, qui tire cette corde comme un sonneur tire celle de sa cloche, imprime un balancement lent et continu à ce véritable éventail. Pour nos chambres, nous installons aussi ce que nous appelons la bonnette. C'est encore un écran de bois et de toile que nous fixons hors de nos sabords ouverts et que nous orientons de sorte que le vent produit par la marche du navire en frappe la surface et soit renvoyé, réfléchi dans nos cabines. C'est simple et c'est précieux.

A partir du détroit de Jubal, on est définitivement dans la mer Rouge, qu'on met cinq ou six jours à traverser. Cette vaste mer intérieure a une longueur de 2300 kilomètres sur une largeur moyenne de 225; sa profondeur est peu considérable, 400 mètres, en moyenne, et, comme elle ne reçoit aucune rivière, on a calculé que l'évaporation, qui lui fait perdre 7 mètres d'eau par an, la dessécherait au bout de soixante ans, si l'océan Indien ne l'alimentait par le détroit de Bab-el-Mandeb. Je n'ai pas besoin de répéter qu'il n'y a rien de rouge dans cette mer et que, si les savants expliquent sa prétendue coloration par la présence dans ses eaux d'un *trichodesmyum* particulier ou de certain fucus arraché aux roches du fond, les marins ne croient guère à cette explication théorique d'une teinte qu'ils n'ont jamais vue. La chaleur qu'on y éprouve et l'éblouissement qu'y cause la lumière ont probablement seuls fait donner à la mer Rouge l'épithète qu'elle porte.

Le lendemain de notre entrée dans le golfe Arabique, nous flottons par le travers de la Nubie. Ce pays, qu'habitent les Noubas, est séparé de la mer par des déserts et par des chaînes à pic dont nous voyons parfois bleuir au loin les sommets qui s'élèvent jusqu'à 2000 mètres. La Nubie n'est guère peuplée que dans la vallée du Nil, où la température atteint encore pourtant jusqu'à 50 degrés à l'ombre.

Peu de temps après, nous coupons, sans fête, le tropique du Cancer.

Nous longeons bientôt, à distance, les côtes de la montagneuse et volcanique Abyssinie, cette Auvergne tropicale qui, d'après Speke, Grant et Baker, donne naissance au Nil. Les sources aussi célèbres que peu connues de ce fleuve mystérieux seraient, selon ces voyageurs, de nombreux cours d'eau, de nombreux torrents, venus du massif de Killimandjaro, au sud de l'Équateur. Toutes ces eaux se réuniraient pour former le lac Ukerewe ou Victor-Nyanza, et de ce lac, comme le Rhône sort du Léman, sortirait le Bahr-el-Abiab ou Fleuve blanc; celui-ci, rencontrant à Kartoum le Bahr-el-Azrak ou Fleuve bleu, formerait avec lui ce Nil fameux qui arrose et fertilise une partie de l'Abyssinie, le Sennaar, la Nubie et l'Égypte.

Le lendemain, nous laissons, à l'ouest, la côte d'Adel, qui court vers l'est jusqu'au cap Guardafui, le cap des aromates de Camoëns. Les Arabes dominent sur cette côte, habitée, en outre, par des peuplades de race noire telles que les Somâlis, que nous devons retrouver à Aden, les Sahouahilis, les Adels, les Danakils, les Gallas.

toutes féroces et terribles et ne faisant aucun quartier aux équipages que la tempête jette sur leurs bords inhospitaliers. Sur la gauche, nous laissons l'Hedjaz et le Bled-el-Aram, pays sacré, berceau de l'islam, où les musulmans vénèrent la Mecque et Médine.

Le jour suivant, les terres deviennent plus nombreuses. Ce sont les îles de **Djébel-Teer**, puis de **Zébayer**, puis d'**Abou-Eyle**, puis enfin de **Djébel-Zougur**. Cette dernière, que nous voyons de fort près, est une île haute, d'un noir rougeâtre, formée de scories volcaniques que calcine un soleil ardent; elle a l'air d'un amas de petites collines, les unes déchirées, brisées et s'écroulant vers la mer, les autres polies et nous envoyant des reflets verdâtres : il nous semble voir entre elles des coulées de lave solide. Sur le rivage, végètent quelques plantes chétives; de loin en loin, apparaissent même de petits groupes d'arbres d'un beau vert. L'extrémité nord de l'île s'aplatit et s'étend en cap verdoyant que domine une douzaine de palmiers dont les troncs se détachent comme les mâts d'un navire sur le fond bleu de la mer.

Un peu plus loin, se dégagent, derrière Djébel-Zougur, les îles Harnish. Celles-ci sont plus hautes, plus vertes et sont habitées. Quelques barques à longues antennes s'en détachent même et se dirigent vers nous, mais sans pouvoir nous atteindre.

Plus loin, c'est Djeddah, le port de la Mecque, où, toutes les années, débarquent cent mille pèlerins qui vont visiter la pierre de la Kaaba et le tombeau de Médine.

Dans l'après-midi, apparaît, vers l'est, une longue côte accidentée : c'est l'Yémen que les Grecs appelaient l'Arabie Heureuse ; nous nous en rapprochons et, sur une longue plage de sable d'argent, nos lorgnettes nous montrent une ville toute blanche au-dessus de laquelle s'élèvent une multitude de minarets et de palmiers : c'est Moka.

Plus tard, nous entrevoyons encore une fois la côte d'Afrique, à l'ouest, au point où elle se creuse pour former la baie de Tadschurra fermée au sud par le pays des Somâlis et par le cap Guardafui. Sur les bords de cette baie, entre le territoire occupé par les Danakils et celui qu'habitent les Adels, se trouve un coin perdu où flotte notre pavillon : c'est Obock, terre française depuis 1862, époque où nous l'avons payée 50,000 francs aux chefs indigènes. Cinquante mille francs ! le prix d'une modeste villa en France. Obock est située au fond d'une bonne rade que de hautes falaises abritent au nord et à l'est ; la rivière de l'Anazo, qui coule au fond de cette rade, pourrait presque toujours fournir de l'eau potable à nos navires. Dans le cas où elle se dessécherait, nous trouverions encore à nous approvisionner dans les citernes creusées par les naturels, citernes dans lesquelles ils emmagasinent l'eau de la pluie que le ciel daigne, en moyenne, laisser tomber sur le pays une fois tous les quatre ans. A peu près abandonnée aujourd'hui, Obock est appelée à être l'Aden français, le point de relâche de nos navires.

Devant nous s'ouvre, large de 4 kilomètres, le détroit de Bab-el-Mandeb, la Porte de la Mort! Un calme plat, un ciel admirable, nous attendent à ce passage dont rien ne justifie le nom funèbre. Au milieu du détroit, à peu près à égale distance de la côte d'Afrique et de la côte d'Asie, s'élève, triste et menaçante, l'île rocailleuse de Périm, rocher fortifié que n'habitent que des soldats anglais. Toujours des habits rouges! Voici pourtant, majestueux et fier, un navire imposant qui s'avance. On le regarde venir, on l'admire et on se demande son nom et son pays, quand à sa corne monte et se déploie le drapeau tricolore. Bravo! c'est le *Djemnah* des Messageries maritimes, c'est un morceau de la France qui passe! On est heureux de le voir sur ces mers étrangères, comme on est heureux de la rencontre d'un ami; on éprouve je ne sais quelle fierté patriotique à la vue de cette merveille de notre marine marchande. Il a reconnu notre flamme de guerre et son pavillon s'abaisse trois fois; on lui rend son salut avec joie, et quelques minutes après, il n'est plus que quelque chose qui fume à l'horizon et qui disparaît dans la direction de la France.

Un temps splendide a favorisé notre traversée; la mer a presque toujours été unie comme une glace; le thermomètre s'est, en moyenne, maintenu à 32 degrés à l'ombre, sauf par le travers de Djeddah où il s'est élevé à 40; enfin le ciel a toujours été d'une pureté complète. Un soir seulement il s'est couvert tout à coup; un grain a semblé se préparer, et tout s'est réduit à un orage électrique dans le lointain. La chaleur est cependant difficile à supporter malgré les affirmations rassurantes du thermomètre : c'est une chaleur humide qui ne favorise ni l'évaporation ni, par suite, le refroidissement du corps et qui donne lieu à une pénible sensation d'étouffement. Dans nos chambres, cette sensation est plus fatigante encore : nous sentons comme une brûlure sur la face et personne ne se couche sans avoir largement ouvert sabords et hublots. La plupart d'entre nous ont, du reste, déserté leur cabine et vivent au carré, dans les tenues les plus légères et les plus diverses. Chacun a rapporté quelque détail de costume des pays chauds qu'il a visités et il s'en sert : l'un est vêtu en Chinois, avec de larges vêtements flottants à raies blanches et vertes; l'autre se promène gravement en Cochinchinois, le *salako* sur la tête, les espadrilles aux pieds et l'éventail de latanier à la main; celui-ci se drape dans le *pareo* tahitien, celui-là se couche dans la *gandoura* mauresque : une vraie scène de bal masqué, moins l'animation à laquelle ne pousse guère la chaleur qui nous accable.

L'état sanitaire du bord est cependant encore assez bon; sauf deux cas d'insolation qui n'ont pas été suivis de mort, sauf quelques indispositions encore sans gravité, nous ne voyons guère apparaître que cette maladie de peau que nous appelons le *lichen tropicus* et que les matelots appellent le *bourbouille*. On a peine à se figurer l'horreur des démangeaisons de cette terrible dermite; mais qu'est cela auprès de ce qui attend nos pauvres soldats en Cochinchine et au Tonkin!

CHAPITRE III

ADEN ET L'OCÉAN INDIEN.

Arrivée à Aden. — Aden. — Citernes de Tawila. — Les bayadères noires. — Les Parsis. — Les Somâlis. — Steamer-
Point. — En mer. — Effet de roulis. — La vie à bord.

Quinze jours après notre départ de Toulon, nous rangeons la terre de très près. La côte est ici formée par des monts évidemment volcaniques, ressemblant aux îles que nous avons vues dans la mer Rouge ; sa silhouette présente des découpures fantastiques : là, elle est plate comme une table ; plus loin, elle est hérissée d'aiguilles élancées, déliées ; ailleurs, elle porte des croupes hémisphériques que mille clochetons surmontent comme les coupoles d'une cathédrale. Bientôt cette côte s'arrondit, s'aplatit, se pare de quelques arbres, de quelques palmiers, et nous ne tardons pas à apercevoir devant nous, dans la direction de l'est, un grand nombre de navires au mouillage : c'est Steamer-Point. Nous avançons : un amas de rochers, une agglomération de petites collines rouges et nues dont la plus haute porte un sémaphore couvrent la côte; au milieu de ce désordre de pierres, un phare, des mâts de pavillon, des maisons de belle apparence ornées de vérandahs et de galeries dans un style demi-italien et demi-indien; des habitations dispersées çà et là et à différentes hauteurs; quelques maisons aux toits de chaume : tel est l'aspect général de Steamer-Point vu de loin. Sur la plage, s'élèvent trois ou quatre grandes maisons à galeries couvertes : ce sont des hôtels, et comme à Port-Saïd, les premiers mots que nous lisons de loin sur la terre d'Arabie sont ceux d'*Hôtel de l'Univers* et d'*Hôtel d'Europe*. Steamer-Point et Aden, lieux de relâche et de ravitaillement plutôt que gardiens de l'entrée de la mer Rouge dont ils sont fort éloignés, appartiennent aux Anglais, et leur population est d'environ 30 000 âmes. Nous entrons dans une rade très large et très sûre. Sur notre passerelle, hurle et se démène un pilote anglais; sur notre pont, arrivent des officiers que des navires de guerre étrangers nous envoient pour nous souhaiter la bienvenue. Nous n'avons pas encore mouillé, que déjà un spectacle étrange s'offre à notre curiosité. Notre bâtiment est littéralement envahi par une foule de bateaux que montent des Arabes ou des nègres manœuvrant au moyen d'une rame en forme de pelle de boulanger et par une nuée de pirogues formées d'un simple tronc d'arbre creusé et poli à l'extérieur. Chaque pirogue porte deux ou trois hommes armés chacun d'une pagaie à manche très court. Tous sont nus ou à peu près : un linge blanc est censé leur ceindre les hanches ; quelques-uns portent un turban ou un bonnet de laine blanche ; d'autres ont la tête couverte d'une calotte de chaux, formant une croûte épaisse sur leurs cheveux, qu'elle doit lentement teindre en rouge ; la plupart ont le crâne entièrement rasé ; les autres portent soit une longue touffe de cheveux, soit une véritable couronne de moine, soit, enfin, une forêt de longs poils carottes, partagés en deux masses par une raie, frisés, ondulés ou divisés en un million de petites tresses. Et tout cela, autour de nous, semble courir sur l'eau, grouille, crie, se bat et surtout pousse d'une façon continue des cris gutturaux qui ressemblent au gloussement des dindons et au glouglou des bouteilles. De ce vacarme, quelques mots français arrivent à nos oreilles, toujours les mêmes, répétés à satiété par cent voix différentes : « Dis donc ! Oui, oui, dis donc ! Capitaine ! à la mer ! à la mer ! à la mer ! » Nous nous amusons à jeter des sous à la mer : c'est ce qu'ils veulent dire. Tous les hommes des pirogues plongent alors à la fois comme des grenouilles au bord d'une mare, les avirons flottent au hasard, les pirogues se remplissent ou chavirent, les sous sont saisis avant d'avoir touché le fond, et on voit, une à une, reparaître sur l'eau les têtes crépues des plongeurs qui regagnent leur barque, la vident à demi avec leurs mains, y sautent comme les marins montent dans les hamacs et, sans prendre haleine, recommencent leur étourdissant : A la mer, à la mer, à la mer !

Une grande embarcation, montée par un nombreux équipage de nègres qui rament chacun avec une pelle tenue à deux mains, arrive à bord, écartant violemment la foule des pirogues. Elle porte un homme grave, vêtu de blanc et coiffé d'une calotte en rotin tressé : c'est Edulji-Menaldji, riche négociant parsis du lieu et fournisseur de la marine, qui vient prendre nos ordres. Il est suivi de près par un autre commerçant plus imposant encore avec son espèce de jupon rouge, son turban rouge et doré, sa veste en drap d'or : celui-là est un Arabe qui vient nous demander nos commissions pour le café et les plumes d'autruche.

A notre arrivée à terre, une nouvelle foule nous attend ; comme à Port-Saïd, le mot de *bachich* remplit nos oreilles ; le quai est si bien couvert de curieux, que nous ne pourrions débarquer sans l'intervention de deux policemen anglo-indiens vêtus de blanc et coiffés d'une espèce de galette jaune. Armés d'un véritable fouet, ils nous font rapidement et vigoureusement ouvrir un passage.

La place principale de Steamer-Point donne

sur la mer; l'un de ses côtés est formé par le rivage où sont échoués des pirogues et des bateaux et où des troupes de nègres remplissent des outres que des négresses emportent sur leurs reins; les trois autres côtés de la place sont bordés de grandes maisons, d'hôtels anglais ou indiens, de bazars, de marchands de photographies; au milieu, stationnent des chameaux, des ânes de louage et même quelques espèces de fiacres.

Steamer-Point est la ville européenne. La ville indigène, Aden, se trouve à trois quarts de lieues environ dans le sud-ouest. Une route brûlante, poudreuse et d'une blancheur douloureuse pour la vue nous y conduit le long d'une plage de sable où dorment au soleil des boutres démâtés, vieux et grands navires arabes dont la forme rappelle celle des galères antiques. De loin en loin, sur le bord de la mer, les Anglais ont créé des chantiers et amoncelé des entrepôts de charbon. A côté de nous passent des Chinois et des Hindous, des Bédouins sur des ânes et des nègres accroupis sur des dromadaires, des femmes somâlis demi-nues et des musulmanes hermétiquement voilées d'épaisse étamine rouge ou bleue, des Bédouins au burnous flottant sur les jambes noires et des chameaux innombrables qui, d'un pas large et sûr, processionnent en longues files mélancoliques. Après une heure de marche, nous arrivons enfin à la porte d'Aden. C'est une gorge, une tranchée fortifiée que gardent des cipayes avec leurs fusils et des policemen avec leurs fouets.

Aden se déroule à nos pieds, affaissé dans le soleil et la poussière, vaste amas de maisons plates et blanches au-dessus duquel les vautours tournent en rond dans le ciel embrasé et qui a la physionomie de toutes les villes arabes.

La meilleure manière de visiter Aden sans fatigue, est encore d'enfourcher un âne et de se faire promener au hasard à travers la ville. C'est ce que nous faisons; et comme à Port-Saïd, perchés chacun sur un bourricot qu'aiguillonne un petit Arabe, nous entrons triomphalement en troupe le casque blanc empanaché de plumes d'autruche que nous venons d'acheter et que nous ne savons où mettre, et la main armée, en guise de lance, d'une longue corne aiguë d'antilope, montée en forme de canne ou plutôt de pique.

Aden nous rappelle Port-Saïd, Alger, Tanger, toutes les villes mahométanes que nous avons visitées. Tout est blanc, éblouissant, sans la moindre trace de végétation; seule, la peinture de quelques moucharabiehs met un peu de verdure dans le paysage. La ville est, chose étonnante, coupée de larges rues qu'encombrent cependant les ânes, les hommes et les chameaux qui, chargés comme des navires et poussés de droite et de gauche, remplissent l'air de leurs cris rauques et désagréables. Dans toutes les encoignures, des enfants noirs et nus se roulent en tas malpropres; des femmes à peine vêtues, assises dans la poussière blanche, font luire au soleil leur poitrine et leur dos de bronze florentin. Les rues sont bordées de magasins qu'abritent des tentes bleues et blanches. On n'entre pas dans ces boutiques : les marchands se tiennent seuls au fond, tapis comme des chasseurs à l'affût ; les étalages débordent et empiètent largement sur la chaussée. Ces magasins n'ont pas de spécialité : ils vendent tous la même chose, mais ils vendent de tout : épiceries arabes aux odeurs fortes, fruits inconnus dans nos pays, pâtisseries gluantes, confitures dégoûtantes, à demi fondues par le soleil et dévorées par les guêpes, poteries bariolées, pipes et narghilés, tabac, vêtements, armes, bijoux de verre, friperies de toute espèce; tout cela sale, grossier, poudreux. Nous arrêtons-nous devant un de ces capharnaüms? Le marchand demeure impassible ; mais les passants s'attrouperaient à nous étouffer, s'il ne surgissait toujours à point quelque policeman qui a l'avantage de nous servir d'interprète et devant qui la foule s'écarte avec un respect craintif. Çà et là, nos regards plongent dans des intérieurs : ici, ce sont des Arabes qui dorment sur les filets d'un divan ou sur des nattes; ailleurs, c'est un groupe silencieux qui fume avec recueillement autour d'un brasero ; plus loin, ce sont des femmes qui tissent des étoffes; plus loin encore, c'est une nombreuse assemblée de musulmans qui suivent, en dodelinant de la tête, une lecture du Koran, psalmodiée dans l'ombre par un vieillard juché dans une espèce de chaire bariolée de toutes les couleurs de l'arc-en-ciel.

Les cafés arabes fourmillent : ce sont de larges magasins noirs, enfumés, et dans lesquels, à première vue, on ne distingue que quelques rayons de jour qui y pénètrent par les petites fenêtres grillées du fond et que la fumée rend visibles. Des indigènes, pelotonnés sur des lits bas ou sur des paillassons, y fument leur éternelle pipe et y boivent du café épais dans de petites tasses; au milieu d'eux, va et vient le cafetier, dont le fourneau primitif brûle dans un coin, et, au fond de la salle, des nègres pilent du café dans de petits mortiers de fer, en donnant, alternativement et en cadence, deux coups de pilon dans le fond du mortier et un contre ses parois; cela produit une musique monotone qui endort et berce les buveurs, comme le fait à Alger le son de la *darbouka*.

La grande curiosité, ou plutôt la curiosité banale d'Aden, ce sont ses célèbres citernes : il pleut, en moyenne, à Aden, un jour chaque cinq ans ! Il fallait donc faire d'amples provisions d'eau. On a choisi, à cet effet, une vaste gorge ouverte dans les montagnes rocheuses qui entourent la ville au nord; on a, avec du ciment, crépi les parois de cette large cavité naturelle, sur une longueur d'un demi-kilomètre. On l'a, au moyen de barrages en forte maçonnerie, divisée en cinq ou six compartiments, et on a ainsi obtenu de vastes citernes étagées qui, lorsqu'il pleut, emmagasinent l'eau de la montagne et dont le contenu peut suffire pendant deux ou trois ans à la consommation de la ville. Ces réservoirs ont été attribués aux Portugais, aux Arabes et, naturellement, aux Romains eux-mêmes, sans qu'on ait pu décider la question. Ce qu'on sait, c'est qu'ils sont fort anciens et que, outre les eaux de pluie, ils recevaient jadis l'eau d'une rivière qui traverse la plaine située au fond de la baie et qu'amenait un aqueduc qu'on a tenté de rétablir en 1879. Les Anglais n'ont eu qu'à déblayer ces cavités, il y a une vingtaine d'années, qu'à agrandir les petites citernes supérieures, qu'à compléter, enfin, le système, en tirant parti des moindres anfractuosités du rocher. Près de la citerne inférieure, un square brûlé est censé offrir aux promeneurs l'ombrage supposé de quelques arbres secs auxquels on rationne l'eau. Au centre de ce square, près d'un bassin qui donne une fraîcheur relative, quelques Arabes ont accroché des nattes aux branches des arbres, ont ainsi transformé en parasols ces troncs à demi dépouillés et, accroupis dans la poussière ardente, ils fument avec résignation de gigantesques narghilés.

Lors de notre visite, toutes les citernes sont vides, excepté la plus basse, qui contient une eau verte, chaude et saumâtre. Des Bédouins sont occupés à la remplir. Montant et descendant péniblement le long des rochers au moyen de cordes à nœuds, ils y charrient des outres, qu'ils vont au loin emplir dans un puits presque inaccessible et qui se trouve tout au haut de la colline ; d'autres Arabes, au moyen de sacs de cuir en guise de seaux, transvasent l'eau de cette citerne dans une autre, accompagnant leur pénible labeur de ce chant monotone si cher à leur race. La chaleur est torride dans ces gorges, dans ce four enflammé ; c'est à peine si l'on trouve à s'y cacher dans l'ombre de quelque creux du roc, si on peut s'y désaltérer avec une gorgée de cette eau écœurante. S'il pleut rarement à Aden, les pluies y sont parfois d'une abondance extrême. C'est ainsi qu'en 1876, un de nos amis qui s'y trouva un jour d'orage vit l'eau s'engloutir dans les citernes en quantité si abondante, que les margelles, les passerelles furent rompues, que tout fut entraîné, tordu et arraché. Toutes les citernes sont vides, avons-nous dit : mais que boit-on alors à Aden, se demandera le lecteur ? On boit de l'eau de mer rendue potable par les machines distillatoires que les Anglais font, à grands frais, fonctionner à Steamer-Point.

La moyenne annuelle de la température est cependant moins élevée à Aden qu'on ne pourrait le supposer ; elle ne dépasse guère une trentaine de degrés.

Après les citernes, ce que tout étranger ne manque pas de visiter, c'est ce qu'on appelle le quartier des bayadères. C'est une grande place en parallélogramme fermée, comme un jardin, par un petit mur et entourée de maisons qui n'ont qu'un rez-de-chaussée. A peine le voyageur a-t-il mis le pied dans ce parc-aux-cerfs, qu'une nuée de femmes noires, chargées de colliers énormes, de bracelets gigantesques des épaules aux poignets et des genoux aux chevilles, se rue sur lui. C'est comme un éblouissement de couleurs et de dorures. Ce sont des bousculades, des cris, des rires, des cliquetis de métaux à ne plus s'entendre.

Au milieu d'elles, de vieilles négresses, la gorge en débandade, crient encore plus, on ne sait pourquoi, tandis qu'un vieillard, à la voix chevrotante, se démène pour couvrir le tumulte et pour nous faire entendre, en se frappant la poitrine du poing, qu'il est le chef de cette troupe bruyante. Il sait trois mots de français et il nous les crie à tue-tête : « Moi, directeur, capitaine ! » Mais ce n'est pas directeur qu'il dit, et le mot par trop naturaliste qu'il emploie perd ce qu'il a de malsonnant pour n'être plus que ridiculement bouffon dans cette bouche que fend un large rire béat. Il finit, enfin, par établir un certain ordre, et on nous

5.

fait entrer dans une grande salle occupant toute la largeur d'une maison. Les murailles et les solives sont enfumées; le sol est en terre battue; on se sent saisi par une chaleur suffocante et par une violente odeur de parfums bizarres et surtout de benjoin, qu'on brûle à pleines mains. Les côtés de cette salle sont encombrés de meubles baroques, de grands narghilés en terre, de fourneaux, de chaudières de fonte, de gigantesques chandeliers de fer, de divans ou plutôt de charpentes de divans dont le fond est formé par un simple filet de cordes; ce sont ces sièges qu'on offre aux visiteurs, en même temps qu'on leur présente des tuyaux de narghilés, des verres de lime-juice et des tasses de café fortement sucré. C'est une erreur de croire que les Arabes prennent le café sans sucre; quand ils le font, c'est purement par pauvreté. Celui qu'on nous verse ici est excellent, et comment pourrait-il en être autrement à deux pas de Moka?

Au milieu de la salle, se tiennent celles qu'on appelle bien poétiquement les bayadères. Ce sont des femmes qui des négresses n'ont guère que la couleur et qui semblent, pour la plupart, appartenir à une race blanche devenue noire; jolies, en général, elles ont une physionomie étrange, avec leurs dents éblouissantes qu'elles montrent dans un rire perpétuel, avec leurs yeux noirs qu'entoure un large cercle bleuâtre de koheul. Leur costume ressemble beaucoup à celui des

Juives d'Alger : large pantalon flottant, pièce d'étoffe entourant les hanches comme un tablier qui ferait le tour du corps, robe sans taille et ouverte sur le devant. D'autres portent la toilette des femmes somâlis : c'est une simple pièce de cotonnade rouge ou bleue qui, passant sous le bras droit, vient se nouer sur l'épaule gauche et fait simplement le tour des reins, en laissant à découvert les bras et la moitié du corps ; leurs pieds sont chaussés de sandales relevées en pointe ; leur chevelure, divisée en milliers de tresses, est entourée d'un turban ou d'un simple mouchoir ; mais ce qui leur donne un aspect tout à fait original, c'est la profusion de leurs bijoux grossiers, ce sont leurs colliers d'ambre, ce sont les anneaux passés à travers la cloison de leur nez et encadrant leur bouche, ce sont les prodigieuses boucles d'oreilles qui caressent leurs épaules, ce sont les ornements bizarres en forme de clé qui traversent la partie supérieure de leurs oreilles, ce sont, enfin, les bracelets de verre ou de métal qui couvrent leurs membres. Avec un grand bruit de grelots et de ferrailles, battant des mains en cadence, chantant d'une voix nasillarde un air qui semble fait pour endormir un enfant, elles se mettent à danser en formant une espèce de quadrille. Peu à peu les mouvements s'accélèrent, les robes se dénouent, glissent, tombent, et les danseuses finissent par ne plus garder sur leur corps luisant que les bijoux, les ceintures de verroterie qu'elles portent sur la peau et les énormes morceaux d'ambre jaune que, par superstition, elles mettent partout, sur leur tête, à leur cou et même à leur ceinture. Et elles se démènent ainsi à qui mieux mieux dans leur nudité sauvage, étalant aux yeux étonnés leur personne d'ébène polie par le *rusma* et leurs charmes de Vénus africaines.

Nous sortons étourdis, ahuris de ce spectacle de haut goût et nous nous laissons conduire vers une grande place vide et ensoleillée qui sert de marché dans la matinée. C'est là que, après avoir déposé leurs longs fusils aux portes de la ville, viennent chaque jour apporter leurs produits les dangereux bandits qui occupent les plaines voisines d'Aden, plaines très fertiles, dit-on. On doute un peu de cette fertilité, mais on ne s'aventure guère à l'aller vérifier : on courrait grand risque de n'en plus revenir. La place est hérissée de nombreux piquets où sont encore à l'attache de grands chameaux tout tristes, plongés dans des méditations profondes; à leurs pieds, roulés dans leurs burnous, dorment et rêvent, les yeux ouverts, les aimables voisins d'Aden qui attendent le soir pour regagner leurs gourbis. Plus loin, s'éparpillent des huttes en nattes, vrai campement de sauvages. En face, s'élève, non loin d'une mosquée, un modeste temple que notre guide, pour nous flatter, sans doute, appelle une église française, enfin, nous découvrons près de là un hôtel anglo-indien où nous pouvons nous réfugier et fuir le flot de négrillons braillards qui grossit et nous envahit. Cet établissement est, en même temps, un hôtel, un café à demi européen et un entrepôt de commerce. De vieux meubles, lourds et massifs, garnissent la salle que rafraîchit un panka, et de grandes lanternes chinoises balancent aux poutres leurs gros glands de laine rouge ; la grande porte du fond donne sur une cour où s'amoncellent les ballots d'épices odorantes.

Au milieu de ces marchandises, le portefeuille à la main, vont et viennent des Parsis chaussés de leurs souliers pointus, vêtus de leur ample robe blanche en tissu léger, enfin coiffés d'une sorte de mitre carrée, en toile cirée, et qui est bien la coiffure la plus extraordinaire qu'on puisse voir sur la tête d'un homme civilisé.

Tous marchands ou brocanteurs, comme les Juifs en Occident, les Parsis sont très nombreux à Aden. Comme les Juifs encore, ils ont eu une histoire assez malheureuse, que nous raconte en quelques mots et dans un curieux jargon anglo-franco-arabe le maître de l'hôtel, homme à physionomie intelligente, instruit et semblant surtout très versé dans les choses de sa religion. Le fondateur ou plutôt le rénovateur de cette religion, qui est à peu près celle des anciens mages, est Zoroastre, fils de Pourouschasp. Dire à quelle époque vécut Zoroastre serait fort difficile ; les uns le mettent entre le xe et le viie siècle avant J.-C. et en font un contemporain de Smerdis, le Mage, et de Darius, fils d'Hystaspe ; les autres le font apparaître sous la dynastie persane des Caïaniens, dynastie qui n'a elle-même qu'une chronologie fort indécise. Il vaut mieux, pour ne pas se tromper, dire que Zoroastre est né il y a longtemps, très longtime, comme disait notre Parsis. Comme Mahomet, Zoroastre fut naturellement un prophète envoyé par Dieu. En effet, il y avait une fois un roi qui s'appelait Gouschtasp et qui avait, parmi ses sujettes, une femme répondant au doux nom de Dogdo. Dogdo, étant enceinte, se promenait un soir en écoutant chanter le rossignol dans les roses, lorsqu'elle vit surgir devant elle des animaux épouvantables ; c'était Ahrimane qui les envoyait contre elle, Ahrimane qui les avait chargés de détruire la mère et l'enfant qu'elle portait. La peur qui s'empara de Dogdo se comprend, mais ce qui se comprend encore mieux, c'est l'étonnement qu'elle éprouva en entendant sortir de ses entrailles une voix qui la rassurait, et cette voix, changeant de ton, se mit à pousser de tels cris que tous les animaux prirent la fuite. Il n'y avait pourtant rien d'extraordinaire en cela : l'enfant qu'elle portait était Zoroastre lui-même et Ormuz le protégeait. Quelques mois après, il naquit en riant, chose qui ne s'était jamais vue. En prophète consciencieux, Zoroastre disparut vers l'âge de quinze ans, se cacha dans un désert pendant de longues années, et reparut enfin rapportant le Zend-Avesta, espèce de Koran qui contenait la nouvelle loi et qui devait faire disparaître le culte des idoles de la face de la Perse. Le premier homme que Zoroastre voulut convertir fut le roi Gouschtasp. Un jour que ce monarque siégeait au milieu de son conseil, le sol de la salle s'ouvrit subitement et, comme Méphistophélès bondissant de sa trappe, Zoroastre surgit tout à coup. Gouschtasp, fortement ébranlé à la vue de cette entrée extraordinaire, ne demanda plus qu'un tout petit miracle pour se convertir. Il avait justement un cheval noir qu'il aimait beaucoup et qui était atteint d'une maladie aujourd'hui peu connue de nos vétérinaires : les jambes lui étaient entrées dans le ventre ! C'était une bagatelle pour Zoroastre. Il fit un signe, et le cheval, qui roulait sur sa litière comme une outre pleine, se leva tout à coup et se mit à ruer : ses jambes avaient repoussé ! Gouschtasp se convertit; son peuple l'imita ; on donna des coups de sabre aux récalcitrants et la Perse entière reconnut bientôt l'Avesta. Cela dura pas mal de temps, lorsque, au VIIe siècle, les califes arabes conquirent la Perse. L'Avesta devait céder au Koran. Il ne céda pourtant pas complètement et bon nombre de ses observateurs lui demeurent fidèles. Les califes les appelèrent pour cette raison Infidèles ou Guèbres et, renonçant à les convertir à l'islamisme, les chassèrent de chez eux. Les Guèbres se réfugièrent dans le Cohistan, où les poursuivirent les lieutenants de Mahomet. Du Cohistan, ils gagnèrent Ormuz, où ils ne trouvèrent pas encore le repos, et enfin ils quittèrent définitivement leur patrie pour venir se réfugier à Guzarate, où un prince Radjpoute leur donna l'hospitalité. Ce brave Hindou mit pourtant trois conditions originales à sa générosité : c'est que les Parsis porteraient le costume étrange qu'ils ont encore, qu'ils ne se marieraient que la nuit et qu'ils ne mangeraient pas de bœuf. Ils jurèrent d'observer ces conditions plus baroques que dures, et leurs descendants les observent encore aujourd'hui. C'est Bombay qui est pour ainsi dire leur quartier général, et c'est de là qu'ils partent pour se répandre dans tout le moyen Orient. Presque tout le commerce d'Aden est entre leurs mains. Grands, bien faits, à la figure ouverte et sympathique, les Parsis constituent une fort belle race, au physique comme au moral; leur honnêteté commerciale est reconnue partout; une amitié sérieuse les unit les uns aux autres; ils forment naturellement comme une immense société de secours mutuels; aussi n'a-t-on, paraît-il, jamais vu chez eux un pauvre ni une prostituée. Leur loi religieuse leur prescrit l'adoration du feu et du soleil. C'est à cet astre qu'ils confient le soin de leur sépulture, et leurs cimetières sont une réunion de tombeaux ouverts dans lesquels ils déposent simplement leurs morts que les rayons de leur dieu calcinent et détruisent, avec l'aide des oiseaux de proie cependant.

La même loi, dans le but d'empêcher les alliances avec les infidèles, leur prescrit le mariage entre parents aussi rapprochés que possible. Le père doit épouser sa fille s'il devient veuf avant que celle-ci ne soit mariée; le fils doit épouser sa mère, si son père meurt avant qu'il n'ait lui-même pris femme; le frère doit épouser sa sœur et ainsi de suite. Cette loi n'est cependant plus aujourd'hui observée d'une façon très stricte, et si les mariages entre frères et sœurs sont encore fréquents, c'est surtout entre cousins germains, entre oncles et nièces, entre tantes et neveux qu'ils ont lieu. Voilà deux ou trois mille ans que la nation des Parsis se perpétue par des mariages semblables, et il suffit de voir les Guèbres d'Aden pour être convaincu que leur race est loin d'être dégénérée. Que devient dès lors notre manière de voir sur le danger des mariages consanguins? Elle devient ce qu'elle est, une théorie surannée et qui ne repose que sur une observation superficielle des faits. Que ces mariages soient répugnants, qu'ils soient condamnables au point de vue moral et au point de vue religieux, rien de plus juste ; mais qu'ils soient mauvais au point de vue naturel, au point de vue purement matériel, rien de plus faux. Comment les éleveurs de chevaux et de bœufs obtiennent-ils leurs plus beaux produits ? N'est-ce pas par des accouplements consanguins ? Comment conserve-t-on pures les plus belles races de chiens ? N'est-ce pas encore par des accouplements semblables ? Et pourquoi ce qui est vrai pour les animaux ne le serait-il pas pour l'homme ? Que deux cousins germains issus d'un grand-père commun, goutteux ou phtisique, aient des enfants déplorables, cela doit être. Que ces deux cousins, au contraire, n'aient aucun antécédent morbide dans leur ascendance, et leurs descendants, purs comme eux, seront exempts de toutes les surdités, de toutes les scrofules et de toutes les folies dont on les menace. C'est ce qui arrive pour les Parsis.

Mais ne nous laissons pas entraîner trop loin, n'oublions pas que ce n'est pas une thèse que nous écrivons ici, et revenons à notre promenade.

Sur la route qui va d'Aden à Steamer-Point, s'élève un curieux village somâli habité par une petite colonie de ces Africains venus de la côte voisine à travers la mer Rouge : c'est une pittoresque réunion de maisons basses, de chaumières en nattes et en roseaux. Les habitants de ce village sont des nègres à l'aspect souvent peu rassurant, des négresses à la croupe démesurée, conformation connue en anthropologie sous le nom de stéatopygie, d'innombrables chèvres aux cornes d'antilope, des gazelles à demi sauvages et des moutons dont la partie postérieure se prolonge sous la queue en deux énormes bosses de graisse : encore de la stéatopygie. Au milieu du village, une case en paille plus grande que les autres et dont le sol est jonché de chaume s'ouvre à tout le monde : elle est meublée de coussins en cuir ornés de petits coquillages blancs de l'espèce des cypris, de sortes de lyres, de narghilés et de nombreux tam-tams, toutes choses dont tout le monde peut se servir : c'est la maison commune, une façon d'Hôtel-de-ville. Une centaine de nègres accroupis en ligne devant cette demeure hospitalière font la prière en commun.

Steamer-Point, bâti par les Anglais, est la ville européenne d'Aden ; les maisons y ont, en général, au moins un étage, les rues y sont larges, ce qui ne veut pas dire que cette ville n'ait pas un aspect original avec sa population indigène, avec ses chameaux dont la charge de bois tient parfois toute la largeur de la rue, avec ses troupeaux de bœufs étiques, nourris de roseaux, provisions vivantes pour les navires qui passent, enfin avec ses boutiques orientales tenues par des Parsis. Au fond de la ville, cherchant l'ombre dans des creux de rochers ou d'anciennes carrières, s'élèvent de belles maisons à galeries : ce sont les logements des consuls et ceux des officiers de Sa Majesté Britannique ; c'est là que nous allons présenter notre patente de santé et nous mettre en relation avec les autorités anglaises.

Fatigués de nos courses au soleil, nous nous asseyons sous les arcades d'un hôtel, en face de la plage. Pendant qu'on s'abreuve avec bonheur de glace et de bière frappée, qu'on regarde les Arabes blancs qui prient et qui semblent s'adresser au soleil couchant, on est harcelé par une foule amusante de brocanteurs de toute espèce ; tous parlent anglais plus ou moins. Ce sont des changeurs, ordinairement des enfants en longues chemises rouges et les oreilles chargées d'anneaux, qui nous offrent des roupies du pays pour notre argent français ; ce sont des fabricants d'éventails en palmier ou en plumes ; ce sont des marchands de coquillages, d'œufs arrangés en suspension et surtout de plumes d'autruche. Les plumes sont le principal objet de commerce de ces petits industriels. Des Juifs, coiffés d'une toque et la figure encadrée de cheveux frisés en spirale, s'efforcent de nous faire prendre quelques-unes de celles qui remplissent leur tablier ou que portent derrière eux leurs femmes aux costumes légers et aux formes massives. Malheureusement, la concurrence brutale des musulmans rend leur commerce bien difficile. Plus qu'en Algérie, plus qu'au Maroc, les Juifs sont, à Aden, détestés et méprisés par les indigènes; on les traite en parias, on les bouscule, on les bat, et nous avons vu de petits Arabes de cinq ou six ans frapper à la figure de grands Israélites qui n'osaient riposter et qui se retiraient humbles et tremblants comme des chiens qu'on a battus.

Cette flânerie sous la vérandah des hôtels est encore plus agréable le soir, alors que, mollement couché dans des chaises longues ou des fauteuils à bascule, on laisse, en fumant, errer ses yeux sur le ciel splendidement étoilé et qu'on respire la brise fraîche de la mer en écoutant au loin les accents mourants d'une musique arabe. Les chambres qu'on nous donne pour la nuit sont de vastes pièces ouvertes à tout le monde et dont on ne ferme même pas les larges portes qui donnent sous la galerie où sont aussi dressés des lits. Si les voleurs n'abusent pas de cette confiance pour pénétrer chez nous, les animaux les plus variés n'ont pas la même réserve : un singe maki, au museau pointu, vient, en grimaçant, bondir sur nos lits comme un cauchemar, des rats énormes parcourent le plancher, des cancrelats innombrables mouchettent les murailles, enfin, dans tous les trous du plafond, se cachent des jeckos et des margouillats qui se renvoient leurs cris étranges et inquiétants.

Le lendemain, de bonne heure, nous quittons la côte d'Aden, n'y laissant qu'un homme qui avait été tué par un coup de soleil en travaillant à l'embarquement du charbon.

Sur notre gauche, fuient les rivages de Telagama adossés aux monts de l'Hadramaout et, plus loin, nous passons au large du pays d'Oman où règne l'Iman de Mascate, pays si peu connu, que l'estimation de la population de sa capitale varie entre six mille et douze mille âmes.

Sur notre droite, se montre la silhouette des plateaux calcaires et des monts de granit de Socotra, île qui est soumise au sultan d'Arabie et dont la capitale, Tamarida, exporte l'aloès connu sous le nom de socotrin.

Le surlendemain, nous sommes, pendant quelques heures, à l'abri des îles d'Al-Kouri; le jour suivant, nous apercevons encore Abd-ul-Kuri et Salde et nous nous lançons enfin dans l'océan Indien où nous devons passer cinq jours sans voir autre chose que le ciel et l'eau. A peine quelques navires, et encore ne parlementons-nous par signaux qu'avec trois d'entre eux : un grand trois-mâts hollandais qui nous dit qu'il va de Calcutta à Dunkerque; un paquebot anglais qui va à Londres et qui nous demande notre longitude; enfin, un beau clipper français qui vient de Hong-Kong faisant route pour Marseille et qui, par l'intermédiaire de ses pavillons, nous donne des nouvelles tout à fait intimes qu'à notre arrivée à Pointe-de-Galles nous ferons, par télégraphe, parvenir en France, à la femme du capitaine.

Le temps est loin d'être beau pendant toute cette partie de notre traversée. Durant quatre jours surtout notre existence a été des plus désagréables.

Nous traversions alors une zone où règnent des vents constants et qui figure sur les cartes marines sous le nom de Gerbe. Le roulis était effrayant : c'était à croire, par instants, que le navire allait, comme on dit, faire le tour. Et que faire pendant ces journées-là! Fixé par une ceinture sur une chaise qu'on amarre elle-même à la table, laquelle est attachée au plancher, on tente bien de travailler un peu, mais un coup de roulis renverse l'encrier, un autre éparpille les livres, il faut y renoncer, et c'est sur la couchette ou sur les divans, en s'arc-boutant des coudes et des pieds, qu'on passe presque toutes ces mortelles heures. Aux repas, c'est pis encore : toutes les chaises sont ficelées, des chevilles fixent les ustensiles sur la table, les bouteilles sont bouchées et couchées et, autour de ce service navrant, l'assiette d'une main, la cuiller de l'autre, tout le monde oscille au roulis, balançant son corps en sens inverse des mouvements du bâtiment et avec un ensemble grotesque. On tempête et on rit le premier jour, mais on est ennuyé le second, fatigué le troisième, et on finit au bout de quelque temps par être exaspéré et totalement abruti de cette gymnastique continuelle.

En haut, les hommes vont et viennent, faisant tantôt à droite, tantôt à gauche, un angle très aigu avec le sol sur lequel ils marchent; les gabiers voltigent dans la mâture; le vent qui hurle déchire parfois nos voiles comme des rideaux de mousseline ou brise nos vergues comme des baguettes de verre.

La nuit, c'est plus grave. Toutes les ouvertures sont fermées et la chaleur est étouffante; sur le pont, on entend toujours crouler quelque chose, rouler quelque tonneau, se traîner quelque chaîne et surtout, avec un bruit sinistre, tomber la pluie en cataractes et déferler les vagues qui prennent notre haut navire à l'assaut, tandis que les coups de mer heurtent ses flancs comme des coups de bélier. L'eau passe à travers les jointures des sabords et jaillit dans nos chambres; parfois, un hublot se défonce et une lame entière, ce qu'on appelle une baleine, entre impétueusement dans le carré; chacun sort de sa cabine en trébuchant et en pataugeant; l'eau, secouée par le roulis, forme chez nous un océan en miniature; les lits sont inondés; on se recouche où et comme on peut et, somme toute, on rit : à la fin du compte, c'est du beau temps et on se félicite, en même temps qu'on frissonne, quand on songe aux typhons, aux tornades, aux cyclones et à tout ce qu'on pourrait essuyer de terrible dans ces redoutables parages. Durant cette période de quatre jours, nous avons cependant quelques heures d'un repos relatif : ce sont celles que nous passons dans le centre de la Gerbe, centre ovale que les cartes appellent l'OEuf.

Le sixième jour, enfin, deux îles empanachées de cocotiers rompent la monotonie de notre horizon : la grande et la petite Minicoy. Nous passons alors entre les Laquedives et les Maldives.

Les Laquedives sont seulement au nombre de cinquante, mais les Maldives sont douze mille, sans compter celles qui n'ont pas encore émergé. Ces îles ne sont, en effet, que des bancs de corail qui poussent, montent, sortent de l'eau, se couvrent de terre, donnent naissance à des arbres et finissent par servir de demeure à l'homme.

Le lendemain, toute terre a disparu, mais les navires sont plus nombreux, la coloration de la mer a changé, tout nous indique que nous approchons des côtes.

CHAPITRE IV

POINTE-DE-GALLES ET GOLFE DU BENGALE.

Pointe-de-Galles. — Population. — Les Cinghalais. — Marché. — Route de Colombo. — Végétation. — Éléphants. — Palanquins. — Épices. — Pagode hindoue. — Bayadères. — Dungalow.

Encore une journée mélancolique, en effet, sous un ciel ardent, sur une mer embrasée et sans horizon terrestre, et, le lendemain, au-dessus d'une ligne claire de nuages indécis, apparaît au loin le sommet bleuâtre de Pedro-Tella-Galla, point culminant de la poétique Ceylan, l'île des perles. Bientôt une nouvelle montagne se dégage au-dessous de la première : c'est Samanala, ce célèbre pic d'Adam, qui élève à près de deux kilomètres au-dessus de la mer sa tête sacrée. Un escalier taillé dans le roc conduit à son sommet qui ne serait autrement accessible qu'aux vautours. Ce pic, qui paraît aigu à distance, a la forme d'un cône légèrement tronqué; comme un petit cratère de volcan, la nature a creusé à son sommet un lac en miniature de cinquante mètres de diamètre. C'est sur le bord de ce lac aérien qu'une mignonne pagode de bois abrite la fameuse empreinte : simple excavation ovale affectant grossièrement la forme de la plante du pied d'un géant et taillée dans le rocher par le hasard, cette empreinte est celle du pied de Bouddha pour les bouddhistes, du pied de Siva pour les brahmanistes, du pied de Fô pour les Chinois et même du pied de saint Thomas pour les Chrétiens.

Le jour se lève à peine. La côte indienne ne nous apparaît, de loin, que vaguement dessinée dans la brume diaphane du matin. C'est le rivage de Ceylan, terre que les Indiens appellent Singhala et que le détroit de Manaar sépare du cap Comorin, pointe extrême de la côte de Coromandel.

Quelques heures après, le soleil brille dans toute sa splendeur; la mer calme scintille comme un pavé de diamants et, sur son fond éblouissant de lumière, les îlots sé détachent vigoureusement en noir, comme de fantastiques vaisseaux au mouillage. Nous approchons; les îles se couvrent de verdure et s'empanachent de palmiers; le phare de la Grande-Base, sentinelle avancée de Ceylan, émerge à l'horizon; le cap qui porte Pointe-de-Galles nous apparaît comme un amas touffu, un massif inpénétrable de plantes des tropiques; les cocotiers et les bananiers poussent, de toute part, sur les rochers du rivage; leurs troncs plongent dans la mer elle-même ; les banians tordent leurs pieds noueux dans l'écume blanche des vagues ; les bambous sortent de l'eau comme de colossales herbes marines et la terre disparaît sous ce fouillis végétal : on dirait un pays à demi inondé et dont les flots auraient recouvert le sol. Plus loin, des montagnes boisées arrondissent leurs croupes verdoyantes et forment le dernier plan du paysage. Un petit promontoire qui s'avance vers le sud porte la ville de Pointe-de-Galles, mélange gracieux de constructions blanches et de verdure. Les roches sous-marines de Caconi lui forment, au large, une ceinture écumeuse ; une forêt de palmiers, un fort, un monticule où s'élève une église chrétienne, lui servent comme d'écran du côté de la terre ; la mer l'enserre des trois autres côtés : à l'est, à l'ouest et au sud. De vieux remparts à bastions entourent la ville et semblent avoir surtout à la protéger contre les assauts des lames ; les toits roses et blancs des maisons basses dépassent à peine ces murailles, qui ont ainsi l'air d'enfermer plutôt un parc qu'une cité. Nous avançons toujours ; nous doublons la pointe ; la baie creusée à l'est s'élargit devant nous. De nouvelles forêts, dans lesquelles blanchissent les habitations, bordent la côte de cette rade : à notre gauche, s'élèvent les remparts de la ville ; à droite, les Anglais ont construit des bains, un hôpital et des cottages charmants. La rade, ouverte au sud et au sud-est, est dangereuse à l'époque des moussons. Une forte houle nous balance, comme au large, au moment où nous franchissons la passe, et nous laissons tomber l'ancre loin du rivage, au milieu des paquebots et des voiliers de tous pays. Autour de nous court et vole une nuée de catimarons, barques extraordinaires qui, de loin, ont l'air de deux pirogues réunies par deux longues traverses parallèles, comme des podoscaphes dont les deux moitiés seraient très écartées l'une de l'autre. L'une de ces deux pirogues est un tronc d'arbre creusé, l'autre est simplement un énorme bambou qui sert de balancier à la première ; des nattes biscornues servent de voiles à ces étonnantes embarcations. Quand le vent souffle du côté opposé au balancier, celui-ci touche l'eau, sert, pour ainsi dire, de béquille à la barque et donne au système un point d'appui solide ; mais si le catimaron vire de bord, la pirogue s'incline et le balancier s'élève hors des flots. Le vent fraîchit : ce contrepoids n'est pas assez lourd pour maintenir l'embarcation debout et un homme va s'y mettre à cheval, les jambes battant le vide. La force de la brise augmente, le second matelot vient, à son tour, enfourcher le bambou et on voit alors filer au loin les pirogues vides élevant sur leur flanc une espèce d'énorme trapèze où des hommes noirs sont cramponnés comme des singes. Notons en passant, détail qui donne encore plus d'intérêt à ces exercices acrobatiques, que ces eaux bleues et charmantes sont infestées de requins de la pire espèce.

Des chalands chargés de charbon nous accostent sur l'avant : ils sont montés par des coolies bronzés qui, sans savoir pourquoi, rient tous à pleine gorge en montrant leurs dents blanches et qui n'ont guère qu'un bracelet pour costume.

Les catimarons s'approchent, ils s'enchevêtrent autour de notre échelle : de longs cheveux noirs flottent sur les épaules nues de leurs marins, le tamoul et l'hindoustan font retentir à nos oreilles leurs syllabes sonores, et notre pont se peuple de gens en jupons blancs et en turbans de mousseline. Quelques-uns nous apportent des fruits, des poulets; mais la plupart de ces Indiens deminus sont des lapidaires. De toutes les ceintures sortent des bourses de peau, de toutes les bourses sortent des pierreries et sur toutes les mains noires brillent les saphirs, les rubis, les topazes, les améthystes, les émeraudes : il en ruisselle pour des millions sous nos yeux! C'est à croire que ces gens-là ont, jusqu'au fond du dernier filon, vidé les mines de Golconde. On est ébloui; on est surtout étonné. Hélas! L'éblouissement peut rester, mais l'étonnement cesse quand on s'aperçoit que tous ces trésors viennent d'Angleterre et ne sont que du strass habilement coloré. Les marchands se démènent et jurent par Brahma que rien n'est plus vrai que leurs cailloux, ce qui ne les empêche pas de céder pour un shelling des diamants gros comme le Régent ou le Sancy : on est édifié ! Ils spéculent simplement sur la légitime réputation de leur île ; on y trouve, en effet, de toutes ces richesses, mais ce ne sont pas eux qui les vendent. Quelques-unes de leurs pierres sont pourtant vraies et on fait parfois de bonnes affaires en leur achetant soit du cristal de roche, soit du diamant de Ceylan, espèce de quartz transparent, soit encore des œils de chat, pierre verdâtre, aux reflets chatoyants et changeants et très commune dans l'île, soit enfin des onyx, des lapis-lazuli ou des agates. D'autres ouvrent aux yeux fascinés des coffrets grossiers dans lesquels sont enfermées les mêmes pierreries, mais montées en bijoux : colliers, bracelets, bagues, ceintures, diadèmes ! Mieux qu'au Palais-Royal, c'est encore ici le paradis du faux ! Tout cet or n'est que du laiton ; tout l'argent de ces médaillons aux poussas aplatis n'est que du maillechort. Trois ou quatre grands diables, le torse nu, mais coiffés et dorés comme des femmes, nous offrent des perles. Ceylan est, nous l'avons dit, séparée de la terre ferme par le détroit de Manaar, que Rama traversa sur le dos de poissons à écailles qui vinrent, en se rangeant côte à côte, lui former comme un pont d'argent, alors qu'il vint conquérir l'île à la tête de son armée de singes. C'est dans ce détroit miraculeux, et sur la Côte des Perles, au nord-ouest de Pointe-de-Galles, que se fait, à certaines époques, la pêche des huîtres perlières. La plupart des perles que possèdent nos brocanteurs, les plus petites, la semence, sont vraies ; les plus grosses, les paragonnes, comme on les appelle, sont celles qu'ils vendent le moins cher, à moins qu'on ne se laisse voler. C'est que nous retombons ici dans une abominable tricherie : ces perles d'un orient louche et d'une eau trouble ne sont que des morceaux de nacre épaisse qu'on a arrondis en petites billes, quand ce ne sont pas des bulles de verre tapissées intérieurement de poudre d'écaille d'ablette : article de Paris! Il y a, d'ailleurs, si longtemps qu'on pêche des perles sur ces côtes et on en pêche si souvent dans l'année, qu'elles deviennent rares. La nacre rapporte maintenant plus aux pêcheurs que les perles elles-mêmes, et c'est par grandes caisses que les nacrons prennent la route de Marseille. Ces huîtres sont encore ce que nous achetons avec le plus de plaisir et sans crainte d'être trompés. Un de nos camarades est ce qu'on appelle dans la marine un officier *coquillard* : il a déjà fait plusieurs fois le voyage de Cochinchine, mais il a encore, pour venir avec nous, permuté avec un autre enseigne, afin de trouver, ici ou ailleurs, je ne sais quelle coquille qui manque à sa collection. Il fouillait fiévreusement dans les caisses et dans les paniers des Hindous quand, poursuivi par une espèce de sauvage qui traîne un sac d'écailles d'huîtres, il s'enfuit tout à coup comme un voleur. Un quart d'heure après, nous le trouvons caché dans un recoin de l'arrière, la figure illuminée, en extase : il tient dans ses mains une écaille d'huître perlière, large et plate comme une assiette, et il la fixe comme si dans les reflets brillants et fantastiques de sa nacre changeante il voyait passer d'éblouissantes visions : « Regardez! » nous dit-il, et il nous montre trois perles qui, comme des gouttes de rosée sur un pétale de magnolia, sont fixées au fond de la coquille : « Regardez encore! » Et il retourne son huître : elle porte sur sa face convexe et rugueuse un polypier blanc, une grande et étrange végétation de pierre. Une énorme et vieille pintadine, des perles et un madrépore tout ensemble, c'est trop à la fois! Si vous avez des amis de mœurs douces, souhaitez-leur de devenir coquillards : ils rencontreront quelquefois le vrai bonheur dans ce monde. Et ce n'est pas tout. Le marchand a, comme monnaie, offert à notre camarade des cauris pour le change de sa pièce d'or ; il en a la poche remplie. Ce sont des coquillages jaunâtres, de l'espèce de Vénus, des porcelaines, aplatis, ovales et dont le grand diamètre est à peu près celui d'une pièce de deux francs. Ils servent et surtout ils servaient d'argent dans le pays et c'est pour cela que notre ami les appelle du nom doux et savant de *Cyprœa moneta*, qu'il prononce d'une voix caressante et attendrie.

Nous n'avons plus rien à faire à bord. Notre canot écarte et effarouche les catimarons et, en quelques coups de rame, nous atteignons la terre. Pointe-de-Galles est une petite ville forte dont les remparts ont été construits par les Hollandais. Colonie portugaise d'abord, la Hollande s'empara, en effet, de cette place vers le milieu du xvie siècle, et ce n'est qu'à la fin du siècle dernier qu'elle passa sous la domination anglaise, après avoir failli être conquise à la France par Dupleix. Les remparts s'ouvrent, à l'est, du côté de la rade, par une porte qui est un véritable fort et que surmonte encore l'écusson au lion néerlandais : c'est la porte de mer. La porte de terre s'ouvre au nord de la ville. Pointe-de-Galles est traversée du nord au sud par une grande rue rectiligne que coupent à angles droits d'autres rues allant de l'ouest à l'est. Ce n'est pas cette régularité qu'on s'attendait à trouver dans une ville indienne. Des arbres inconnus, des tamariniers, des magnolias, forment de longues allées le long des avenues où l'herbe pousse partout entre les pavés. Les maisons qui bordent ces voies se bornent à un rez-de-chaussée précédé d'une vérandah qu'envahissent les plantes grimpantes et que soutiennent des piliers de bois. Quelques-unes de ces habitations sont bordées d'un fossé peu profond qui les sépare de la chaussée, comme cela se pratique à Amsterdam. Pointe-de-Galles est propre ; trop propre même. Les Hollandais lui ont imprimé je ne sais quel cachet batave dont l'empreinte se retrouve encore dans la physionomie de certaines maisons et dans cette propreté elle-même.

La population est heureusement plus intéressante et ce n'est guère des maisons qu'on s'occupe lorsqu'on se trouve tout à coup jeté dans ce monde nouveau, au milieu de ces passants bronzés, de ces femmes aux costumes primitifs, de ces véhicules aux formes antiques et surtout de ces boutiques qu'on voudrait emporter comme des musées tout faits. Celles-ci sont des magasins qui n'ont que trois côtés, qui s'ouvrent largement sur la rue comme des baraques de foire, dans lesquels l'acheteur n'entre pas, dont le sol, enfin, élevé à hauteur d'appui, sert lui-même d'étalage. On voudrait tout acheter. Ici, ce sont des jonques, des pagodes, des bibelots en ivoire et des défenses d'éléphant entières et hautes comme un homme ; là, ce sont des parasols de parade, de gigantesques éventails faits d'une feuille de latanier et tout brillants de mica et de paillettes d'or, des écrans en vétyver, des chasse-mouches en feuilles découpées comme une queue de cheval et au manche orné de perles ; d'un côté, s'étalent des bijoux en miraculeux filigranes d'argent et reparaissent les rivières de diamants et de rubis; de l'autre, les coffrets de santal, les boîtes incrustées d'ivoire se mêlent aux petits meubles que couvrent d'inextricables arabesques d'or et de couleurs vives ; plus loin, les châles de Cachemyre aux bariolages voyants sortent de leurs boîtes et font onduler leurs plis éblouissants à côté des crêpes éclatants de blancheur ; plus loin encore, sur des étalages, se rangent par centaines les petites statuettes coloriées et dorées qui reproduisent en terre tous les types de la population cinghalaise et les petits Brahma, les Siva, les Wishnou, les innombrables dieux de la mythologie indienne, peints, argentés, dorés à outrance, élèvent de tous côtés leurs mille petits bras et tournent en tous sens leurs figures multiples.

Le long de la baie, sur la plage de sable, entre la mer et le lac de Patagalla, se tient le marché. Quelques Anglais, à peine, y promènent le costume européen dans la foule indigène. Ce ne sont partout que turbans, que longs cheveux flottants, que torses noirs et luisants au soleil, et de tout ce peuple s'élève une odeur étrange faite de l'arôme des fleurs, de l'odeur des épluchures, des fumets rances des fritures qui grésillent çà et là et des parfums si chers à tous les Orientaux. Les fruits des tropiques, les mangoustans, les

ananas s'empilent à côté des sacs de riz et des
monticules de patates; quelques éléphants, venus
de l'intérieur, lèvent leur trompe au-dessus de la
foule; ailleurs, de petits bœufs gris de fer ruminent près de leurs lourds véhicules et de toute
part gloussent des poules et des poulets : ce ne
sont partout que chants de coqs et que batte-
ments d'ailes, c'est un vaste fourmillement de
volaille, comme si l'île entière ne devait pas se
nourrir d'autre chose. Ce serait, d'ailleurs, une
alimentation fort économique : un poulet coûte
deux sous ! Et quels attrayants étalages, quelles
étranges échappées le long de ce marché et, surtout, quelle curieuse population : bonzes en lo-
ques, Chinois en grands chapeaux, Malais venus
de Malacca, Mahométans à la tête rasée, Juifs
timides, Parsis à la grotesque tiare, hommes noirs
mais conservant dans leurs traits le type altéré de
leurs ancêtres les Portugais, et, surtout, indigènes, Cinghalais de la côte ou Oueddas incultes
descendus des montagnes boisées de l'intérieur.
On croit avoir déjà vu quelque part les figures
maigres et intelligentes de ces derniers, leurs
grands yeux noirs et sauvages mais sympathiques
avec leur naïve et enfantine expression d'étonnement : c'est cela, on a déjà, en Europe, ren-
contré ces types sur les charrettes poudreuses et
détraquées de ces bohémiens mystérieux qui
traversent parfois nos villes sans qu'on puisse

7

savoir, sans qu'ils sachent eux-mêmes d'où ils viennent, ni où ils vont. Les Indiens portent à peu près le même costume que leurs femmes et ce costume est bien simple : un caleçon blanc ou une pièce de cotonnade tournée en jupon autour des reins et des jambes, et c'est tout. Le blanc est la couleur dominante, le blanc quelquefois rehaussé de petits dessins, de petites fleurs imprimés comme sur ces étoffes que nous appelons en France des indiennes. La plupart des hommes promènent complètement nu leur buste maigre et nerveux; quelques-uns seulement se couvrent d'une sorte de camisole blanche à larges manches flottantes ; les cheveux dénoués, tout luisants d'huile de coco, ondulent en longues mèches pendantes sous un léger turban de mousseline ou sous une calotte en fils coloriés d'aloès ou de cocotier, mais, le plus souvent, ils sont relevés, noués en chignon sur la tête et retenus par un peigne d'écaille plus ou moins ciselé. Ornez de boucles d'oreilles, de colliers de métal et d'anneaux dans le nez ces têtes efféminées, imberbes et ainsi coiffées, et vous verrez s'il est facile, à première vue, de savoir à quel sexe elles appartiennent. Hommes et femmes ont les bras, les doigts et les orteils chargés de bracelets et de bagues. De fins tatouages bleuâtres ou quelquefois des lignes de peinture tracent légèrement sur leur nez, sur leurs joues et surtout entre les sourcils des signes mystiques qui distinguent les diverses sectes. Selon que la marque du front est horizontale ou verticale, selon qu'elle est rouge ou jaune, l'Hindou qui la porte est bouddhiste ou brahmaniste et, dans ce cas, adorateur de Siva ou sectateur de Wishnou. Siva et Wishnou, en effet, c'est-à-dire le principe mâle et le principe femelle, si impudiquement symbolisés par le lingam et par le nahmam, ces attributs qui furent aussi les emblèmes d'Osiris et d'Isis, en Égypte, de Bacchus et de Cérès, en Grèce et à Rome, Siva et Wishnou, dis-je, se partagent la dévotion des adorateurs de Brahma. Les brahmanistes sont en infériorité à Ceylan où les bouddhistes dominent.

Les femmes, au teint cuivré et aux yeux noirs, se coiffent comme les hommes ; elles ont, autour des reins, la même jupe serrée et sans plis, mais elles portent un peu plus souvent la camisole qui, flottante et courte, laisse entre elle et le pagne une large bande de chair nue formant comme une ceinture noire sous la blancheur des vêtements ; beaucoup d'entre elles sont vêtues à peu près comme les somâlis d'Aden, c'est-à-dire drapées dans une seule pièce d'étoffe qui, après avoir enveloppé les hanches, vient, pour se rattacher à la ceinture, passer en écharpe sur une épaule et laisse à découvert les bras et la moitié de la poitrine. Les oreilles, les narines, le cou, les poignets, les doigts et les chevilles sont plus encore chargés de bijoux et de pierreries! Cela coûte si peu! On voudrait passer des journées entières dans ces bazars si pittoresques ; il y aurait là de quoi remplir plusieurs albums de notes et de croquis, mais le temps presse.

Un palanquin sur roues, c'est-à-dire une espèce de petit omnibus fermé par des persiennes vertes que nous nous empressons d'ouvrir, nous emporte au galop sur le chemin de Colombo. C'est une route délicieuse, admirable et qui, à elle seule, justifierait largement le choix que la mythologie hindoue a fait de l'île de Ceylan pour y placer son paradis terrestre. C'est sous un continuel berceau de cocotiers que court notre voiture; partout, des ruisseaux charmants sortent des fourrés impénétrables; partout, sous la verdure épaisse s'étalent de petits lacs limpides, des étangs en miniature dans lesquels se mirent de vrais jouets de maisons. La route enjambe à chaque instant des ponts rustiques d'un pittoresque si achevé qu'on les dirait faits à plaisir pour l'ornement d'un parc; de loin en loin, par une éclaircie de végétation, à travers les troncs des palmiers, la mer ensoleillée apparaît comme une tache d'un bleu brillant. A quelque distance de Pointe-de-Galles, une rivière assez large traverse le chemin; du côté de la terre, elle sort d'une vallée touffue, d'un fouillis étonnant de verdure et de fleurs, d'arbres et de lianes où voltigent par milliers les oiseaux au riche plumage, où les singes tapageurs se balancent aux branches, où viennent s'enfoncer les buffles à demi ou tout à fait sauvages, où souvent, enfin, se blottissent les tigres. Du côté de la mer, un repli de sable, un chevalet formé par la lutte des eaux douces et des eaux salées, constitue comme une barrière aux premières. La rivière s'élargit contre cette barre et elle devient une mare, un petit lac ombragé dont les rives touffues servent de demeure à des crocodiles invisibles. Des hérons, perchés sur une patte, le bec sous l'aile, dorment sur les pierres qui émergent çà et là, tandis que des troupeaux de grues errantes se suivent en longues files noires là haut, bien haut dans le ciel bleu. Dans un recoin du bord, sous un berceau serré, sans plus de souci des caïmans endormis que de la pudeur, sentiment inconnu à ces filles du soleil, des femmes se livrent en riant aux ablutions quotidiennes que les Védas sacrés prescrivent comme le Koran. Et notre palanquin, emporté par ses petits chevaux nerveux, poursuit sa course à travers la forêt. Les habitations deviennent un peu plus rares. C'étaient d'abord des cottages délicieux, des maisons anglaises élevant leurs tuiles roses au milieu des panaches flottants des cocotiers, et si nombreuses qu'elles formaient, par places, comme de véritables villages; puis de riches habitations hindoues, aux vérandahs fleuries, des kiosques verts, des bungalows entourés de légères colonnades, se livrant aux folles étreintes des lianes échevelées ; ce ne sont plus maintenant que de pauvres, mais toujours pittoresques demeures d'Indiens. Quatre bambous fichés en terre et quatre autres placés en travers sur les premiers forment la charpente ; des nattes tendues entre eux constituent les murs ; enfin, une couche de feuilles de lataniers et de palmiers compose la toiture du plus grand nombre. D'autres ne sont que de simples huttes de branches à peine dégrossies, de chaume, de feuilles et de paille. D'autres enfin sont un simple treillis, une simple palissade de bambous, véritables poulaillers où la famille vit sous les yeux des passants et accomplit au grand jour les actes les plus intimes de son existence. Des courges de toutes formes, des épis de maïs, des fruits exotiques jaunissent au soleil, suspendus en guirlandes autour des portes ; des paquets de piments rouges, mis à sécher, font comme de grosses grappes de corail aux branches basses des arbres ; de petites palissades où grimpent des liserons, où s'épanouissent des fleurs multicolores suffisent à cacher la maison entière, comme derrière un écran. Et on a l'air bienheureux dans ces cases rustiques où on semble vivre sans souci du lendemain ! Des nattes sont étendues sur le sol, sous l'ombre

épaisse des bananiers, à côté de petits ruisseaux
frais, et des Hindous en caleçon y dorment ou,
rêveurs, y fument, dans ces narghilés énormes
qu'ils appellent des houkas, un extraordinaire
mélange de fruits secs, d'opium, de sucre candi,
de fleurs de toute espèce et même de tabac; les
enfants noirs et nus se roulent dans l'herbe fleu-
rie et les vieilles femmes pilent je ne sais quelles
poudres alimentaires dans de grossiers mortiers
de pierre ou pétrissent leur pain sur les plaques de
fer qui iront au feu. Et, pendant ce temps, les
jeunes femmes, indolentes et paresseuses, se balancent dans des hamacs à jour qu'elles ont accrochés aux branches. L'intérieur des cases est
d'une simplicité tout à fait primitive. Quelques
ustensiles grossiers, quelques engins de pêche
ou de chasse, une grande caisse et c'est à peu
près tout. Une plate-forme de bois portée sur
quatre pieds courts, quelque chose comme un
lit de camp horizontal, et recouverte de nattes
sert de lit la nuit et de siège le jour. Les
hommes s'y accroupissent en rond pour fumer
en chœur un narghilé monumental dont le
pied a la forme d'une cloche ; les femmes s'y
improvisent des traversins et des oreillers avec
des sacs de paille et s'y réunissent pour bavarder
avec accompagnement de tambourins. Le long
de la route, tout tient la curiosité en éveil : les
Indiens, portant de larges corbeilles sur la tête,

se rendent au marché en troupes nombreuses ; des Cipayes aux cheveux frisés marchent fièrement en se donnant des allures martiales; des tapals courent en faisant sonner au bout de leur bâton les plaques de fer qui, lorsqu'ils s'enfonceront dans les jungles, leur serviront à effrayer et à éloigner les serpents-lianes et les terribles cobras; des couples amoureusement enlacés et vêtus d'une simple jupe s'abritent sous une large feuille d'arum ou sous un éventail de latanier, évoquant une comparaison obligatoire avec Paul et Virginie ; les bœufs zébus, enfin, bizarrement peints de raies rouges et jaunes, une corde traversant leurs naseaux percés pour aller se nouer derrière leurs cornes, traînent péniblement des charrettes à roues pleines auxquelles ils sont attelés par des timons démesurés, ou promènent des chars de voyage qu'abrite un vaste toit de palmes. De temps à autre passe, au pas de course, une sorte de caisse, percée de fenêtres, peinte et dorée, et qui semble embrochée par une longue barre que portent sur leurs épaules des domestiques tout brillants de bijoux et de dorures : c'est un palanquin à porteurs qui ramène à son bungalow un riche Hindou, un nabab revenant de la ville. Et quelquefois, dans ce pittoresque va-et-vient, majestueux et balançant leur trompe pesante, s'avancent à pas lents et lourds, les éléphants massifs dont le cri, formidable soufflement rauque et sourd, nous surprend comme quelque chose de nouveau et d'inconnu. Il est de ces rudes animaux qui sont vêtus d'une longue housse, dont la tête monstrueuse et bossuée est recouverte d'un capuchon brodé et dont le dos puissant porte une selle large et plate comme celle des chevaux de nos cirques; quatre colonnettes s'élèvent aux angles de cette plate-forme et supportent des rideaux et une petite tente sous laquelle se prélasse un Indien bien vêtu, tandis qu'un cornac en pagne rouge se tient accroupi sur le front de l'énorme animal. Ceux-là sont les éléphants de luxe, les favorisés de la fortune. Il en est d'autres qui disparaissent sous de colossales charges de ballots et de sacs qu'ils apportent de l'intérieur : ce sont les travailleurs, les éléphants de peine. Nous en trouvons quatre ou cinq dans un terrain vague où sont épars des troncs d'arbres équarris. Un seul Indien les dirige, et, comme des ouvriers intelligents, ils enlèvent du bout de leur trompe qui s'y enroule des poutres énormes qu'ils viennent déposer eux-mêmes sur les chariots que leurs camarades, les bœufs, traîneront demain jusqu'au port. Leur cornac ne manque pas de nous raconter, comme il le fait sans doute à tout le monde, que, lorsque sonne le premier coup de midi ou de six heures, heure du repas et du repos, l'éléphant laisse retomber sur son dos la poutre qu'il porte à trompe levée, plutôt que de travailler quelques secondes de plus en la mettant à sa place. Un ouvrier à la journée ne ferait pas mieux. Ailleurs, nous en rejoignons quelques autres qui vont lentement en groupe serré : on dirait, de loin, de grosses tortues grises; ceux-là rentrent au logis, sous la forêt épaisse ; ils viennent de passer la journée à charrier et à entasser des blocs sur un point de la côte; ils n'ont qu'un conducteur qui s'est contenté de les regarder et ils ont, sous sa direction, travaillé tout le jour comme des manœuvres. Et au milieu des passants, dans les roues des chariots, dans les jambes monstrueuses des éléphants, des enfants nous suivent à la course pour nous offrir des bouquets sauvages de fleurs éclatantes ou des pierreries rouges et bleues qu'ils font étinceler au soleil. Nous savons ce que valent ces trésors, mais ils n'en brillent pas moins, ils n'en mettent pas moins une note d'une originalité tout indienne dans les tableaux si curieux qui se déroulent à nos regards.

Un chemin se détache bientôt de la grande route de Colombo : il doit nous conduire au bungalow de Wakwalla. Ce n'est plus seulement ici un bois épais, une nature puissante, c'est, sous l'influence combinée de la chaleur et de l'humidité, la végétation folle, l'exubérance insensée d'une véritable forêt vierge. Notre palanquin semble s'enfoncer dans un tunnel de verdure, sous une voûte serrée de branches et de feuilles que traverse à peine la lumière du soleil. Et chaque fleur nous attire, chaque plante nous arrête. Les cocotiers innombrables, que les Cinghalais escaladent comme des singes, balancent leurs énormes fruits au-dessus de nos têtes : vingt millions de ces arbres paient ici un tribut annuel aux Anglais. Là, au milieu des aréquiers élancés, des bananiers sauvages et des lianes en fleurs, les talipots élèvent jusqu'à soixante-dix mètres leurs sommets verdoyants dont les larges feuilles desséchées servent de papier aux indigènes. Plus loin, se mêlant aux dattiers, aux bambous énormes, aux tamariniers fleuris et aux gigantesques fougères arborescentes, les banians, couverts d'orchidées aux fleurs étranges, laissent tomber de leurs branches ces racines pendantes qui vont chercher la terre et s'y enfoncer pour se changer en nouveaux troncs ; de vastes étendues sont ainsi couvertes par un seul de ces figuiers du Bengale dont les pieds multiples, tordus, noueux, souvent réunis en faisceaux, forment, avec les branches, comme les piliers, les colonnes torses et les arcades gracieuses d'une pagode naturelle. Plus loin encore, parmi les pandanus et les citronniers embaumés, monte souvent jusqu'à dix mètres du sol le pied des muscadiers, couvert de la base au faîte de feuilles blanches et luisantes et de fleurs d'un beau rouge noir. Des Indiens vont nous cueillir des fruits de cet arbre précieux : ce sont d'espèces de pêches noirâtres, connues sous le nom de pommes muscades; sous une peau épaisse, ils contiennent une sorte de chair blanche et parfumée qui, desséchée, constitue le macis, et c'est au centre de cette pulpe charnue que se trouve le noyau bien connu, la noix muscade. Voici, escaladant les broussailles, les tiges vertes du bétel que nous retrouverons en Cochinchine; voici, dans une clairière, un champ de cannes à sucre; voici le palmier sagoutier, au large et gracieux feuillage, et dont la moelle fournit le sagou; voici la siphonie élastique dont le suc laiteux, semblable à celui de tous les euphorbes, se transforme en caoutchouc; voici, enfin, importés de l'Arabie, les caféiers dont les délicates fleurs blanches embaument l'air lourd et humide de ces régions parfumées. La forêt s'éclaircit; de nombreux champs cultivés se sont fait une place dans le fouillis des plantes et des arbres sauvages, et le soleil les inonde de ses rayons éclatants. Comme une plantation de pois, les indigotiers s'enroulent d'un côté aux rameaux des buissons. La préparation de l'indigo ne doit pas être bien difficile; nous avions rapporté à bord des tiges fleuries de cette plante et nous les avions enfermées entre les feuillets d'un gros livre encore humide d'un coup de mer reçu je ne sais où; les feuilles s'imprimèrent bientôt en beau vert sur le papier, et lorsque, quelques jours après, nous voulûmes revoir ce dessin naturel, ce n'est plus en vert, c'est en bleu magnifique que notre tige d'indigo avait marqué son empreinte. D'un autre côté, verdoient des forêts basses de canneliers, beaux lauriers de cinq ou six mètres de haut. Nous sommes justement à l'époque de la récolte, qui revient deux ou trois fois par an; des Indiens, armés de couteaux, dépouillent les branches de leur épiderme qu'ils rejettent et de la seconde enveloppe, de ce qu'on nomme en botanique le liber, qu'ils conservent. Près de ce champ, dans une clairière, ces écorces aromatiques se dessèchent au soleil sur des claies de bambou et s'enroulent en tuyaux pour prendre d'elles-mêmes la forme sous laquelle elles nous seront envoyées en Europe. Ceylan a, de tout temps, exporté la cannelle qui y vient à l'état sauvage et dans laquelle on croit reconnaître la cinnamome des anciens. Nous sommes ici en plein pays des épices : cette petite plante aux fleurs jaunes, c'est le curcuma; celle-ci est le gingembre dont la racine exhale un arome si excitant; celle-là est le nard indien; cette autre est la cardamome aux graines violemment aromatiques; cet arbre aux grappes roses et odorantes, c'est le giroflier; celui-ci produit, dit-on, la myrrhe, cette résine odorante qui, avec l'or et l'encens, constitua les présents légendaires des Rois-Mages. La muscade et la cinnamome, le nard et le gingembre, la cardamome et la myrrhe! Tous ces noms bibliques d'aromates ne caressent-ils pas l'oreille comme un poétique écho du Cantique des Cantiques! Ne croit-on pas voir, là-bas, sur les flots azurés de la mer vermeille, voguer vers l'Occident les vaisseaux de Salomon? Ils emportent dans leurs flancs ces produits parfumés de l'antique Taprobane; ils toucheront, comme nous, aux côtes d'Aden, de l'Arabie Heureuse, pour y joindre l'encens, et ils iront à Asiongabert, au fond de la mer Rouge, confier leur riche cargaison aux caravanes qui, traversant les sables du désert, viendront enfin à Jérusalem les déposer aux pieds du Grand Roi ou sous les portiques du Temple.

Une musique étrange faite de guitares, de tambourins et de cymbales retentit à nos oreilles; elle sort d'un épais massif de cocotiers et de banians. Là, sous les branches touffues se cache une petite pagode hindoue, simple bâtiment carré, mais précédé de statues grimaçantes, orné de clochetons découpés et entouré d'une galerie dont les murs sont couverts de fresques : toute la théogonie indienne défile en une minute sous nos yeux avec ses dieux et ses déesses inimaginables, gracieux et terribles. Autour de nous rôdent, affreux et repoussants, de pieux fakirs à demi nus qui, appuyés sur un bâton recourbé, nous tendent en tremblotant une main

décharnée et noire comme celle d'un chimpanzé.
Une draperie crasseuse entoure leurs reins ; le
reste de leur corps de squelette est couvert de
hideuses croûtes ; on dirait une lèpre horrible,
un eczéma monstrueux : ce n'est que la bouse
des vaches sacrées qu'ils ont, à pleines mains,
placardée sur leur cabalistique personne où elle
s'est desséchée en masses jaunâtres et immondes.
Tout est sacré dans la vache, et chacun connaît
la formidable insurrection de Nana Sahib qui,
en 1857, faillit reprendre aux Anglais l'Empire
des Indes, insurrection qui n'eut, sinon d'autre
cause, du moins d'autre prétexte que la profanation que commirent les Anglais en se servant
de graisse de vache pour la conservation des
cartouches remises aux Cipayes. L'intérieur du
temple est, comme l'extérieur, orné de statues
énormes et de curieuses peintures : ce ne sont
partout que tortues fantastiques, que bêtes apocalyptiques, que dieux et déesses armés de huit
bras, comme les poulpes, que Brahma sortant
du calice des lotus, que fleurs emblématiques
poussant du nombril de Wishnou, que trimourtis
aux trois faces, que serpents aux cent têtes, que
produits fantastiques d'imaginations en délire.
Au fond de la pagode, sur un large autel, dorée
et parée comme un reliquaire, avec ses jupes
brochées et brodées, ses colliers et ses bracelets
de pierreries, avec sa tiare éblouissante de perles

et ses cent bras tenant chacun un attribut différent, s'élève la statue de Wishnou, le dieu de céans. Autour de l'autel surchargé de cassolettes et d'écrans pailletés, deux jeunes femmes à la peau dorée comme le bronze neuf vont et viennent, rangeant, époussetant les objets consacrés au culte : ce sont des bayadères. Des pantoufles rouges et relevées en pointes, de larges pantalons bleus tombant jusqu'à la cheville et retenus à peine par la rondeur des hanches, une courte veste de velours chargée de broderies et un voile léger qui entoure leur tête et flotte sur leurs épaules, constituent leur costume. Ce n'est là, pour ainsi dire, que leur tenue de travail, ce qui n'empêche pas une profusion éblouissante de bijoux. Entre les pantalons et la veste qui ne se rejoignent pas, sur les reins cambrés et bruns, s'enroule, comme un cercle d'or, une ceinture dont l'agrafe en rubis brille étrangement comme un gros œil de feu au milieu de la peau luisante du ventre nu. C'est, hélas! tout ce que nous avons le temps d'entrevoir. Religieuses et prostituées tout ensemble, l'origine de ces extraordinaires servantes de Brahma se perd dans la nuit des temps. Enfants d'une bayadère et d'un brahmine, d'un rajah opulent ou de n'importe qui, leurs filles seront bayadères comme elles et comme l'ont été leurs mères; et ainsi se perpétue leur race. Se louant aux riches pour orner leurs fêtes privées, comme le font les almées musulmanes, elles sont, en outre, chargées, dans les pagodes, d'entretenir le matériel et surtout de danser les jours de cérémonie devant l'autel du dieu. Vêtues de pièces de soie qui enveloppent et serrent leur corps en laissant la gorge et les épaules nues ou drapées simplement dans les plis transparents de voiles de mousseline sablés d'or, surexcitées et à demi grisées par un philtre fait d'un mélange de macération de chanvre indien, d'infusion de racine de gingembre et d'huile de cantharides, elles se livrent alors, aux sons des cymbales, à des contorsions si lascives, à des mimiques si expressives, qu'il serait, paraît-il, fort difficile de les décrire autrement que dans la langue de Plaute et de Juvénal.

Nous nous reposons, plus loin, sous la vérandah ombragée d'un bungalow construit sur une éminence. Derrière nous, dans le lointain, s'élèvent des montagnes vertes et bleues; en face, au large, l'océan Indien déroule ses flots éblouissants, et à nos pieds, s'étend et ondule, comme une immense forêt, un océan de verdure sur lequel flottent par milliers les têtes chevelues des cocotiers. Étendu sur de longues chaises en bambou, espèce de sièges hospitaliers et caressants, qui semblent se mouler amoureusement sur le corps, qui sont faits pour soulager et prévenir toute fatigue, on se laisse bien vite aller à un engourdissement délicieux, tandis que la vue erre distraite sur ces paysages, en même temps grandioses et charmants. Teints peut-être de curcuma, suivant un usage très répandu ici, deux domestiques très jaunes, les oreilles ornées de larges anneaux d'or, les cheveux tombant en tire-bouchon sur les tempes et la blouse de mousseline flottant sur un large pantalon blanc, font sonner les bracelets de leurs poignets en agitant au-dessus de nos têtes de larges éventails en feuilles de palmier; un autre rôde silencieusement autour de nous et poursuit les mouches importunes de sa queue de cheval en paille; enfin, bel homme de quarante à cinquante ans, le maître de la maison, vêtu comme ses employés, mais paré de plus de bijoux, nous offre avec un doux sourire les rafraîchissements les plus divers et les plus hétéroclites. De charmants enfants nus comme des Amours de bronze, viennent curieusement fixer sur nous leurs yeux expressifs et intelligents et échangent entre eux des sourires moqueurs et spirituels. Appuyée contre un arbre, la figure fine et d'un ovale parfait, le nez aquilin, les lèvres minces, les yeux en amande, une charmante petite fille se drape avec élégance dans une espèce de grand châle rouge, rit avec nous et étale naïvement au soleil sa poitrine qui n'est déjà plus celle d'une enfant. Un tatouage bleu trace une ligne verticale sur son front ; ses narines et le haut de ses oreilles sont ornés d'anneaux d'or. Elle s'exprime en anglais ou à peu près : « Appelle ton père, lui dit l'un de nous, qui veut parler à l'Indien qui nous a servis. » — « Mon père ? dit-elle en montrant toutes ses dents blanches dans un frais éclat de rire, mon père ? mais c'est mon mari ! » — Et on ne lui aurait pas donné dix ans !

Hélas ! l'heure du départ a déjà sonné ! Notre voiture repart au galop : banians, bungalows et cocotiers fuient à côté de nous dans une course folle. La baleinière nous attend au quai, et, quelques heures après, les côtes riantes de Pointe-de-Galles ne sont plus qu'une ombre à l'horizon. Nous doublons le cap Dundera, et Ceylan s'évanouit comme un beau rêve. Ce n'est plus, depuis quelque temps, à Pointe-de-Galles dont, comme je l'ai dit, la passe est difficile, dont le mouillage est mauvais, que s'arrêtent nos navires ; c'est aujourd'hui un peu plus haut, à Colombo, où les Anglais ont édifié des quais, construit des jetées en béton, fait des travaux considérables. Mais Pointe-de-Galles ou Colombo, c'est toujours l'île de Ceylan qu'on rencontre sur sa route, c'est toujours elle qui est la plus attrayante relâche sur le chemin que nous suivons.

Nous nous engageons alors dans le golfe du Bengale, et ce n'est que dans la soirée du surlendemain que la terre reparaît. C'est alors que nous dépassons Achems-Point et les îles nombreuses de Poulo-Rondo, Poulo-Bamban, Poulo-ceci, Poulo-cela et toujours Poulo-quelque-chose. La plus grande de ces îles est Poulo-Way, que nous rangeons d'assez près pour voir tous les détails de ses petites collines couvertes d'arbres si serrés, que l'île entière a l'air d'une vaste pelouse, de ses habitations qui se cachent au milieu des cocotiers et des bananiers. Derrière ces monticules, s'élèvent des sommets plus hauts, couverts d'une verdure plus sombre ; enfin, les montagnes bleuâtres de Sumatra forment le fond du panorama.

Les jours suivants, nous revoyons Sumatra et ses volcans dont la fumée monte tout droit dans le ciel et, pendant le dernier jour de cette traversée, qui commence à nous paraître un peu longue, nous nous engageons dans le détroit de Malacca. Laissant derrière nous Poulo-Jarra, de nombreux îlots à cocotiers, les Arroas, le phare des Bancs-d'une-Brasse, perché sur trois colonnes de fonte, puis Rachada, puis enfin des foules de barques du pays avec leurs voiles en nattes de jonc et leurs balanciers, nous apercevons, dans la soirée, le feu de Malacca à l'horizon.

Le temps devient splendide ; rien ne peut peindre la beauté de ces magnifiques soirées sur une mer calme, illuminée fantastiquement de toutes les merveilles de la phosphorescence, sous un ciel qui, vert et chamarré de nuages rouges, jaunes, noirs, dorés et argentés au moment du coucher du soleil, se couvre plus tard de myriades d'étoiles brillant comme des clous d'or sur une voûte noire, avec tout l'éclat d'une nuit des Tropiques. Du haut de la passerelle, nous écoutons, distraits, les soldats qui chantent des refrains de caserne et les marins qui, plus poétiques, roucoulent en chœur, avec accompagnement d'accordéons et de triangles, des romances larmoyantes et des invocations à Neptune, dieu des flots, refrain d'un chant qui leur est cher. Des hommes serrés sur les bastingages regardent, en rêvant, l'eau sombre courir le long du bord. Une fumée épaisse et noire marque au loin notre route sur le ciel qui scintille ; puis, à mesure que la nuit s'avance, le silence et le calme s'établissent peu à peu ; notre population flottante se tait et s'endort, et on n'entend plus que les matelots de vigie qui, d'une voix lente et sonore, se renvoient les cris de veille : « Ouvre l'œil au bossoir, bâbord ! ouvre l'œil au bossoir, tribord ! »

Plus tard, le spectacle du ciel devient véritablement sublime ; c'est qu'il se déchaîne, au loin, une de ces tempêtes si fréquentes dans le golfe du Bengale, surtout pendant certaines saisons. Un feu d'artifice colossal s'échange alors entre les nuages sombres qui s'amoncellent au-dessus de Malacca et de Sumatra. Le ciel s'illumine, s'embrase sans interruption, d'éclairs qui éclatent tout à coup sans bruit comme des amas de poudre enflammée ou qui tracent sur les nuages des traits fantastiques dont la clarté est si vive, que l'œil en garde longtemps la sensation et qu'ils semblent briller pendant plusieurs secondes. Et cette féerie électrique dure pendant des heures entières !

CHAPITRE V

SINGAPOUR ET GOLFE DE SIAM.

Arrivée à New-Harbour. — Coquillages. — Singapour. — Environs. — Jardins de Wan-Poa. — Village malais. — Hôtel européen. — La nuit au quartier chinois. — Lucioles. — De Singapour à Saïgon.

Un peu plus d'un mois après notre départ de Toulon, nous sommes en vue d'une multitude de petites îles inhabitées, des Raffles, de la pointe Carimon, des îles de Poulo-Pinang, de Poulo-Cocob et encore des Poulo. Cela n'a, d'ailleurs, rien d'extraordinaire, puisque Poulo veut dire île en malais, et qu'en disant l'île de Poulo-Condor, par exemple, nous commettons le même pléonasme qu'en disant le seuil d'El-Guisrh ou les monts du Djebbel-Attaka. Nous approchons de Singapour. Autour de nous, sur les flots jaunes et verts, flottent, à l'aventure, des poutres et des troncs d'arbres ; des papillons blancs, de cette espèce cosmopolite qu'on retrouve partout, entrent en foule par nos sabords ouverts; dans le ciel, d'un bleu pâle, courent quelques nuages d'argent. Nous nous engageons dans le détroit. A droite et à gauche, s'étagent de verdoyants replis de terrain et, plus loin, des plans de montagnes dont la coloration change avec la distance et passe du vert au violet, du violet au bleu transparent. En avant et en arrière, l'horizon est bordé par une ligne d'eau si claire, si diaphane, que le ciel et la mer se confondent. Le détroit est parsemé d'une foule d'îlots; tous sont bordés de mangliers qui enfoncent leurs mille pieds dans la mer tranquille; une végétation couleur de cendre verte, dominée par des arbres élevés que la foudre a souvent réduits à l'état de squelettes, couvre une partie de ces terres; les autres sont hérissées de cocotiers à la tête élégante, formant d'immenses massifs entre lesquels s'étendent, comme des clairières, de vastes plantations d'ananas d'un vert grisâtre. De nombreuses embarcations croisent notre marche : ce sont des jonques malaises à l'avant élevé et qui portent deux voiles de paille disposées en forme de voiles latines; ce sont des proas élancées, avec leurs balanciers de bambou; ce sont enfin des barques chinoises, dont le patron tient gravement la barre d'une main et le parasol de l'autre.

Le long des côtes et des plages verdoyantes, sort de l'eau la tête de longues séries de pieux

LA FONTAINE DE MOÏSE.

plantés dans le sable du fond ; entre ces pieux, sont tendus des filets qui forment des murailles, des labyrinthes, à peu près comme les madragues qui servent en Provence aux pêcheries de thon ; ce sont des pièges dans lesquels viennent s'égarer et se laisser prendre les requins dont les ailerons s'en iront à Shangaï et à Pékin garnir la table des plus fins gourmets du Céleste-Empire.

De même qu'Aden a pour port Steamer-Point, Singapour a New-Harbour ; on arrive à New-Harbour par un étroit canal naturel qui serpente entre deux îles, à travers un paysage enchanteur : la mer, couverte de cocos flottants, y est transparente et unie comme une glace ; les cocotiers, les aréquiers, les banians, les ananas et bien d'autres végétaux inconnus pour nous, forment partout un verdoyant fouillis ; les barques, habilement pagayées, courent entre les arbres qui poussent sur les bords et jusque dans l'eau ; dans la fraîcheur de toute cette verdure, se blottissent des maisons européennes aux vérandahs en feuillage ; sur ces rives humides, des cabanes malaises se perchent sur des pilotis ; plus haut, une pagode montre son toit pointu entre les branches gigantesques. Comme un vol de cormorans posés sur la plage, les cases d'un village malais, communiquant entre elles par des passerelles, s'élèvent sur des colonnes de bois entre lesquelles circulent des pirogues; des hommes de ce village nous regardent tranquillement arriver en pêchant à la ligne par leur fenêtre.

Nous sommes bientôt envahis par une légion de petits bateaux plats et pointus; chacun d'eux est manœuvré par deux Malais en caleçon blanc, qui, armés d'une pagaye, se tiennent, l'un à l'avant, l'autre à l'arrière. Quelques-uns de ces bateaux sont chargés de fruits exotiques, mais la plupart sont pleins jusqu'aux bords de coraux splendides et de coquillages dont la nacre, sur laquelle ils font sans cesse pleuvoir l'eau de mer, reluit au soleil de toutes les couleurs de l'arc-en-ciel : on dirait des barques chargées d'or et d'argent. Les Malais demandent cent francs du chargement complet d'un bateau; on marchande et, moyennant un ou deux louis, on encombre sa chambre d'une collection entière des produits magnifiques de ces mers si riches et si fécondes. Encore un bien beau jour pour notre camarade le collectionneur! Il s'est enfermé dans sa chambre, mais nous voyons, de la dunette, les embarcations grouiller et se presser sous son sabord ouvert, les Malais se cramponner aux flancs du navire avec force cris et force disputes, et, du milieu de l'eau éclaboussée, tous les bras noirs tendre des coquillages vers cette ouverture. Deux bras galonnés d'or s'agitent au-dessus d'eux jetant des sous et saisissant coraux et coquilles.

Quelques instants après, nous descendons dans cette chambre, et nous retrouvons encore notre ami en extase. Les volutes énormes, les haliotis colossales, les rochers tourmentés, les casques d'argent, les cônes mouchetés, les mitres tigrées, les perlières gigantesques, les éponges fixées sur des coquilles, les madrépores aux végétations de neige, forment chez lui un éblouissant fouillis. Il veut nous montrer et nous nommer tout à la fois; il casse, dans son émotion, des argonautes fragiles, des coquilles transparentes, des coraux capricieux et diaphanes ; il rayonne de joie !

Comme à Aden, encore, le premier homme du pays qui nous arrive est un fournisseur de la marine; c'est Salomon, bel Indien coiffé d'une toque de paille et dont le corps bronzé n'est couvert que d'une draperie rouge sur les hanches et d'un schall des Indes sur les épaules. Il connaît les habitudes et les désirs des officiers qui passent, et il nous apporte de grandes corbeilles de cocos, d'ananas et de bananes. Avec quel bonheur on savoure ces fruits frais, ruisselants et parfumés, après les salaisons et les conserves de la traversée ! Et un ananas, un ananas énorme, coûte deux sous, avec la plante entière et les racines elles-mêmes par-dessus le marché !

Notre navire accoste le quai ou plutôt l'estacade en bois où nous devons embarquer le charbon nécessaire à la fin de la traversée : Chinois aux parasols plats, Indiens aux turbans blancs et nègres aux trois quarts nus, nous regardent nous amarrer.

Sur le rivage, nous attendent encore les pêcheurs de coquillages et de corail auxquels ont couru se joindre de nouveaux commerçants : ce sont d'espèces de sauvages coiffés de turbans ou de chapeaux pointus, vêtus d'une espèce de mouchoir roulé en corde autour des reins et qui nous apportent les joncs et les rotins qu'ils sont allés couper dans les plaines, les singes et les oiseaux qu'ils sont allés prendre dans les jungles. Il y a des calfats, des cous-coupés, des becs de corail, des bengalis, des merles, que sais-je ! Mais il y a surtout des perruches, de pauvres cocottes effarouchées et qui, prisonnières seulement depuis le matin, remplissent l'air de leurs cris les plus perçants, de leurs sifflements les plus désespérés.

A peine peut-on mettre le pied à terre, qu'on a hâte de partir pour Singapour, New-Harbour n'offrant aucun attrait avec ses établissements noirs et son parc à charbon.

Nous retrouvons ici ces singuliers fiacres carrés, ces palanquins montés sur roues que nous avons déjà vus à Pointe-de-Galles. Les cochers ou plutôt les saïs, c'est-à-dire les coureurs, Hindous à turbans de mousseline formant comme une petite arcade gothique au-dessus de leur figure, Chinois à coiffures ridicules, Bengalais à turbans rouges, les saïs, dis-je, se disputent et s'arrachent nos personnes. Les cris de : « Palanquin, Saëb! Kreta, Saëb! Two roupies, Saëb!!! » retentissent et se croisent autour de nous. Nous en prenons un et nous partons. Ces palanquins n'ont pas de siège pour le cocher, et le pauvre diable, tenant son cheval par la bride, court avec lui tout le long de la route, à moins que, par hasard, et pour se reposer un instant, il ne s'élance en avant pour retomber sur le brancard de sa voiture, où il se tient assis en équilibre, comme un acrobate sur son trapèze.

On parcourt ainsi un long chemin assombri par une végétation serrée, bordé de grands arbres touffus et le long duquel on ne rencontre que quelques Chinois silencieux. Singapour, à mi-chemin entre l'Inde et la Chine, est un mélange de ville chinoise et de ville indienne. C'est par un quartier chinois où une charmante pagode retrousse sous les arbres les tuiles vernies de sa toiture, c'est par de vrais rues chinoises comme nous devons en revoir en Cochinchine, que nous arrivons à la ville.

Singapour, dont le nom formé de *Singa* et de *Poura* signifie ville des lions, bien que le lion y soit parfaitement inconnu, est bâtie sur une île qui appartient à l'Angleterre. Encore et toujours l'Angleterre! Encore un Gibraltar! L'île, qui est toute petite, compte environ 140 000 habitants. Sa garnison anglaise n'est que de 4 à 500 hommes, et sa population, formée en majeure partie d'Asiatiques, comprend d'abord des Chinois et des Malais, qui se détestent cordialement, puis des Portugais de Malacca, des Klings venus de l'Inde occidentale, des Arabes, des Bengalais, des Parsis, des Javanais, en un mot, des spécimens de toutes les races de l'extrême Orient.

Malgré sa population, presque exclusivement orientale, la plus grande partie de Singapour, du moins celle qu'on voit la première après les rues chinoises qu'on traverse en arrivant, est cependant une ville anglaise. Ses rues sont larges, tirées au cordeau, se coupant à angles droits et éclairées au gaz. Elles sont bordées de maisons dont l'étage s'avance sur le rez-de-chaussée, de manière à abriter les trottoirs sous une galerie, et de grilles qui ferment de grands et magnifiques jardins. Une chose attire à peine notre attention dans le premier de ces jardins : c'est un Malais qui secoue, comme s'il voulait l'arracher, un long bambou planté en terre. Dans le second jardin, un second Malais secoue encore lentement et méthodiquement un second bambou. Dans le troisième jardin, troisième Malais et troisième bambou. Cela finit par nous étonner et nous demandons des explications. Ce sont, tout simplement, des domestiques qui balancent ainsi le panka suspendu, dans la maison, au-dessus de la tête de leur maître et qu'une corde qui traverse la muraille relie au sommet du bambou ainsi secoué. Mais si la ville anglaise a, pour le touriste, un aspect trop européen, il aura, toujours comme à Ceylan, le plaisir de retrouver l'Orient dans l'aspect des magasins, de ces boutiques dans lesquelles l'acheteur ne peut pénétrer et dont le sol, exhaussé au-dessus de la rue à hauteur d'appui, est couvert de nattes sur lesquelles les marchands se tiennent accroupis. Là, se vendent ces merveilleux coffrets en bois de santal fouillés, ciselés ou incrustés de milliers de petits morceaux d'ivoire ; ici, se débitent les laques, les foulards de la Chine ou les éventails indiens en feuilles de palmier ornés de mica ; plus loin, des bijoutiers, au moyen d'un chalumeau et, en guise de lampe, d'une assiette d'huile dans laquelle nage un paquet de mèches, confectionnent toute sorte d'objets en filigrane ou montent en breloques des ongles de tigres et des dents de requins.

Une rivière traverse Singapour et lui constitue un port intérieur. Rien de curieux comme de voir, du haut du pont suspendu qui enjambe cet insignifiant cours d'eau, les embarcations de toute espèce qui se pressent contre les rives : les proas, les chaloupes, les petites jonques et les barques de Siam qui font flotter à leur arrière l'étendard rouge à l'éléphant blanc ; rien d'intéressant comme cette population bariolée de Malais, d'Anglais et de Chinois, d'Indiens couverts de bijoux, de Siamois en langoutis, de nègres en pagne blanc.

Les environs de Singapour nous offrent des promenades pittoresques, curieuses et délicieuses. La végétation splendide et luxuriante des jungles couvre la terre de toute part : les bananiers, les ananas, les sagoutiers, les fougères géantes, forment partout, comme à Ceylan, des fourrés épais où s'entrelacent et s'embrouillent les plantes grimpantes et les lianes, où fleurissent encore les orchidées, que dominent enfin de tous côtés les touffes d'aréquiers, ces palmiers à petite tête, mais au tronc démesurément haut.

Au milieu de cette verdure tropicale, passent, en vols nombreux et avec mille cris, les petites perruches vertes ou rouges et les minuscules bengalis au cou de corail ; dans les branches, gémissent les tourterelles à queue et à tête blanches et sifflent les merles blancs, blancs au moins par la tête, tandis que les calfats au gros bec font entendre leurs claquements secs et répétés. C'est partout, au milieu des grandes fleurs, un chatoiement de couleurs éclatantes, un mouvement continuel de lézards verts et bleus, d'insectes dorés et de petits oiseaux brillants. Ce serait trop beau si à tous ces êtres charmants ne se joignaient souvent le terrible tigre qui, disent les statistiques officielles, fait, en moyenne, cinq cents victimes par an à Singapour, et le serpent corail, plus terrible encore. Ce dernier est pourtant bien gracieux avec sa petite tête rouge, et je vois encore la figure effrayée avec laquelle un Indien me fit signe de jeter au loin celui que je venais de tuer à demi dans un sentier ; je l'avais pris du bout d'une branche et je me disposais, pour l'emporter, à le plier dans un journal, ne me doutant guère de la rencontre redoutable que je venais de faire.

Le long des routes que ne parcourent guère que des Indiens et des Chinois, tout tient la curiosité en éveil. Ici, ce sont de lourds chariots traînés lentement par des bœufs dont les cornes sont presque parallèles à la colonne vertébrale et dont les épaules portent une énorme bosse ; là, ce sont des habitations indigènes, à jour, en bois, en bambous ou en feuilles de latanier, des cases en paille de toutes tailles et de toutes formes; plus loin, ce sont, dans un bosquet de bananiers et de cocotiers, des Indiennes vêtues de gaze, qui se balancent dans des hamacs de jonc; plus loin encore, le long d'une petite rivière, ce sont des blanchisseurs indigènes qui, vêtus d'un simple caleçon, battent sur le sol et à tour de bras le linge qu'ils ont à laver. De tous côtés, dans des baraques pittoresques, s'installent des magasins de fruits particuliers, gros et petits, de toutes formes et de toutes couleurs ; des boutiques de poissons secs, de légumes et de riz; des ateliers dans lesquels des charrons bronzés réparent des chars dignes des rois fainéants; des hangars sous lesquels des ouvriers malais tressent ces fauteuils et ces chaises-longues en rotin que rapporte en Europe tout voyageur consciencieux.

Le but d'une promenade obligatoire est le jardin de ce riche négociant chinois Wan-Poa qui s'est colossalement enrichi à Singapour en vendant de tout, du poivre et de la poudre, des tuyaux de pipe et des canons.

Bien mieux qu'une visite au jardin botanique, ennuyeux comme tous les établissements de ce genre, et où on ne va que pour se conformer à l'usage, une promenade chez Wan-Poa, sous la direction d'un jardinier chinois, donne au voyageur un tableau complet de la végétation de Singapour. Ce ne sont partout que des arbres à cacao avec leurs gros fruits jaunâtres ou verts; des ébéniers à la tête élevée; des arbustes de thé à l'élégant feuillage; des girofliers; des arbres à cannelle; de splendides victorias regias, qui étalent sur l'eau verte des bassins leurs feuilles assez larges pour porter un enfant; des fruits de cajeput; des let-chis acides; des ananas parfumés; des mangues odorantes, des mangoustans, des bananes, enfin des fruits et des plantes dont nos professeurs de botanique connaissent seuls, en France, l'existence et le nom.

Dans un coin de ces jardins immenses, des poivriers tordent leurs tiges rampantes ; dans un autre, s'épanouit le vert et élégant feuillage des camphriers, dont le bois sert à faire des caisses où les étoffes sont à l'abri des mites ravageuses. Tout le monde achète ces malles, tout le monde s'en sert ; aussi les Chinois, très industrieux, n'ont-ils pas tardé à en fabriquer sans bois de camphre, tout simplement avec un bois poreux qu'ils enduisent d'alcool camphré et qu'ils recouvrent ensuite de vernis. Autour des massifs, sur les petites éminences de terrain les *traveller's tree*, les arbres du voyageur, étalent en large éventail leur feuillage qui s'épanouit et s'élargit comme la queue d'un paon. Originaires de Madagascar, ces arbres, qui portent en botanique le nom de *Ravenala*, poussent à Singapour comme dans leur pays. Ce sont d'espèces de bananiers qui offrent une particularité très curieuse : si, d'un coup de couteau, on entaille profondément leurs pétioles, on en fait jaillir un flot abondant d'un liquide clair et transparent comme l'eau de roche, boisson limpide, vraie fortune pour les voyageurs altérés. Un peu plus loin, pousse et fleurit une autre plante plus curieuse encore dans le même genre, c'est le népenthe. Chacune de ses feuilles, élargie comme une petite feuille de bananier, est munie d'un véritable vase que porte un prolongement de sa nervure médiane ; au-dessus de la partie enroulée qui constitue cette urne, la même nervure porte une nouvelle partie étalée qui joue l'office d'opercule sur le vase et, chose admirable, au moment des fortes chaleurs de la journée, cet opercule se soulève de lui-même et laisse voir dans le petit réservoir qu'il découvre un liquide transparent, qui est tout simplement de l'eau pure, de l'eau excellente à boire.

Des habitations avec des salons d'une richesse inouïe, encombrés des plus beaux bibelots de la Chine et du Japon, véritables musées dans lesquels de petits Chinois vêtus de soie jouent et se poursuivent, complètent l'attrait de ces jardins féeriques.

A quelques pas de Singapour, est un grand village en paille, exclusivement habité par des Malais; c'est une des principales curiosités du voyage. Les Malais, sectateurs de Mahomet, forment la population autochtone de tous ces pays et se divisent en quatre grandes familles: les Malais de Sumatra et de Bornéo, qui sont civilisés; les Javanais, qui le sont aussi; les Bougis des Célèbes et les Malais des Philippines, qui sont à demi civilisés et à demi sauvages; enfin, les Malais des Moluques, les Jackouns de Malacca, les Battas de Sumatra et les Dayacs de Bornéo, qui sont sauvages tout à fait. Le type des gens de cette race n'est en général pas beau: leur figure mongole est bien peu sympathique; leur nez écrasé, leurs pommettes saillantes, leurs yeux noirs fortement relevés vers les tempes, leurs cheveux de jais, leur peau d'un brun rougeâtre, leur menton presque imberbe, les touffes de poils qui souvent leur servent de sourcils ou qui leur remplissent les oreilles inspirent, à première vue, une défiance souvent justifiée. Petits, trapus, robustes, peu communicatifs, on les dit d'un tempérament assez cruel et assez sauvage, même quand ils sont civilisés.

Le village qui avoisine Singapour est une réunion désordonnée de maisons basses et malpropres ; de magasins où s'entassent les poissons secs et puants, les noix d'arec et les épices à odeurs fortes ; enfin, de cases en bois dont le sol est jonché de paille et dont les habitants, femmes drapées dans des pièces de cotonnade, hommes vêtus seulement de la ceinture aux genoux, enfants totalement nus, se vautrent par terre ou s'alignent sur des bancs couverts de nattes, comme des gens qui n'ont jamais rien à faire.

Une rivière traverse ce village ; elle fourmille de barques pointues que surmonte un toit de chaume en guise de tente et dont l'avant est orné, de chaque côté, d'un gros œil grossièrement peint en rouge. Quelques bassins communiquent avec cette rivière et servent de demeure à des hippopotames à demi apprivoisés, qu'on y a amenés de je ne sais où et qui font la joie des gamins du pays.

Au milieu de cette population, circulent gravement, le sabre et la lanterne à la ceinture, des policemen anglais dont l'arme principale est un fouet solide qu'ils emploient volontiers.

Les habitants de ce village font le commerce d'un tabac détestable et vendent des joncs, qu'ils préparent en les faisant pour ainsi dire cuire dans l'huile de coco, et des criss, qu'ils trempent, dit-on, en laissant pendant plusieurs mois leur lame ondulée se rouiller et se fondre à moitié dans la terre qu'ils arrosent d'urine tous les jours.

A côté de la ville anglaise et de la ville chinoise, à côté du village malais, s'élève aussi à Singapour un village hindou avec sa pagode et ses bayadères.

L'Inde, la Chine et la Malaisie sont si largement et si complètement représentées ici, qu'un voyageur qui s'installerait confortablement dans un des hôtels anglais de la ville, qui ferait chaque jour une excursion dans l'un de ses quartiers si divers et si originaux, qui, enfin, verrait les Indiens, les Chinois et les Malais venir pour ainsi dire poser devant lui, pourrait repartir presque aussi instruit que s'il avait parcouru Java, l'Hindoustan et le Céleste-Empire. Ne serait-ce pas là, peut-être, la façon la plus commode et la plus profitable de voyager? A quoi bon se fatiguer, se dépenser en longues courses dans le même pays pour revoir toujours la même chose, sans rien approfondir? « Le monde extérieur, dit avec raison Fromentin, est comme un dictionnaire ; c'est un livre rempli de répétitions et de synonymes : beaucoup de mots équivalents pour la même idée. » — Qu'un voyageur fasse le tour du monde et vous le raconte en cent pages : qu'en résultera-t-il ? Une énumération fastidieuse et vide. Que vous en restera-t-il ? Rien. Qu'un autre, au contraire, choisisse dans un seul pays une ville dont il fera pour ainsi dire un type ; qu'il l'étudie dans tous ses détails, qu'il la décrive sous toutes ses faces : il vous donnera une lecture attachante, il vous fera connaître le pays comme si vous l'aviez habité vous-même. — « C'est, à mon avis, dit encore Fromentin, le meilleur moyen de beaucoup connaître en voyageant peu, de bien voir en observant souvent, de voyager cependant, mais comme on assiste à un spectacle. » Aucune ville ne se prêterait mieux que Singapour à ces sortes de voyages sur place. Nous ne pouvons, hélas ! que la voir en courant, mais ce n'est ni une ville, ni un pays, c'est un voyage qui fait le sujet de ce livre.

Les promenades à travers le quartier malais ont pourtant quelques inconvénients, dont la chaleur n'est pas le moindre, aussi est-ce avec bonheur que, le soir venu, on vient se reposer sous la galerie d'un hôtel anglais où on retrouve tout le luxe, tout le confort de Londres. Après et même avant un excellent vin d'Australie, couleur de pelure d'oignon, que l'aubergiste ne manque pas d'offrir à ses clients, la boisson qu'on prend alors le plus volontiers, la boisson habituelle de l'Inde, est le sherry-gobler. On remplit à demi un verre d'eau et de xérès alcoolisé, on y ajoute une tranche de citron, on parfume avec de la cannelle, et on achève de remplir le verre avec de la glace pilée : tel est le sherry-gobler qu'on boit ou plutôt qu'on aspire lentement au moyen d'une longue paille.

Devant l'hôtel où nous sommes, se développe une vaste pelouse plantée d'arbres qu'on appelle, je crois, l'Esplanade ; en face, de l'autre côté de cette nappe verte, s'étend la mer où se croisent en tous les sens les bateaux à vapeur et les navires de tous pays dont Singapour est la relâche presque obligée ; à droite, s'élèvent deux monuments absolument européens, deux échantillons de l'Angleterre transportés sous le ciel de Malacca : le gouvernement et l'hôtel de ville.

Comme toujours, nous avons à nous défendre contre les changeurs qui nous tendent avec obstination leurs dollars, leurs roupies, leurs piastres mexicaines et leurs cents ; contre les marchands de curiosités, qui veulent de force nous faire acheter les bibelots les plus divers ; contre certains courtiers même qui nous offrent bien autre chose encore et dont la marchandise humaine se recrute un peu dans tous les pays du monde.

Sur la pelouse défile à nos yeux une collection de costumes : Indiens en pagne et en turban ; Chinois à la queue enroulée autour du crâne ; portefaix malais ; cipayes en costume blanc ; coolies avec leur grosse barre sur le cou ; coureurs de maisons de commerce en chapeau gris, en habit d'indienne, chamarrés de broderies et décorés, en sautoir, d'un large baudrier couvert de dorures. Sur les marches mêmes du perron, des jongleurs déballent des paquets de haillons, poussent des cris d'oiseaux avec une surprenante rapidité de langue, font passer des muscades, mangent des cailloux qu'ils *régurgitent* ensuite avec d'horribles contorsions, avalent des sabres et prennent des postures impossibles. L'un d'eux, vieillard décharné, la barbe représentée par quelques pinceaux de crins blancs plantés sur une face de parchemin, s'asseoit cérémonieusement devant un sac crasseux qu'il a déposé sur le sol et qui semble vide : ce sac se remue cependant tout doucement. Que peut-il bien contenir ? Le vieil Indien en dénoue les cordons en tremblant, sort de sa ceinture une espèce de petite flûte et en tire un trémolo plaintif, triste et monotone comme la plainte du vent d'hiver. Il fixe avec ardeur l'ouverture de son sac ; une petite tête verdâtre, grosse comme le pouce et où deux petits yeux brillent comme des rubis, sort des plis de cette guenille ; la tête d'un serpent ! Un cou énorme, vert, gonflé et taché de deux cercles noirs qui forment comme des lunettes, suit la tête; un corps luisant suit le cou, et le serpent entier, long de plus d'un mètre, déroule ses anneaux sur le sol. Une seconde tête se montre, un second serpent apparaît, et les deux horribles bêtes, s'entrelaçant comme les couleuvres du caducée, se roulent aux genoux du charmeur. Les modulations de la flûte se précipitent, les deux cobras hideux se lèvent, ondulent, se tiennent sur leur queue enroulée, se recourbent en point d'interrogation et se balancent au rythme de cette musique sauvage. Au bout d'un instant, le charmeur, qui ne tient plus son instrument que de la main gauche, lève avec prudence sa main droite, et tout à coup, avec le mouvement rapide d'un écolier qui attrape une mouche, il saisit l'un des serpents par le cou. L'animal, comme réveillé en sursaut d'un rêve agréable, se tord, ses anneaux verts s'enroulent autour du bras maigre qui le tient, et il disparaît dans le sac. Le second est bientôt saisi et renfermé de même, et l'Hindou s'en va transporter plus loin le spectacle répugnant de ses repoussantes jongleries.

Le soir, c'est le quartier chinois qui est le plus intéressant à visiter ; c'est, en même temps, le quartier des plaisirs nocturnes ; la vie y éclate dans une étourdissante exubérance. Les maisons, dont les fenêtres sont si larges qu'elles ont l'air d'avoir des façades de verre, sont éclatantes de lumière ; devant les portes se balancent, lumineuses, de gigantesques lanternes de papier ou de taffetas qui font ressortir en noir les gros et étranges caractères chinois qu'elles portent ; dans la rue fourmillent d'autres lanternes qui semblent faites en papier huilé et que les promeneurs portent en riant. Partout passe, se confond, se bouscule une foule aux visages noirs ou jaunes, une foule heureuse de respirer l'air frais du soir après les chaleurs du jour, une foule heureuse de vivre. Dans tous les carrefours des confiseurs, des marchands de pâtisseries, des restaurateurs en plein vent, établissent leurs éventaires illuminés et couvrent le murmure des passants de leurs cris aux modulations sauvages. Des célestiaux en fête, secouant comme des pierrots leurs larges habits blancs, trouvent très drôle de se promener avec leurs grands parasols ouverts et se heurtent contre des troupes de matelots anglais qui, titubant l'un contre l'autre, font retentir la rue de leurs chants funèbres. A chaque instant des feux de Bengale s'al-

lument dans les coins et jettent sur ce monde mêlé
de fantastiques clartés rouges et bleues. La plupart
des maisons, dont l'étage s'avançant sur la rue est
soutenu par des piliers, sont séparées de la chaussée
par un fossé que franchit un petit pont. Les magasins, occupant toute la largeur de la façade, sont
fermés par des barreaux, comme les cages d'une
ménagerie, et, derrière ces grilles, à la vue de
tous, les Chinois en fête s'abreuvent de thé et les
Anglais, froidement excités, s'enivrent de brandy.
L'odeur des épices se mêle aux parfums des bâtons brûlés aux Bouddhas de papier, et de tous ces
taudis, sortent ces effluves caractéristiques qui
sentent le Chinois, comme, en Afrique, les rues
sentent l'Arabe. On parle toutes les langues dans
cette Babel indienne; nous y entendons jusqu'à
des jurons marseillais poussés par des voix féminines et avinées. On finit par étouffer dans cette
atmosphère exotique, et c'est avec plaisir qu'on
gagne la campagne. L'air est calme et parfumé;
des milliers de petits êtres invisibles le remplissent
de leurs chants monotones que dominent les cris
formidables de certains batraciens d'une taille
démesurée; quelque orage lointain illumine le
ciel de ses éclairs splendides, enfin, les insectes
luisants et phosphorescents donnent aux buissons
et aux arbres un aspect magique. C'est par millions que les vers luisants étoilent le sol, c'est par
milliards que les lucioles embrasent les arbres;

on dirait une pluie d'étincelles battues par le vent, paraissant et disparaissant plusieurs fois dans une minute. Un arbre isolé paraît tout en feu, tout tombe subitement dans l'obscurité et on ne distingue plus que la silhouette noire des branches quand, tout à coup, comme dans le tube lumineux au passage du courant électrique, tout se rallume pour s'éteindre de nouveau au bout d'un instant. Tels ces flots d'étincelles d'or qu'on fait, en le frappant, sortir d'un tison à demi éteint et qui tourbillonnent dans l'âtre en rondes fantastiques pour mourir quelques secondes après. Et, au milieu de ce fourmillement d'étoiles vivantes, passent et repassent lourdement de gros papillons dont la longue tête est éclairée comme un petit globe de feu. Ces promenades nocturnes ont même un charme inconnu à nos pays : c'est un vague sentiment de crainte inavouée qui vous accompagne partout avec l'idée que de ces buissons ardents peuvent tout à coup jaillir un serpent ou bondir un tigre.

Les chambres qu'on nous donne à l'hôtel, le premier et le plus luxueux des hôtels anglais de Singapour, sont des pièces immenses et divisées en deux parties par une demi-cloison qui ne monte pas jusqu'au plafond, comme le serait un paravent en maçonnerie. La première partie est meublée de chaises en rotin et d'une vaste table que le domestique malais spécialement attaché à notre logement couvre, pour la nuit, des rafraîchissements les plus nombreux et les plus variés; la seconde contient un lit à moustiquaire, lit immense, aussi long que large, et dont le fond de bois est simplement couvert d'un matelas dur et épais de quatre doigts. Les portes et les fenêtres ne sont fermées que par de gros barreaux de bois, toujours comme des cages, et comme ces ouvertures donnent sur les massifs sombres et épais des jardins, nous entendrons jusqu'au matin les étourdissants concerts des animaux nocturnes, nous serons livrés aux invasions des phalènes et des petits papillons de nuit, et nous recevrons sur notre personne tous les souffles de la brise. Il n'est pas d'usage de se couvrir ici, et il n'y a ni couvertures, ni draps sur ces couches tropicales, mais seulement des oreillers et des traversins jetés au hasard. On y trouve en outre, comme dans presque tous les grands hôtels de l'extrême Orient, un objet que les domestiques appellent *une femme* et dont, au premier abord, on ne s'explique guère l'usage : c'est un gros cylindre creux en rotin tressé, une espèce d'oreiller recouvert d'une toile cirée ou d'une natte fine et que les dormeurs embrassent de leurs bras et de leurs jambes. Cela leur permet de tenir les membres écartés du corps et leur donne une grande fraîcheur, avantage qui n'est pas à dédaigner par ces nuits torrides.

L'idée de ces ventilateurs est assez originale;

mais il y a dans certain retrait obligatoire de tous ces hôtels orientaux quelque chose qui embarrasse encore plus le voyageur novice : ce sont des bouteilles. Une cruche, un broc, une petite fontaine, des serviettes semblent à leur place en pareil endroit, mais une douzaine de bouteilles pleines d'eau et rangées en ligne de bataille à portée de la main, ont lieu d'étonner. C'est pourtant bien simple ! Chaque bouteille est un appareil à douches réduit à sa plus grande simplicité, un appareil tout intime. Nous ne pouvons vraiment en dire davantage, mais il faut avouer que s'arroser de la sorte et faire ainsi une petite gouttière de sa personne, c'est pousser un peu loin l'observance des lois de l'hygiène, l'amour de la propreté corporelle !

Trois journées de navigation vont nous conduire de Singapour à Saïgon. Sauf quelques points de la côte de Malacca et quelques îles à peu près désertes, telles que Pedra-Branca, qui porte un phare, Poulo-Aor et Tingy, les deux premières journées ne nous montrent rien. Pendant la troisième, nous passons à quelque distance de Poulo-Condor, ou île des serpents. Cette grande île, qui appartient à la France, est habitée seulement par quelques familles d'Annamites libres constituant une population d'environ 300 personnes. Tous sont pêcheurs de coquillages et cultivent à peine un peu de riz.

L'importance de cette île, qui nous avait déjà été cédée dès la fin du siècle dernier, réside pour nous dans son bagne, abstraction faite de sa valeur militaire. Nous y déportons les Asiatiques condamnés par nos tribunaux à plus d'un an et à moins de dix ans de prison. C'est surtout du voisinage du pénitencier, à qui ils vendent les produits de leur agriculture et de leur pêche, que vivent les Annamites libres. On a essayé la culture du café dans cette île, mais elle n'y a pas encore donné de grands résultats.

Nous arrivons le lendemain matin à l'abri du cap Saint-Jacques où nous prenons le pilote qui doit nous conduire à Saïgon, par le Loirap, l'un des bras de notre principal fleuve cochinchinois. Ce fleuve, qui porte le nom de Dong-Naï, est comme la grand'porte de notre colonie.

CHAPITRE VI

SAIGON.

Géographie. — Saïgon. — Jardin et hôpital. — Bibelots et incrustations. — Bord du Dong-Naï. — Population. — Jonques et sampans. — Marché. — Monnaies. — Produits. — Buffles. Animaux divers.

Notre Cochinchine a une étendue de 50 000 kilomètres carrés et sa population est d'environ 2 000 000 d'âmes : 1 826 233, d'après les derniers recensements. Elle comprend 65 538 Chinois payant l'impôt ; 13 000 Malais indigènes habitant Chaudoc et 1 400 Malais étrangers; 544 Indiens soumis à l'impôt et 220 Indiens considérés comme sujets français et venant en général de Pondichéry ; 110 000 Cambodgiens; 65 Européens étrangers ; enfin 1 642 Français, sans compter nos troupes de marine; les autres habitants sont des Annamites au nombre 1 633 824. Il est cependant permis de regarder comme un peu approximatif ce recensement de population, si on songe à la difficulté qu'il y a de compter les sauvages qui habitent le nord et l'est de notre colonie et qui sont connus sous les noms de Moïs, de Stiengs et de Chams. On a pu pourtant faire d'une manière suffisante le dénombrement de ceux qui nous sont soumis et on a obtenu les chiffres de 4 973 Moïs et de 2 933 Chams.

La Cochinchine française a un budget qui s'est développé d'une façon remarquable depuis notre occupation. Quand nous nous sommes rendus maîtres de cette possession, nous ne pouvions pas en tirer trois millions; elle n'en rapportait, d'ailleurs, pas même deux au gouvernement annamite. Aujourd'hui, ce budget atteint environ 5 000 000 de piastres, et, si on y ajoute les budgets d'arrondissement, on arrive à un total de 25 000 000 de francs. La fortune indigène a suivi un développement parallèle.

La Cochinchine faisait, avant notre conquête, partie de l'Annam dont Tu-Duc, alors âgé seulement de vingt ans, était devenu empereur en 1847.

Le premier devoir de ce prince, en montant sur le trône, avait été de faire persécuter les chrétiens et de faire, entre autres, martyriser le P. Schœffer et le P. Bonnard. En 1856, pour les venger, le commandant Lelieur de la Ville-sur-Arce parut devant Tourane avec le *Catinat*, mit à terre ses compagnies de débarquement, délogea la garnison du fort et y encloua 60 pièces de canon. Un mois après, M. de Montigny arriva à Tourane en mission, mais ne put aboutir à rien, ne fut même pas reçu, et, l'année suivante, les Annamites martyrisèrent, au Tonkin, l'évêque espagnol Diaz. La France et l'Espagne s'unirent alors sans grand résultat. Le *Primauguet* et un aviso espagnol furent envoyés au Tonkin, mais ne l'attaquèrent pas et nous restions dans la baie de Tourane, sans obtenir aucun avantage sérieux, quand l'amiral Rigault de Genouilly bombarda les forts, en 1858, et s'en vint prendre Saïgon, en 1859. Le résultat de cette guerre fut, pour nous, la prise de possession de la basse Cochinchine.

On pourrait trouver un peu intéressée cette façon de punir un peuple ; mais la conquête de la Cochinchine est une de celles qui ne pouvaient donner aucun remords aux conquérants. Les Cochinchinois, très commerçants, semblent avoir de suite compris tous les avantages qu'ils pourraient retirer eux-mêmes de notre installation dans leur pays ; ils s'inclinent devant nos idées, ils ne professent pas pour nous le mépris que professent d'autres peuples conquis, et ils sont volontiers venus à nous. Ils ne semblent nullement le regretter aujourd'hui, et lorsqu'une révolte se produit dans leur pays, on peut affirmer qu'elle vient de la turbulence de quelque agitateur, mais jamais du peuple lui-même.

La Cochinchine française est constituée par le sud de la moitié est de la presqu'île indo-chinoise ; la mer de Chine, à l'est, sur une étendue de 70 lieues, et le golfe de Siam, à l'ouest, sur une étendue de 40 lieues, sont ses limites marines ; du côté de la terre, c'est-à-dire au nord, elle est limitrophe avec l'Empire d'Annam et le Cambodge.

Le pays d'Annam, dont elle fait partie, est divisé en quatre régions : le Tonkin ou Dang-Ngoaï, la haute Cochinchine, la Cochinchine moyenne ou Dang-Trang, et enfin la basse Cochinchine ou Nam-Ki. C'est celle-ci qui a passé la première sous la domination de la France. Elle était divisée par les Annamites en six provinces formant trois gouvernements généraux : Hàtien et An-Giang (Chaudoc) ; Vinh-Long et Dinh-Thuong (Mytho) ; enfin Gia-Dinh (Saïgon) et Biên-Hôa. Cette distribution a persisté jusqu'au 5 janvier 1876. A cette date, la division en 6 provinces fut remplacée par 4 circonscriptions divisées en arrondissements, ceux-ci étant subdivisés en cantons. Il y a actuellement 21 arrondissements. Toutes ces divisions territoriales sont dirigées ou plutôt surveillées chacune par un inspecteur ; les inspecteurs sont des fonctionnaires français qui remplissent auprès des administrateurs indigènes des fonctions ne rappelant que de loin celles que les chefs de bureau arabe remplissent auprès des caïds algériens.

Trois grandes rivières arrosent notre possession ou plutôt la détrempent, du moins dans le bas delta : la première est le Mê-Không ou Cambodge, qui vient des monts du Thibet et qui traverse la Chine, le Laos, et le royaume du Cambodge, où il reçoit les eaux du grand lac de Toulé-Sap. Le Mê-Không se divise en quatre ou cinq grandes bouches qui se jettent dans la mer de Chine, en face de Poulo-Condor. Les deux bras principaux sont : l'occidental ou postérieur, qui est mis en communication imparfaite avec le golfe de Siam par deux canaux artificiels, le canal de Hâtien et le canal de Rach-Gia ; et le bras oriental qui est beaucoup plus considérable. Le Mê-Không, venu des montagnes du Yun-nan, a été, en 1866-67, exploré, dans presque tout son parcours, par le lieutenant de vaisseau Garnier, le futur héros du Tonkin, par le commandant Doudard de Lagrée, qui y trouva la mort, enfin, par les docteurs Joubert et Thorel, médecins de la marine. C'est un fleuve célèbre dans les annales de la littérature : c'est, en effet, à son embouchure que Camoëns, le poète portugais, fit naufrage, en 1556, et qu'il ne sauva du désastre que son manuscrit des *Lusiades* qu'il élevait de la main gauche au-dessus des flots pendant qu'il nageait de la main droite.

La deuxième rivière est le Vaïco qui se jette dans la même mer de Chine et qui est formé par la réunion de deux grandes branches : l'une, le Vaïco occidental, vient du nord de la Cochinchine ; l'autre, le Vaïco oriental, collecte les eaux des forêts qui s'élèvent autour de Ray-Ninh et se trouve tout entier dans notre territoire. La troisième rivière est le Dong-Naï : elle vient des forêts ondulées et des plateaux qui bordent la Cochinchine au N.-N.-E., et elle arrive à la mer de Chine en formant un vaste delta.

Entre les divers bras de ces fleuves, surtout entre les deux Vaïco et entre le Vaïco occidental et le Mê-Không, se trouvent de vastes fondrières incultes et d'anciens lits de rivières, où ne poussent que des joncs et des rotins, et dont, pour cette raison, on appelle l'ensemble la plaine des joncs.

De nombreux canaux, dont les bords logent des tigres et dont les eaux nourrissent des crocodiles, font communiquer ces fleuves soit entre eux, soit avec la mer. Les uns naturels, les autres artificiels, ces canaux sont les grandes routes du pays ; mais l'entretien en est difficile et la navigation y est souvent rendue impossible par l'accumulation de boue et de sable que font, au milieu de leur parcours, les marées qui y entrent par les deux bouts. Les plus fréquentés sont le canal de Hàtien et celui de Rach-Gia, dont le nom annamite signifie rivière de Gia, qui, nous l'avons dit. font communiquer le Mê-Không avec le golfe de Siam ; le canal Commercial et le canal de Mytho, qui font communiquer le Vaïco avec le Mê-Khòng; enfin, le plus connu de tous, l'arroyo Chinois qui part de Saïgon et qui met en communication le Vaïco et le Dong-Naï. Comme ce dernier, presque tous les canaux secondaires de la Cochinchine sont connus sous le nom espagnol d'*arroyo*, dénomination réservée spécialement aux communications qui sont naturelles entre deux bras, mais qui n'ont pas de courant propre.

Toutes ces rivières, tous ces canaux, tous ces arroyos, font de la Cochinchine un pays très malsain, et il faut ajouter à ces causes d'humidité et d'insalubrité les pluies abondantes qui y règnent la moitié du temps. L'année, en effet, s'y divise en deux saisons : la saison sèche, pendant laquelle souffle le mousson du nord-est, et qui va du commencement de novembre à la fin d'avril, et la saison humide, pendant laquelle règne le mousson du sud-ouest, qui comprend les autres mois de l'année et qui est marquée par des orages quotidiens et par des pluies rapides et passagères, mais torrentielles.

Le sol de la Cochinchine est plat; sa plus haute éminence, le Dien-Ba, qui s'élève isolé dans la province de Tay-Ninh et qu'on voit de Saïgon, ne dépasse pas 6 à 700 mètres.

Le cap Saint-Jacques, premier point de la côte que nous découvrons en venant du large, est un promontoire assez élevé que couvrent de grands arbres et qui forme un coude dans lequel s'enfonce la baie des Cocotiers. A côté de la maison blanche que nous avons bâtie sur ce cap pour installer le télégraphe et le sémaphore, s'élève une belle pagode où les Cochinchinois viennent faire leurs dévotions au squelette d'un dauphin, animal révéré par les indigènes. Ce temple est, en effet, consacré aux dieux qui protègent les marins et aux poissons qui, comme les dauphins de l'antiquité, les recueillent pendant les naufrages. Ces bons Annamites ne feraient pas mal d'y construire encore une pagode propitiatoire aux tigres, qui pullulent dans ces bois et qui les recueillent aussi, mais après le naufrage, et non dans le même but que ces cétacés philanthropes.

L'embouchure du Dong-Naï, dans laquelle nous nous engageons, a plutôt l'air d'une plaine inondée que d'une rivière. Partout émergent des palétuviers, des palmiers d'eau et d'autres arbres aquatiques; plus serrés en se rapprochant des bords, où poussent les aréquiers, ils finissent par former des fourrés verts et fangeux qu'habitent des serpents et des crocodiles; impossible de découvrir le sol sous cette végétation, même quand baisse la marée qui, pourtant, atteint à Saïgon jusqu'à 3^m,80. Depuis quelque temps, cependant, l'aspect de cette partie de la rivière a beaucoup changé. Les Annamites y ont ouvert de larges défrichements en brûlant les troncs d'arbres et les broussailles, et le rivage apparaît de tous côtés.

Les aigrettes, les milans, les aigles de mer planent et tournoient au-dessus de ces forêts basses. Sur la rivière, vont et viennent des voiliers européens, des bateaux à vapeur, des jonques grotesques et des barques annamites avec leur œil de couleur, leur ancre de bois et leurs voiles de paille.

Plus loin, les palétuviers font place à de vastes terrains sans arbres, verdoyants et à demi inondés ; ce sont des rizières. Çà et là, se montrent quelques paillottes ou cabanes de chaume; des Annamites labourent, les jambes dans la boue; enfin, à travers champs, errent de grands buffles gris qui, dans la brume du matin, ont l'air d'hippopotames difformes.

Bientôt l'eau de la rivière prend une teinte tantôt jaune et sale, tantôt verte et livide. Dans les arbres se montrent des toits rouges, s'élèvent des mâtures et flottent des drapeaux ; nous passons à côté de nombreux navires, qui nous saluent du pavillon, et du vaisseau stationnaire. Notre marche se ralentit. Sur la rive gauche de la rivière, s'étendent des plaines cultivées et s'élèvent sur des pilotis les curieuses maisons du village de Thu-Thiem ; sur la rive droite, ce sont des bâtiments, des estacades en bois, une plage couverte de monde et où joue la musique de l'infanterie de marine qui vient recevoir et saluer nos passagers, ses compagnons d'armes et d'exil. Plus loin, se dressent de grands arbres, de grandes constructions militaires, des maisons européennes de belle apparence, de vastes et hautes baraques couvertes de paille ; enfin, plus loin encore, sur une grande toiture rouge flotte le drapeau tricolore du gouverneur : nous sommes à Saïgon, dernière étape de ceux qui se rendent au Tonkin.

La ville de Saïgon occupe un vaste emplacement carré limité, au sud, par l'arroyo Chinois, au nord, par l'arroyo de l'Avalanche, à l'est, par le Dong-Naï, et à l'ouest, par un canal qui fait communiquer entre eux les deux arroyos.

La population de l'arrondissement de Saïgon, en y ajoutant l'agglomération de Binh-hoâ, qu'il ne faut pas confondre avec Bien-hoâ, est de 225 662 habitants, et la ville de Saïgon elle-même en contient 13 348, dont 1 455 Français, la plus grande partie employés du gouvernement, et 62 Européens étrangers, qui sont surtout des Hollandais ou des Anglais.

Saïgon est déjà une fort jolie ville, de l'avis des étrangers eux-mêmes. Les routes qui l'entourent et que nous avons créées sont admirablement entretenues, et on peut, pendant toute une journée, y circuler en voiture sans repasser par les mêmes endroits.

Avant la conquête, Saïgon était peu de chose.

bien que son existence remontât déjà à plusieurs siècles.

Ses principales rues sont aujourd'hui de larges et belles voies rectilignes, se coupant à angle droit, bordées de trottoirs et bâties presque partout. Des arbres les ombragent, des voitures les parcourent : c'est presque la France. La principale artère est perpendiculaire à la rivière et se dirige en droite ligne vers l'ouest, divisant Saïgon à peu près en deux parties égales : c'est la rue Catinat, qui commença près du Dong-Naï, sur le quai lui-même, et qui va se terminer de l'autre côté de la ville. Cette rue est à peu près complètement bordée de maisons contruites dans le style européen et dont les magasins, sauf ceux de quelques fournisseurs chinois, sont presque exclusivement occupés par des négociants venus de l'Occident. Les rues adjacentes, au contraire, ne sont guère habitées que par des industriels partis du Céleste-Empire. D'immenses lanternes en papier ou en étoffe, sphériques ou cylindriques, se balancent devant la porte des boutiques qu'ils occupent. Là, se trouvent les tailleurs, les repasseurs de linge, les fabricants de meubles en rotin et les marchands de bibelots. L'un des magasins de la rue Catinat est un des principaux rendez-vous du pays; il sert de salle de vente, d'auction comme on dit. Les amateurs de curiosités y font souvent de splendides affaires;

aussi répondent-ils toujours avec empressement aux appels bruyants de son gong et de sa cloche.

Sur le bord de la rivière, à l'angle qu'elle forme avec l'arroyo Chinois, est un autre lieu très fréquenté aussi : la place de la Mâture. C'est de sa plate-forme en bois que la vue peut s'étendre le plus loin dans la direction de l'embouchure, et c'est de là qu'on vient guetter l'arrivée du paquebot ou du transport : le premier, qui apporte les nouvelles, les lettres de France! le second, qui apporte les remplaçants pour ceux qui ont fini leur temps de colonie. C'est dire le nombre de visiteurs que donnent souvent à cette place les désirs et l'impatience de ceux qui attendent.

La rue Catinat conduit presque directement à la cathédrale, masse de briques d'un aspect bien peu gracieux, gros et massif monument qui nous a coûté fort cher. Une large avenue, qui s'étend sur la gauche et qui porte le nom de boulevard Norodom, aboutit au magnifique palais du gouverneur, élevé par les Français au milieu des premières sépultures de la plaine de Ki-Hoa. Le jardin public entoure ce palais. La musique de l'infanterie de marine joue plusieurs fois par semaine dans ce jardin qui est un véritable parc. Tous les Européens s'y donnent alors rendez-vous : des malabares et des voitures élégantes y stationnent et, n'étaient les tombes indigènes dont on voit les murailles grisonner dans les massifs de fleurs, n'étaient quelques riches Chinois qui y étalent leurs larges parements de soie, on se croirait transporté sur le champ de bataille d'un de nos ports militaires.

Non loin de là, s'élance vers le ciel une flèche élégante qui nous rappelle, elle aussi, que nous sommes bien loin, à 4000 lieues de notre pays : c'est le clocher de la Sainte-Enfance.

Outre ce jardin, Saïgon possède un riche et curieux jardin botanique, œuvre d'un savant consciencieux et persévérant, M. Pierre. Là, s'étalent d'innombrables richesses végétales. Des oiseaux brillants viennent d'eux-mêmes orner et animer ses arbres; dans l'eau verte des mares et sous l'ombre des grands bananiers, croupissent des crocodiles à demi apprivoisés. Quels bons et tranquilles moments on y passe, le matin, alors que le soleil n'est pas encore insupportable! La tête abritée par le salako obligatoire, la main armée d'un filet, les naturalistes amateurs y font en une heure une collection admirable de papillons magnifiques auxquels les jardiniers annamites viennent ajouter les insectes rares que, à leur intention, ils se mettent aussitôt à poursuivre dans les buissons et les massifs.

Non loin du jardin botanique, est un autre établissement plus utile encore et presque aussi riant : c'est l'hôpital, où de beaux arbres abritent les convalescents. De vastes salles y logeaient, à l'époque de notre séjour, environ quatre cents malades. Les affections qui le peuplent surtout sont la diarrhée et la dyssenterie; ce sont les fléaux de la Cochinchine, et elles y feraient des ravages plus terribles encore sans les bienfaits de la diète lactée que les médecins de la marine emploient contre elles avec tant d'exactitude et tant de succès. Le lait est malheureusement assez difficile à trouver à Saïgon; les Chinois et les Annamites n'en boivent pas, et l'hôpital devait autrefois, pour en avoir, nourrir lui-même un certain nombre de vaches venues de la côte de Malabar. Les Chinois, qui, bien qu'à un degré moindre que nous, sont encore sensibles aux influences pernicieuses du pays, se servent volontiers et avec avantage, dit-on, du lait de femme. A ces deux affections intestinales se joignent les fièvres intermittentes et ces terribles accès pernicieux qui emportent, parfois en quelques heures, les hommes les moins éprouvés jusque-là par le climat. Les coups de soleil, plus ou moins foudroyants, sont malheureusement encore une cause de mort trop fréquente ici, et on ne saurait prendre trop de précautions pour s'en garantir.

Les premiers temps du séjour sont les plus difficiles : il faut s'acclimater et cet acclimatement, ou plutôt ce demi acclimatement, ne se fait pas sans peine. Nous disons demi acclimatement parce que l'acclimatement complet est à peu près impossible à un Français : on peut vivre en Cochinchine plus ou moins longtemps dans un bon état de santé, mais c'est tout, et on a d'autant plus de chance de tomber malade, que le séjour qu'on y fait se prolonge davantage. Nous n'étions pas à Saïgon depuis dix jours, que nous avions déjà de nombreux invalides dans notre équipage ; au bout de quinze jours, personne ne mangeait plus et, après trois semaines, il n'y avait peut-être pas un homme du bord, officier ou matelot, qui ne se plaignît de migraine, d'embarras gastrique, de coliques ou de diarrhée. La Cochinchine ne semble pourtant pas, à première vue, aussi dangereuse qu'elle l'est en réalité, et on est agréablement surpris, en y arrivant, de trouver des Français, des camarades qui y sont depuis un an ou deux et qui ont des figures prospères. Ceux-là sont malheureusement l'exception, et on ne tarde pas à s'en apercevoir.

A côté du Gouvernement et de l'hôpital, nous pourrions, parmi les monuments de Saïgon, ranger le *Tilsitt* : c'est un ancien vaisseau à trois ponts qui, venu finir sa carrière en Cochinchine, y sert de stationnaire. Sa mâture a fait place à un toit, sa quille s'est enfoncée dans la vase et ses sabords sont devenus des portes que des ponts mettent en communication avec la terre ; on y va et on en vient sans avoir à se confier aux sampans, ni à redouter les remous souvent dangereux de la rivière. Quelques officiers étaient autrefois embarqués sur ce vaisseau, et leur carré était alors comme un lieu de rendez-vous pour leurs collègues de passage à Saïgon. On y allait causer, se rafraîchir et s'amuser des deux petits caïmans, Ali et Gator, qu'on y nourrissait dans un coin pour la plus grande joie des visiteurs. Il n'a plus d'état-major aujourd'hui.

Tous les quartiers de Saïgon n'ont pas la régularité et la correction de ceux dont j'ai parlé jusqu'ici. Il en est qui sont et surtout qui étaient d'une pittoresque malpropreté, très amoindrie aujourd'hui par la surveillance incessante dont ils sont l'objet; ce sont les quartiers indigènes et, comme on le pense bien, ils constituent la plus grande partie de la ville. Là, au milieu des cases en bois et des paillottes, circulent de petits arroyos dont les rives boueuses sont couvertes de sampans échoués et où des pêcheurs enfoncent leurs jambes dans la vase; là, des hommes bronzés, nus jusqu'à la ceinture, se balancent dans des hamacs en sparterie; de loin en loin, s'élèvent de petites pagodes champêtres d'où s'exhalent des parfums sauvages; enfin, de tous côtés, dans la boue, dans la poussière, dans les joncs, pataugent et barbotent pêle-mêle des enfants nus, des cochons sans poils et des poules sans plumes.

La principale distraction de Saïgon, l'amusement le plus cher aux Français qui y passent, c'est la recherche des bibelots. Cela finit par devenir chez quelques-uns une véritable manie. Un curieux paye 8 ou 10 piastres, c'est-à-dire de 40 à 60 francs, une assiette qu'un autre trouve ailleurs pour 50 centimes et de là des discussions à perte de vue. Les curiosités font le sujet de la moitié des conversations. On discute pendant une heure sur l'origine d'une tasse à thé; on tombe en extase devant une vieille poterie craquelée superficiellement ou sillonnée de fentes si profondes, qu'elle a l'air d'avoir été brisée en mille morceaux et raccommodée ensuite. L'un ne cherche que du satzouma jaunâtre, couvert de fleurs délicates et de fines arabesques d'or; l'autre réserve ses préférences pour le kioto à fond rouge; celui-ci n'admet que ces vases de cuivre dont la surface est couverte de bandes de métal qu'on y soude et qui, par leur entre-croisement, forment des loges dans lesquelles on a, à grand'peine, fait fondre des émaux et qu'on nomme des cloisonnés; celui-là ne cherche que les coffrets en bois rare, les menus meubles venus du Tonkin et finement incrustés de la nacre des huîtres perlières.

Rien d'agréable, de brillant et en même temps de doux à l'œil comme les effets de lumière de ces capricieuses marqueteries tonkinoises! Rien de joli, de fin, de délicat comme ces tiges enroulées, comme ces fleurs, ces oiseaux que l'artiste reproduit souvent à peu près avec leurs couleurs naturelles, grâce à un choix habile des morceaux de nacre colorés diversement par la fantaisie de la nature! Le Tonkin a la spécialité de ces travaux qui mériteraient d'être plus connus en France; mais Saïgon en fabrique beaucoup aussi. Un Annamite très instruit, Pétrus-Ky, auteur de plusieurs ouvrages français et annamites et devenu Français par le cœur, a entrepris de doter notre possession de cette charmante industrie. Il a, dans ce but, appelé auprès de lui des ouvriers experts que nous allâmes, un jour, voir travailler. C'est d'une simplicité primitive; c'est même si simple, que l'industrie ne pourra jamais imiter ces produits, qu'un emporte-pièce mécanique ne pourra jamais, comme ces doigts exercés, découper cette nacre fragile; et c'est justement là ce qui fait, peut-être, le principal mérite de ces œuvres d'art. Accroupi sur une natte, entre un pot de fleurs et une théière, l'ouvrier, armé de grosses lunettes de presbyte, de verres grossissants, a l'air d'un horloger travaillant à la roue la plus fine d'une montre. Ses outils se réduisent à leur plus simple expression : une pince à insectes, une espèce de lime à ongles, et c'est tout. Et le nez sur le bout de ses doigts maigres qui tiennent un cheveu de nacre presque imperceptible, il lime doucement, avec attention, avec minutie, par petits coups à peine visibles. Il a, cependant, un troisième instrument : c'est un vieux canif ébréché avec lequel il creuse dans le bois dur, déposé devant lui sur une petite table en forme de tabouret, les lignes et les trous qui recevront les fragments de nacre. Il faut au moins six mois pour incruster une boîte un peu compliquée, un cabinet ou un de ces nécessaires de fumeurs qu'on appelle des fumeries d'opium. En France, un pareil travail coûterait un prix fou ; en Annam, il n'en est pas de même. Une poignée de riz, quelques tasses de thé et une chique de bétel suffisent à l'ouvrier pour passer sa journée et si, le soir venu, il trouve, sur quatre pieux, un toit de feuilles de palmier sous lequel il puisse reposer sa tête, il s'endort content. Le *time is money* lui est totalement inconnu. Il faut encore une autre qualité à l'ouvrier en incrustations : il lui faut, disons le mot, un abrutissement complet, et c'est là une condition que l'Annamite remplit bien facilement.

A côté de ces meubles curieux, ce que nos camarades collectionnent encore volontiers, ce sont les étoffes. Il en est qui font de véritables pacotilles de tissus en soie écrue, de broderies d'or et de couleur, de crêpes et de crépons.

Mais un goût auquel presque tous sacrifient c'est celui des objets laqués. La laque est une espèce de résine qui se présente sous l'aspect d'une huile grasse et qui s'obtient par des incisions pratiquées dans l'écorce du *Rhus vernix* ou *Tsi*. Cette huile, intimement mélangée à du noir de fumée, à du vermillon ou à de la poudre d'or, est appliquée en peinture sur les meubles qu'on veut laquer. On laisse cette peinture sécher parfaitement et on la polit ensuite à la pierre ponce. On applique alors une deuxième couche qu'on ponce de nouveau, puis une troisième qu'on traite de la même façon, et ainsi de suite, selon l'épaisseur de laque qu'on veut obtenir; plus le nombre de couches est grand, plus la laque est belle.

Ce qui fait la principale valeur de la laque, c'est le long travail qu'elle nécessite. Une couche, en effet, n'est parfaitement sèche qu'au bout d'un an; il y a donc des objets qui ont demandé jusqu'à neuf ou dix ans de travail. Il faut encore, à cette difficulté, ajouter que le vernis frais dégage des principes caustiques dont les émanations sont pénibles et dangereuses.

Le goût de la laque est tel, que je ne me souviens plus quel officier de marine avait fait faire à Paris un magnifique coupé, l'avait transporté en Chine et l'avait livré à des ouvriers qui devaient le lui rendre complètement laqué au bout de quelques années. Il est vrai qu'un autre était arrivé avec un service de table complet en porcelaine blanche et qu'il l'avait fait couvrir de peintures et de chiffres chinois; qu'un troisième même avait fait faire en bois d'ébène tout un mobilier qu'un des ouvriers les plus habiles de Saïgon en incrustations tonkinoises lui couvrait de nacres aux couleurs changeantes et aux dessins tourmentés.

Quand les officiers qui ne sont pas de service ne dorment pas ou n'errent pas dans les magasins, c'est au café français que se passe leur temps, surtout avant le repas du soir. Ce café, situé sur le bord de la rivière, est des plus bruyants à cette heure. C'est là qu'on se retrouve, là qu'on se donne les commissions pour la France ou pour l'intérieur, là qu'on se raconte les dangers et les fatigues de la vie des postes, des longues courses et des grandes chasses, là enfin, qu'en allumant un cigare au bâton parfumé et embrasé que vous offrent les boys annamites, on laisse errer ses regards sur la rivière et sur les passants, véritable défilé de curiosités.

Des musiciens ambulants viennent s'asseoir sur le sol, tout près de vous, et vous assourdissent du tapage discordant de leurs symphonies bizarres et sauvages; de petits Annamites déguenillés, coiffés d'un képi de soldat, le panier de bambou sur la tête, et que, pour cette raison, on appelle des paniers, viennent vous harceler pour obtenir quelque commission à faire. Sur la route passent, traînant les pieds et le chignon en arrière, les linh-thaps, espèce de cipayes cochinchinois au service de la France et dont le nom veut dire, en annamite, soldat exercé, soldat régulier; sur la plage courent, en ployant sous le faix, des coolies quelquefois annamites et le plus souvent chinois, le torse nu, le corps abrité tout entier sous un immense chapeau. Une latte façonnée en forme d'arc ou un simple bambou est placé sur leur épaule, et de chaque bout de cette barre pend un fardeau qui y est accroché, comme les plateaux d'une balance le sont au fléau ; quand les coolies n'ont qu'un fardeau à porter, le poids reste le même, car ils remplacent le fardeau absent par un boulet de pierre qui sert de contrepoids.

Le long des rives où sont amarrées les jonques, des hommes de peine travaillent au chargement des marchandises qu'ils comptent à grands cris et l'air retentit des étonnantes intonations de la numération annamite : mot, haï, bâ, bon, lam, sau!

De tous côtés, des marchands transportent leur marchandise comme les portefaix transportent leur charge et promènent dans la foule des caisses de fruits couvertes d'enluminures et de caractères chinois, comme ces caisses de thé si communes en France chez les épiciers : des cris aigus annoncent leurs produits. Au milieu de ce monde bruyant et remuant, glissent, tout recueillis et baissant la tête, des séminaristes annamites et catholiques, qui s'en vont pieds nus, coiffés du salako blanc et la soutane remplacée par une longue blouse noire.

La rivière elle-même offre un tableau peut-être

plus intéressant encore : les navires européens à voile et à vapeur y sont nombreux, mais les jonques y sont plus nombreuses et plus curieuses surtout. Elles viennent de Chine ou de Cochinchine. Ce sont des navires grotesques, lourds de forme comme des sabots ou des caisses, plus hauts de la poupe que de la proue et bizarrement bariolés. L'avant est orné d'un large triangle rouge peint sur leurs flancs, destiné à représenter des nageoires, et d'un large rond rouge et blanc qui imite, de chaque côté, un œil monstrueux. Tout cela a pour but de donner au navire une ressemblance avec quelque animal terrible, un aspect effrayant. On se demande qui cela peut bien effrayer, mais faire peur est une douce manie commune à tous ces peuples de l'extrême Orient, un peu tombés en enfance.

A l'arrière de ces jonques, flotte un pavillon jaune et noir, triangulaire ou carré. Sur le pont, elles portent une toiture de bois ou de feuilles qui abrite, en général, toute la famille du capitaine. Quatre ou cinq canons de bronze ou de bois cerclé de fer les arment : l'équipage s'en sert pour se défendre contre les pirates ou pour pirater lui-même, selon les circonstances ; de chaque côté du bâtiment, pend une grosse ancre de bois, mais tout cela est grossier, désemparé, taillé à coups de hache. Chaque navire est surmonté d'un ou de deux mâts dont les voiles, en nattes de jonc ou de rotin, n'ont pas de forme définie : voiles latines, voiles de cutter, ou plus souvent voiles carrées. Ces dernières vont du pied du mât à sa pomme et sont, de distance en distance, coupées par des bambous qui y sont attachés transversalement, espèces de vergues légères fixées à la voile et non au mât.

Quelques-unes de ces barques sont pourtant mieux construites, mieux aménagées et surtout mieux armées : ce sont des jonques de guerre, c'est-à-dire des jonques de pirates qui n'ont pas encore été prises en flagrant délit. D'autres, au contraire, sont plus grossières encore ; elles arrivent des lacs du Cambodge par l'arroyo Chinois. L'arrière de celles-ci dépasse tellement la proue en hauteur, qu'elles ont l'air de sombrer par l'avant ; elles n'ont qu'une mâture insignifiante, et grosses comme nos bricks-goëlettes, elles vont à la rame, manœuvrées par une cinquantaine d'hommes aux chapeaux pointus, rangés sur le pont en double file et commandés par un patron qui, campé au haut de la poupe, s'abrite fièrement sous son parasol.

Au milieu de tous ces vaisseaux étranges, fourmille une innombrable flottille de sampans. Les sampans sont les gondoles de la Cochinchine : ce sont de petites embarcations légères, incomplètement pontées et, comme les jonques, ornées d'yeux et de peintures. Au milieu du sampan est construit un pont sous lequel le sampanier tient son linge et qu'abrite un toit de feuilles de palmier d'eau; ce toit est toute l'habitation de son propriétaire et il vit sous son ombre avec sa famille dont le sampan est le seul gagne-pain : un fourneau de terre, un petit pot de chaux pour le bétel, une natte roulée qui sert de lit, deux petits oreillers durs et cubiques, enfin un bouddha, voilà le mobilier. Dans la journée, le sampan sert au transport des voyageurs; la natte est alors déroulée et elle couvre le pont, le passager s'installe de son mieux sous le toit de feuilles, la femme se met à l'avant, le mari à l'arrière, et l'un et l'autre debout, la face tournée vers l'avant, ils se mettent à jouer très adroitement d'une longue rame appuyée sur l'extrémité d'un long tollet, tandis que le mari manœuvre, en outre, avec le pied, un gouvernail à haute tête.

Les promenades de nuit seraient très agréables à Saïgon, si on n'avait dans certains quartiers, dans le quartier indien surtout, l'inconvénient de la rencontre de chiens hargneux et menaçants; quant aux indigènes, on n'a pas grand' chose à en redouter. Ce n'est pourtant pas l'avis du gouvernement, qui a fait défense à tout Asiatique de sortir la nuit sans fanal; cette prescription est assez mal observée, pas assez mal cependant pour qu'on ne voie circuler dans les rues des quantités de gens tenant à la main une

longue baguette, au bout de laquelle se balance
une lanterne en verre, en papier ou en soie, et
qu'on ne voie galoper des cavaliers dont chaque
étrier est bizarrement garni d'un luminaire
pareil. Dans la campagne, dans les terrains
vagues, erraient naguère à cette heure-là, len-
tes et solitaires, des lanternes qui brillaient
dans la nuit comme des vers luisants : c'é-
taient les fanaux des lucioles, nom qu'on donnait à Saïgon à de jeunes Annamites de mœurs
plus que légères qui se promenaient ainsi dans
l'obscurité, adressant de loin aux passants l'appel
silencieux et lumineux qui leur avait valu leur
nom.

Si on veut se faire une idée des produits ordinaires de la Cochinchine, c'est au marché qu'il
faut les chercher. Saïgon a plusieurs marchés
extérieurs tels que celui de Kaolen, où on voit,
entre autres choses, vendre des queues de crocodiles ; mais le plus important est en ville, entre
la rue Catinat et l'arroyo Chinois ; c'est une
espèce de halle construite par les Français. Là se
pressent les marchands et les acheteurs les plus
curieux, Annamites, Indiens et Chinois ; là s'en-
tendent les conversations les plus baroques pour
une oreille européenne ; là se vendent et s'achè-
tent les comestibles les plus nouveaux pour
nous. De vieilles femmes hideuses se cachent
derrière des tas verts de noix d'arec ; des mar-

chands repoussants débitent des monceaux de poissons desséchés d'où s'exhale une violente odeur de putréfaction. De temps à autre, un Annamite se précipite à travers les corbeilles et les caisses : il poursuit un poisson qui vient de s'échapper, poisson connu en zoologie sous le nom d'*ophiocephalus*, gros comme un gros mulet dont il a un peu l'aspect, et qui, bondissant hors du panier où il est en vente, se met, en tortillant son corps comme un serpent et en s'aidant de ses nageoires, à courir à toute vitesse sur le sol humide de la halle.

Une bonne partie du marché est occupée par des restaurants populaires : des files de bancs sont rangées le long de files de tables en plein vent; de petites assiettes, garnies d'avance et qui rappellent celles des restaurants maures d'Alger, de grandes théières toujours pleines et des carafes en porcelaine à dessins bleus et garnies de rotin, couvrent ces tables. Ces restaurants n'ont rien d'attrayant, et ce qui les rend moins engageants encore, c'est le voisinage des coiffeurs en plein air qui, n'ayant que peu à faire avec la barbe clair-semée de leurs pratiques, ne travaillent guère qu'à tresser la queue aux Chinois ou à nettoyer les oreilles aux Annamites. De nombreux consommateurs fréquentent cependant ces primitives tables d'hôte et y dévorent des quantités énormes d'un riz simplement bouilli à l'eau et qu'ils mangent au moyen de leurs fameuses baguettes.

Nous avions souvent entendu dire, comme tout le monde, que les Chinois se servaient de ces ustensiles comme de baguettes de tambour et qu'ils happaient au vol les grains de riz qu'ils faisaient ainsi danser au-dessus de leur assiette : ce n'est malheureusement pas si drôle que cela. Ces baguettes sont deux tiges de bois ou d'ivoire de la grosseur et de la longueur d'un manche de porte-plume ; l'une est tenue entre les trois premiers doigts de la main, comme on tient un crayon ; l'autre est placée entre l'annulaire et le petit doigt et s'appuie, comme la première, sur la commissure qui sépare l'index du pouce. La deuxième est tenue immobile, le mangeur en écarte ou en rapproche l'extrémité de la première, de sorte que ces deux tiges fonctionnent comme une pince avec laquelle on saisit le morceau qu'on veut porter à la bouche. Si l'Annamite ou le Chinois mange du riz, il tient simplement son assiette appliquée contre sa lèvre inférieure et, au moyen de ses petits bâtons, il fait tout naturellement, et en le poussant peu à peu, passer ce riz du plat dans sa bouche. Les aliments liquides se prennent au moyen d'une cuiller en porcelaine qui a la forme d'une spatule creuse à manche très court.

Il y a, en ville, d'autres restaurants indigènes

d'un rang plus élevé et dans lesquels on peut se risquer une fois, par curiosité. Je me rappelle avoir fait un repas très intéressant dans un de ces établissements où nous nous étions réfugiés pendant une averse, et où nous dînâmes au chant des margouillats, pendant que la salle était envahie par des familles de crapauds que la pluie chassait de leurs trous et qui, de toutes parts, bondissaient sur le sol avec des claquements de mains mouillées. Nous y goûtâmes aux plats les plus curieux de la cuisine chinoise, tels que les nids d'hirondelles salanganes, recueillis sur les rochers de Siam et les tiges de bambou, et le garçon, ancien élève des Missions, nous présenta, à la fin du repas, une carte à payer que j'ai conservée et qui portait, grotesquement déguisés en chinois, les mots français confiture, melon, oiseaux, écrits : Kon-phitur, meï-long, hoâ-sô.

Outre les tables des restaurants, on trouve encore, autour de la halle, des cuisiniers ambulants, portant à chaque bout d'un bambou semblable à celui des coolies, d'un côté, un véritable fourneau en forme de table de nuit et, de l'autre, un buffet de même forme, et garni de victuailles. Ces vatels errants ont, pour attirer la clientèle, un cri tout particulier qu'ils répètent à satiété : ce sont à peu près les mots : *Moï, lam, bon!* dits le premier sur un ton naturel mais traînant, le second avec une voix de basse et traînante encore, enfin le troisième d'une voix de tête brève et claquant comme un coup de fouet. Comme chez leurs confrères les rôtisseurs établis en magasin, on voit surtout dans leurs boîtes des pains de gelée, du lard grillé et des canards dorés et appétissants. On vend même des canards rôtis et laqués! Il est à supposer que le procédé et la matière qu'on emploie pour orner ainsi ces volailles ne sont ni les procédés ni la matière dont on se sert pour laquer les meubles.

Ce ne sont cependant là que des plats de luxe, des gourmandises pour les Annamites. Leur alimentation ordinaire se compose de riz au piment; de cocos frais qu'on brise et dont le contenu pâteux se mange à la cuiller, comme de la crème; de fruits, de concombres, de poisson sec ou salé, de légumes, et presque jamais de viande. Leur boisson habituelle est le thé, l'eau de coco ou l'eau ordinaire légèrement alunée, ce qui la rend moins malsaine. Ils y joignent souvent de copieuses rations de *sam-cheou*, vulgairement appelé *soum-choum*, et plus vulgairement encore *choum-choum*, eau-de-vie de riz, avec laquelle ils se grisent parfaitement. La nourriture d'un Annamite du peuple ne lui coûte pas cher, et il peut vivre lui-même et faire vivre sa famille avec 20 francs par mois; seul, il peut se nourrir avec 3 sous par vingt-quatre heures et ne dépenser, tout compris, logement, alimentation et vêtements, que 5 sous par jour. Quand un Cochinchinois va en voyage ou en campagne, il n'emporte, comme provisions de bouche, que des boules de riz bouilli et pressé de 4 ou 5 kilogrammes : un homme vit dix ou douze jours avec une boule pareille, et le riz ne coûte guère en Cochinchine que 3 francs les 30 kilos, ou, autrement dit, 6 francs le picul, poids annamite adopté ici par les Européens et qui vaut environ 60 kilogrammes.

Les achats courants du marché se font avec les sapèques. La sapèque est une monnaie ridiculement divisionnaire, faite d'un mauvais alliage de zinc et d'argile, mal frappée, cassante et percée d'un trou carré : ce trou sert à l'enfiler et à la transporter ainsi plus aisément, et, au marché, les acheteurs circulent au milieu des marchands, portant en collier, passant sur leur épaule ou balançant à la main des piles de sapèques qui ont souvent jusqu'à 2 mètres de longueur. Il faut 30 sapèques pour faire 1 sou ; il en faut, par conséquent, 600 pour faire 1 franc ! Cela explique le peu de cas que font de ces pièces les indigènes eux-mêmes. On en trouve à chaque pas dans la rue et on ne se donne même pas la peine de les ramasser ; le premier passant qui marche, du reste, sur des sapèques perdues les brise sous son pied et leur enlève toute valeur. On peut pourtant acheter quelque chose rien qu'avec une sapèque : quelques feuilles de bétel, un peu de riz, deux ou trois noix d'arec et autres denrées indispensables aux Annamites. Pour les achats d'un ordre plus élevé, les Cochinchinois emploient, comme les Chinois, de petites barres plates d'or ou d'argent sur lesquelles ce qu'elles valent est inscrit en caractères chinois. Quand ils n'ont pas de ces barres et qu'ils veulent payer des sommes inférieures à 5 ou 6 francs, ils coupent quelquefois simplement une piastre en quatre, en huit, en seize et ils payent avec les morceaux que pèse méticuleusement celui qui les reçoit. Rien de curieux comme de voir ces acheteurs, qui coupent les liards en quatre, donner pour le paiement d'une valeur de 2 ou 3 sous un morceau d'argent gros comme un grain de mil, de voir ces marchands enfantins assujettir sur leur nez épaté leurs lunettes rondes et peser minutieusement ce fragment de monnaie si léger parfois que la balance peut être insensible à son poids, d'où des discussions du dernier comique.

Des changeurs indiens établis dans de pittoresques échoppes, le long de la halle, facilitent les transactions et donnent pour une pièce d'argent des poignées de sapèques qu'ils puisent dans de grandes caisses qui en sont remplies. La monnaie d'argent ordinaire est la piastre mexicaine, dont la valeur change chaque jour et varie entre 4,50 et 4,70. On ne se sert pas de notre brave pièce de 100 sous, qui semble, au contraire, dédaignée, et cela se conçoit : notre possession est trop petite, réduite jusqu'ici à la basse Cochinchine, pour que le commerce puisse se servir d'une monnaie qui n'a pas cours en dehors de ses limites, ce qui n'arrive pas pour la piastre. Celles de nos pièces de cinq francs qu'on a essayé d'acclimater à Saïgon ont disparu en un clin d'œil et on a dû, pour arriver un jour à remplacer la pièce du Mexique, frapper, à la monnaie de Paris, des piastres et des divisions de la piastre spéciales à la Cochinchine.

On trouve sur les marchés de Saïgon la plupart de nos légumes : des choux, des betteraves, des carottes, des haricots, des concombres, des asperges, des agarics, des tomates, des laitues; on y trouve encore la plupart de nos fruits : des pastèques, des oranges, des citrons, du raisin; mais on y trouve surtout des fruits particuliers tels que les mangues dont la peau exhale une odeur et un goût très-prononcés d'essence de térébenthine, les pommes d'acajou, les fruits du diospyros caki qui ressemblent à des tomates jaunes et rondes, les pommes cannelles, les papayes, les carambcles. Il y a aussi les pamplemousses, qui sont d'énormes oranges; les goyaves à l'arome si parfumé; les bananes dont la chair graisseuse a une odeur de vanille; les jacks ou fruits de l'arbre à pain; les cocos frais ou secs, les ignames, les patates, les taros, qui sont les tubercules féculents d'une espèce d'aroïdée, les ananas qui ne se vendent que trois ou quatre sous la pièce; les *le-tchis*, sorte d'amandes à peau mince et rugueuse, ayant tout à fait l'aspect des boules de nos platanes et dont l'intérieur ressemble à un grain de raisin blanc avec un gros noyau; les noix de Chine, noix triangulaires qui ont presque le goût des nôtres; les mangoustans qui contiennent un fruit assez semblable à une petite orange pelée, blanche et d'un goût des plus délicats et dont l'épaisse écorce est fortement styptique, comme si dans ce pays où la médecine doit faire un si fréquent usage des astringents, la nature avait voulu mettre le remède à côté du mal; les arachides; les tronçons de canne à sucre; mille autres comestibles enfin que nous connaissons, en France, à peine de nom, quand ils ne nous sont pas absolument inconnus.

Il faut, à côté de ces produits en ranger d'autres qu'on ne voit guère au marché, mais qu'on trouve partout sur les quais et qui sont pour la Cochinchine l'objet d'un commerce plus ou moins important. Tels sont les rotins de la plaine des joncs, le ricin, le gingembre, le manioc, la noix vomique, l'indigo, le tamarin, le maïs, le sésame, le coton, le tabac, le poivre, enfin et surtout le riz qu'on récolte en si grande quantité dans la vase argileuse des rizières, de ces prairies humides qui sont si communes dans le pays et qui, de loin, ont l'air de vastes marais salants.

Il serait trop long d'ajouter à cette liste les bois de construction, d'ébénisterie ou de luxe qu'exporte et surtout que pourrait exporter notre colonie. Ce ne serait qu'une fastidieuse énumération de noms annamites commençant tous par le mot *cay* qui veut dire arbre, ou de noms botaniques et latins qui n'offriraient pas beaucoup plus d'intérêt.

Parmi les produits végétaux, ceux qui sont surtout envoyés en Europe, mais ordinairement par voie indirecte, sont le riz, le sucre, le coton, l'huile de coco, le tabac, les bois de construction et l'indigo.

Malgré son commerce assez actif, la Cochinchine ne rapporte directement encore rien à la France; il serait pourtant bien difficile d'en médire sous le rapport financier. Ce qu'on doit demander à une possession comme la Cochinchine, qu'il ne faut pas confondre avec une colonie proprement dite, c'est d'équilibrer son budget tout en laissant à la charge de la métropole les dépenses dites de souveraineté. Or, seule de tous nos établissements d'outre-mer, elle paie la plupart de ces dépenses; celles de la justice, par exemple, celles du culte et celles des troupes indigènes qu'elle entretient; elle paie même, en partie, les troupes métropolitaines qu'on lui envoie et elle leur donne des suppléments de solde et des suppléments d'ordinaire. Elle verse, en outre, chaque année, sur ses revenus, une somme de 2 000 000 à la métropole. D'après le rapport de la Commission du budget pour 1885, rapport dû à la plume du député de Lanessan, ancien médecin de la marine, la Cochinchine coûte à la France 3,341,967 francs. Si on déduit de cette somme les 2 000 000 de contributions qu'elle nous donne et les 420,000 francs qui, sur ses dépenses, rentrent à la caisse des invalides, on voit qu'elle ne nous coûte même plus un million. Ce n'est d'ailleurs qu'indirectement, comme lieu de production et comme lieu de débouché pour notre commerce, qu'elle doit nous rapporter et qu'elle nous rapportera un jour beaucoup.

Ce serait trop beau pour l'avenir si tout se réduisait à une question d'argent : un million, c'est bien peu pour la France ; mais il est une autre sorte de dépense que nous occasionne la Cochinchine, et celle-là est faite pour donner beaucoup à réfléchir ! Nous ne comptons pas, en effet, les hommes qu'elle nous coûte : nos braves régiments d'infanterie de marine, nos vaillants équipages savent combien est lourd le tribut funèbre qu'ils payent à cette possession redoutable.

Les revenus qui se centralisent à Saïgon sont, en partie, constitués par les impôts fonciers qu'avait établis le gouvernement de Hué ; mais nous les avons si profondément modifiés, nous les avons surtout si bien répartis, qu'ils rapportent environ dix fois plus que du temps des Annamites.

Ces impôts, d'après les données officielles, sont de cinq classes selon qu'ils frappent les rizières de première ou de deuxième qualité; les terres de troisième classe plantées de canne à sucre ou de bétel; les aréquiers et les cocotiers; les jardins de légumes et d'arachides ou, enfin, les palmiers d'eau. Ajoutons pourtant que cette partie des recettes est une des moindres, puisque, en y comprenant les revenus des salines, elle ne s'élève pas à plus de 2,600,000 ou 2,700,000 francs sur un budget total de 25,000,000.

Je n'ai, jusqu'ici, parlé que des produits végétaux que nous offre le marché de Saïgon, mais le règne animal y est aussi très largement représenté. Ce qu'on y voit le plus, ce sont des poules, des poules énormes, dont la tournure rappelle en petit, et en même temps, celle des autruches et celle des chameaux. Presque toujours déplumées, de couleur chair ou rouges comme si elles avaient été dépouillées vivantes, présentant une forte et grotesque courbure de la colonne vertébrale, elles sont, me disait un officier qui habite la Cochinchine depuis plusieurs mois, laides comme tout ce qu'on voit dans ce pays. Ces gallinacées ridicules ont la réputation usurpée de prendre leur nourriture avec les pattes, comme les perroquets;

c'est regrettable, mais je n'en ai jamais vu aucune manger autrement que les poules les plus vulgaires. Il y a encore, au marché, des cochons de la même couleur que les poules, des cochons tout petits et affligés, eux aussi, d'une concavité rachidienne si prononcée, qu'ils ne peuvent marcher qu'en traînant leur ventre dans la poussière. Plus loin, ce sont, en tas, des mollusques d'eau douce, espèces d'escargots prodigieusement gros et connus sous le nom de *paludines ampullaris;* plus loin encore de ces paons qu'on chasse en si grande quantité aux portes de Saïgon et qui forment un si beau plat lorsqu'on les sert rôtis, la queue largement déployée, comme on pare chez nous les faisans; plus loin, enfin, de larges corbeilles pleines de ce gibier d'eau, sarcelles ou macreuses, qu'on voit passer en vols innombrables sur la rivière, en compagnie avec les marabouts, les hérons et les milans, ou des caisses de ce gibier de bois, tourterelles, cailles et pigeons verts à longues plumes dont on fait si facilement une ample moisson dans quelques heures de chasse. On voit même quelquefois des quartiers de buffle accrochés aux piliers de la halle; mais, outre que la grosse chaire rouge et dure de ces ruminants est peu estimée, les Annamites ne les tuent pas : ils ne les mangent que s'ils meurent par accident.

Le buffle est, en effet, l'animal qui leur est le

plus utile. C'est un être disgracieux, plus grand que nos plus grands bœufs et dont le corps cylindrique, massif, presque sans poils, est porté sur des pattes fines. D'une couleur rose plus ou moins foncée ou, plus souvent d'un sale gris de fer, le buffle est presque toujours crépi de la boue dans laquelle il vit. Sa tête énorme, ses gros yeux à fleur de peau, ses larges naseaux toujours en mouvement donnent à son aspect quelque chose de hideusement brutal. Des cornes immenses et pointues surmontent son front déprimé et fuyant ; d'une courbure régulière, elles forment un large croissant couché presque sur le même plan que le dos, disposition qui fait que le buffle encorne difficilement ceux qu'il poursuit. Souvent il leur casse fort bien les reins d'un coup de tête, les renverse et revient ensuite les piétiner avec rage. Il est d'un si mauvais naturel, qu'on ne peut le faire vivre avec les bœufs : il fait bande à part. C'est pour l'Européen toutefois qu'il réserve presque toutes ses colères. Il le renifle de loin, le charge avec entrain et lui fait un fort mauvais parti si un Annamite ne le rappelle. Le buffle, en effet, n'attaque jamais son compatriote humain ; un gamin de dix ans en garde un troupeau, et tous obéissent à sa voix. Cet être redoutable, qu'on rencontre à chaque pas en liberté dans les campagnes cochinchinoises, est un des plus grands ennuis des promenades, et on a ordinairement soin de se faire accompagner par un Annamite qui le tient en respect ; si on est seul et menacé par un buffle, ce n'est pas lui qu'il faut tenter d'effrayer : il faut, si on est armé, coucher en joue l'Annamite à qui il appartient et qui se hâte alors de le rappeler. La crainte qu'inspirent les buffles n'a rien de chimérique. Dans le temps assez court que nous avons passé à Saïgon, un soldat, poursuivi par un de ces animaux, a voulu, pour le fuir, escalader une muraille et il a été empalé ; un autre a été tué par un coup de tête qui lui avait brisé la colonne vertébrale ; un troisième avait été accroché par la ceinture et secoué comme un panier à salade ; un officier n'avait dû son salut qu'à un courageux plongeon dans un arroyo, où il risquait de tomber sur le dos d'un crocodile saurien, heureusement très rare dans les environs de Saïgon où il ne trouve pas assez les eaux tranquilles et solitaires qui lui conviennent ; un matelot avait soutenu un véritable siège dans un massif de bambous ; un de mes camarades, enfin, avait eu le bras cassé par le choc d'un buffle tranquillement furieux.

Les Annamites emploient ces horribles bêtes aux travaux des champs et aux transports ; ils les attellent, dans ce dernier cas, à de lourds chariots à roues pleines et leur font remorquer des poids énormes qu'ils traînent lentement mais sans efforts apparents. On emploie aussi, pour les travaux de labour, mais plus rarement, les bœufs zébus que nous avons déjà vus à Singapour et dont la bosse rend l'attelage très facile et, pour le trait, les bœufs coureurs, dont le galop est très sûr et très rapide, et qui ne sont que les zébus ordinaires, entraînés et dressés à ce service particulier. Les Chams se servent de quelques métis excessivement rétifs, de vaches domestiques et de taureaux sauvages. Les éléphants, enfin, ne sont pas en usage dans notre colonie; à peine y en avait-il autrefois deux ou trois à Tay-Ninh, à peine y en a-t-il encore deux à Chaudoc. Ils sont pourtant très communs et très nombreux bien près de nous, au Cambodge, où ils appartiennent presque tous au roi et aux principaux gouverneurs. La Cochinchine produit une petite race de très bons chevaux, dont l'air est vif, dont le trot est très doux, et qui, montés, sont charmants avec leur longue crinière au vent, avec cette selle chinoise en drap rouge qui forme comme trois éventails, sur leur dos : un sur la croupe et un sur chaque flanc.

Les buffles ne sont malheureusement pas le seul danger des promenades dans les bois : il faut y ajouter le crocodile et surtout le tigre, *Ong-Cop*, monsieur le tigre, comme l'appellent avec une respectueuse frayeur les Annamites, qui lui donnent pour nom l'onomatopée de son cri de guerre. Le tigre passe en Cochinchine pour très lâche, ce qui n'empêche pas qu'on en a une peur terrible. Les indigènes le poursuivent à grand renfort de cris et de coups de gongs, et il a de tout ce tapage une terreur incontestable, moins grande cependant que celle qu'il inspire lui-même à l'homme. Le tigre ne se défend pas, il fuit quand on l'attaque, mais il se retourne, dit-on, et il devient terrible quand il est blessé. Sa crainte de l'homme ne l'empêche pas de lui faire la guerre : il se tapit pour cela dans un fourré, le long du chemin, et, quand passe une troupe de gens, il saute sur le dernier de la bande, traverse la route d'un bond et au passage abat sa victime d'un coup de griffe sur la nuque, laissant dans la peau et les muscles des entailles profondes qui ressemblent à de larges coups de rasoirs. On le chasse pourtant et on le prend souvent dans des chausses-trappes dont le fond est garni de bambous aiguisés. Sa peau est une des branches du petit commerce cochinchinois.

N'oublions pas, à côté des ennemis asiatiques de l'espèce humaine le serpent cobra, le hideux serpent à lunettes et quelques autres un peu moins dangereux. Ceux-ci s'introduisent partout, dans les habitations et même à bord des navires. Pendant notre séjour dans la rivière, un fourrier vint m'appeler un jour pour me montrer un affreux petit serpent noir qu'il venait de trouver blotti dans les branches d'un gros madrépore qui lui servait de presse-papier et d'où nous eûmes beaucoup de peine à le déloger; un autre jour, nous prîmes, dans la batterie, un énorme serpent python, espèce de boa qui s'y promenait sans que nous ayons pu savoir d'où cet étrange visiteur avait pu nous venir. Le même fait se produisait si souvent à bord du stationnaire, qu'on avait supposé que les serpents montaient à bord par les chaînes des ancres et qu'on avait été obligé de boucher les écubiers.

Les serpents ne sont pas les seuls hôtes dangereux et incommodes des maisons; il y a encore les cancrelats, les araignées qu'on trouve en paquets dans les coins, comme des essaims d'abeilles, les scorpions et les scolopendres aux mille pattes. Les margouillats sont aussi les commensaux de tout le monde à Saïgon, mais ceux-là sont inoffensifs: au contraire, ils détruisent les moustiques, ils sont, dit-on, les amis de l'homme. Ce sont de petits lézards gris, qui se collent au plafond et qui passent leur temps à poursuivre les insectes. Un margouillat voit-il une mouche se poser quelque part, il se dissimule, s'avance lentement et d'un air indifférent, puis, quand il est à portée de sa proie, il allonge son cou peu à peu et, tout à coup, il darde à la fois la tête et la langue, et la mouche est prise. On ne leur reproche qu'une chose, dans les salles à manger : c'est leur complexion amoureuse qui ne leur laisse pas de repos et qui les fait, à chaque instant, tomber par paires du plafond dans le potage. Le soir, ils entonnent un chant composé de cris très courts, comparable à une série de petits claquements de langue et auquel répond la mélodie des jeckos, autre espèce de lézard qui se colle aussi au plancher avec ses pattes à ventouses et dont le cri reproduit à peu près son nom annamite de Tac-Ké.

C'est après le coucher du soleil que commencent ces concerts : toute la nature semble vivre d'une vie nouvelle à cette heure-là. Les habitations sont envahies par des légions de mites, de moucherons, de petites sauterelles et de moustiques de toutes tailles, tandis qu'au bruit des margouillats et des jeckos, s'ajoute au dehors, où brillent les lucioles et où mugissent les grenouilles-bœufs, un long bourdonnement formé de cris d'insectes, de frottements d'ailes, de sifflements et de grincements inexplicables ; la vie éclate alors de toute part, elle grouille dans tous les buissons, dans tous les fourrés d'arbres, dans toutes les flaques d'eau.

Un autre saurien particulier à la Cochinchine est celui qu'on désigne sous le nom de Cat-Ké et en histoire naturelle sous celui de *Calotes versicolor*. C'est un charmant petit animal de la taille de nos lézards verts dont il diffère par son goitre développé, par sa tête que surmonte une crête dentelée et qui, selon les impressions de l'animal, se colore en bleu ou en vert, tandis qu'une tache noire se dessine derrière l'œil, enfin par ses pattes de derrière qui sont très longues et très fortes. Il est très difficile à prendre vivant : on le voit de loin sur le tronc des arbres lever, pour surveiller l'ennemi, sa petite tête intelligente jusqu'à lui faire former un angle droit avec son corps; s'approche-t-on, il s'aplatit tant qu'il peut; s'approche-t-on encore, il tourne autour du tronc pour se cacher, puis tout à coup, au moment où on croit le saisir, il a disparu : il s'est laissé tomber, et on le voit au loin fuir sur le sol, non en courant, mais en sautant comme une grenouille, ce qui n'est pas l'allure habituelle des lézards. Certains serpents de Cochinchine ont aussi, au point de vue de la locomotion, des habitudes particulières. Je veux parler des amphisbènes qui, paraît-il, progressent aussi bien par la queue que par la tête et qui, lorsqu'ils rencontrent un danger, ne se donnent pas le temps de se retourner pour fuir, mais se mettent à faire machine en arrière et déguerpissent si vite en reculant ainsi, qu'on a pu supposer qu'ils avaient une tête à chaque extrémité du corps.

On rencontre souvent aussi dans les prairies des anguilles qui entreprennent des voyages terrestres pour passer d'un arroyo dans un autre. Les animaux les plus curieux, dans ce genre, sont encore les anabases : ceux-ci sont des poissons qui montent dans les arbres ou, pour être plus précis, qui escaladent les buissons riverains dans les branchages, desquels ils se hissent au moyen de leurs nageoires et surtout de leurs opercules dentelés, et cela quelquefois à de très grandes hauteurs au-dessus de l'eau. Les bassins des jardins chinois sont peuplés d'ignobles poissons rouges à la queue triple ou quadruple, plus longue que le corps, à la colonne vertébrale tordue en dessus ou en dessous, à la tête énorme, aux yeux sortant tellement des orbites qu'on les appelle des poissons télescopes; ce ne sont là que les hideux produits d'une puérile sélection artificielle. Les poissons de combat, ou *Betta pugnax* en langage scientifique, sont autrement jolis et autrement intéressants. A l'état ordinaire, ce sont de petits poissons de la forme, de la taille et de la couleur des plus petites sardines. Les gamins du pays vont, pour quelques sous, vous en prendre de vivants dans la rivière. Qu'on mette deux de ces poissons chacun dans un bocal différent, qu'on rapproche ces deux bocaux, et on assiste à un spectacle imprévu : les deux poissons commencent par se regarder immobiles, puis leurs nageoires s'écartent et s'étalent; leur queue, leurs nageoires dorsales et leurs nageoires ventrales s'ouvrent comme de petits éventails; leur corps s'enfle; de gris qu'ils étaient, ils deviennent bleuâtres, puis violets, puis rouges, puis enfin ils brillent à la fois de toutes les couleurs du prisme. Tous ces changements sont chez eux les signes d'une violente colère. Chacun d'eux, furieux de ce que l'autre ose le regarder, se heurte alors de la tête contre les parois de sa prison ; ils frappent à coups redoublés ; ils reculent pour se donner de l'élan et frapper plus fort. Qu'on vide alors dans l'un des deux bocaux tout le contenu de l'autre : les deux poissons, dont l'irritation a été portée à son comble par le remue-ménage de leur eau, se trouvent en présence et leur rage éclate ; un combat acharné s'engage, les écailles tombent au fond du vase, les nageoires sont ébréchées, les queues sont écornées, jusqu'à ce que, épuisés, les deux champions, qui ne se font jamais beaucoup de mal, pâlissent peu à peu, que leurs ailes se ferment et qu'ils reviennent, par degrés, à leur forme et à leur couleur ordinaires. La paix est faite et ils vont vivre en bonne intelligence, à moins qu'on ne les sépare encore pour les remettre en présence : cela suffira pour rallumer leur haine et pour faire recommencer leurs batailles.

Les luttes des poissons de combat sont une innocente distraction chère aux pauvres ennuyés que leur service retient en Cochinchine, et on en voit des bocaux dans presque toutes les cases. On appelle ainsi les maisons dans lesquelles se réunissent par corps les officiers des différents grades. Ce sont de grandes habitations dans le genre chinois, sans étage, dont la principale pièce est une grande salle à manger qui prend de l'air par les quatre côtés. Des galeries, couvertes par de larges auvents et sous lesquelles on fait d'interminables siestes dans de longs et larges fauteuils, entourent ces demeures. Elles sont protégées contre le soleil par des jardins touffus d'aréquiers, de cocotiers et de bananiers verdoyants et imprégnées d'une humidité de serre chaude. Il y a ainsi, par exemple, la case des capitaines, celle des lieutenants d'artillerie, celle des médecins de première classe, celle des commissaires; chacune d'elles est une espèce de maison commune dans laquelle on se réunit et on mange, sous la direction d'un chef de gamelle, un cuisinier chinois et des domestiques annamites formant le personnel de la maison. Cela constitue la *popotte*, dont l'usage va se perdant tous les jours et qui se remplace peu à peu à Saïgon par le restaurant pur et simple. Et dans ces logements exotiques, les officiers prennent eux-mêmes un aspect étranger avec leurs vêtements d'intérieur à la chinoise, avec leur figure jaunie qui, au bout de quelque temps, semble prendre le type du pays, avec leurs espadrilles à jour. Ce qui complète encore la ressemblance, ce sont leurs salakos, espèces de grands chapeaux hémisphériques en forme de parasols arrondis, introduits en Cochinchine, lors de la conquête, par nos auxiliaires espagnols et par les Tagals des Philippines, ou leurs casques fabriqués dans les Indes avec la moelle d'un végétal que les botanistes appellent l'*Archynomene aspera*, et que les Annamites nomment le *Cay-dien-dien*. Le salako a été, pendant longtemps, la coiffure réglementaire de nos troupes ; il est remplacé aujourd'hui par un casque léger, beaucoup plus gracieux et beaucoup plus commode.

CHAPITRE VII

LES ANNAMITES.

Annamites. — Costume. — Habitations. — Bétel. — Organisation. — Lois. — Langue. — Enterrement annamite. — Chambre des Ancêtres. — Respect des aïeux. — Tombeaux. — L'Évêque d'Adran.

Les Annamites, avons-nous dit, forment l'immense majorité de la population de Saïgon ; nous pourrions dire la totalité.

Sous le nom de Giao-Chi, ils apparaissent dans l'histoire de la Chine dès l'an 63 après le Déluge, c'est-à-dire 2285 ans avant Jésus-Christ, 1532 avant la fondation de Rome! Et il est chez eux des institutions qui n'ont pas changé depuis cette époque! Avouons que ce peuple décrépit a de bonnes raisons pour être un peu tombé en enfance. Ils constituent, en général, la population la plus repoussante que j'aie jamais vue. Soit par dédain, soit par indifférence, soit bien plutôt par stupidité, un homme du peuple ne donne jamais un signe d'intelligence. Entrez dans une boutique

tenue par un Annamite : il vous est impossible
de vous faire comprendre, Parlez, gesticulez,
employez la mimique la plus expressive : la face
bestiale de l'être qui vous regarde demeure immobile, éteinte et comme pétrifiée dans une idiote
stupeur. Pas un mot, pas un geste, pas un signe,
pas une lueur ; quelquefois cependant vos efforts
aboutissent, vous arrivez à être compris à peu
près, mais vous ne vous en apercevez qu'en voyant
l'Annamite faire ou vous donner ce que vous lui
aviez demandé ; rien sur sa face de bois jaune
ne l'avait indiqué.

Je ne connais qu'une chose plus laide, plus
ignoble, plus repoussante qu'un Annamite, c'est
une Annamite. Je ne parle toujours, bien entendu, que de la basse classe, mais la femme est
là l'idéal de l'abrutissement. Ce vilain costume
brun, semblable à celui des hommes ; ces cheveux abondants, longs et noirs, mais rudes,
graissés d'huile de coco, fortement tirés en
arrière et pelotonnés en un chignon malpropre ;
ces yeux éteints, étroits, injectés, sans expression
et relevés vers les tempes ; ces pommettes saillantes qui aplatissent et élargissent encore cette
face de momie bronzée et luisante ; tout cela constitue un ensemble affreux auquel le bétel vient
ajouter toute son horreur. La seule chose qui
puisse permettre de distinguer une femme d'un
homme, c'est, quand elle le porte, un grand

chapeau en forme de fromage de Gruyère dont les épaisses brides de soie jaune, terminées par un gros gland, traînent jusqu'à terre. Si les femmes sont jeunes, on peut pourtant les reconnaître encore à leur façon de marcher, les pieds nus et très en dehors, les coudes en arrière, les épaules effacées, les reins fortement cambrés et la gorge saillante sous la lustrine de leur blouse. Il y a, en effet, une justice à leur rendre : c'est que si leur figure est laide, leur corps, du moins jusque vers un certain âge, âge qui n'arrive pas plus tôt pour elles que pour les européennes puisque, loin d'être précoces, elles ne sont pas nubiles avant dix-sept ou dix-huit ans, leur corps, dis-je, est souvent d'un modelé parfait, et elles n'en font guère mystère. Il n'y a qu'à les voir après un orage : comme la chose la plus naturelle du monde, elles se dépouillent de leurs habits trempés, c'est-à-dire de leur blouse et de leur pantalon, les suspendent à un arbre et, dans le costume d'Ève, vont tranquillement attendre à l'ombre que le soleil sèche leurs vêtements et leur permette de se rhabiller.

On prétend que le relâchement des costumes est souvent l'origine du relâchement des mœurs : les femmes annamites en seraient une preuve. Elles se livrent à la prostitution avec une facilité cynique, et quelle prostitution ! Tout ce que l'imagination la plus sadique peut rêver de plus bestial est pour ces *nhi-nu* déhanchées, pour ces abominables *con-gaïs* la chose la plus simple, la plus indifférente. La bestialité, l'inceste même, rien n'arrête leurs appétits de brutes : « Pour qu'une fille annamite soit encore vierge à douze ans, dit un évêque missionnaire, Mgr Miche, il faut qu'elle n'ait pas de frère! » Une fille de la basse classe n'est pas déshonorée par une maternité anticipée ; cela ne l'empêche pas de trouver un mari, au contraire : on vend les filles, les garçons travaillent, et une femme qui n'a pas autre chose à offrir est encore heureuse d'apporter en dot des enfants dont son futur mari pourra tirer profit. Cela ne vaut pas cher une femme annamite; cela se paye 20 francs au Tonkin; j'entends 20 francs, prix d'achat.

Quant aux hommes, dont la morale ne le cède en rien en turpitude à celle de leurs femelles, il est inutile de décrire leur figure : c'est absolument la même chose.

Des chimpanzés habillés ont certainement plus d'élégance que ces affreux magots, et on ne peut rien se figurer de plus laid que ces alignements d'Annamites accroupis dans la posture favorite des peuples primitifs et qu'on rencontre partout rangés, les lèvres pendantes, sur les parapets ou même sur les étroites balustrades des ponts, comme des poules sur un perchoir, pour ne pas me servir d'une comparaison qui serait plus juste, mais par trop inconvenante.

S'ils marchent, ils sont plus vilains encore avec leur pas traînant, leurs pieds en dehors, leurs jambes cagneuses. Ce dernier défaut s'explique par l'habitude que leurs mères ont de les porter quand ils sont tout petits, non dans les bras, mais bien à cheval sur leur hanche. C'est par une fente pratiquée dans la blouse que les nourrissons vont chercher le sein, en passant leur tête sous l'épaule maternelle, et quelques anthropologistes ont aussi voulu expliquer par là les déformations assez fréquentes de leur boîte crânienne : c'est peut-être pousser un peu loin la recherche des causes.

Le costume de l'un et de l'autre sexe se compose tout simplement d'un pantalon très large et d'une veste plus ou moins longue, boutonnant droit sur le devant de la poitrine; la veste se réduit souvent à une sorte de gilet sans manches et le pantalon n'est souvent aussi qu'un véritable caleçon de bains. Un mouchoir sale, un lambeau d'étoffe malpropre jeté sur une épaule et dont un bout pend sur le devant, l'autre sur le dos, complète ce primitif accoutrement. Les Annamites ne portent pas la queue comme les Chinois. Les hommes se coiffent en chignon, mais, s'ils sont d'un rang social un peu plus élevé, ils entourent leur tête d'un turban noir et plat fait d'une longue et fine ceinture de crépon dont les tours nombreux se recouvrent presque exactement l'un l'autre en se croisant au milieu du front. Les hommes du peuple, les linh-thaps, les sampaniers, remplacent simplement ce turban par un mouchoir de couleur qui couvre la tête et le chignon et qui vient se nouer sur le front; leurs pieds sont ordinairement nus.

Ces pieds méritent une mention particulière. Quand les Annamites veulent escalader des aréquiers et des cocotiers, ils ne se hissent pas le long du tronc en l'embrassant, mais ils grimpent à la manière des singes, en ne se servant que des pieds et des mains. Cette manœuvre, qui est également celle des sauvages de tous pays, leur est facilitée par un écartement considérable du gros orteil, ce qui leur fait presque un pied prenant. Cette conformation n'est pas une affaire de race ; elle n'est que le résultat de l'habitude qu'ont les Annamites de se servir en guise d'étrier d'une simple ganse de corde passant entre le premier et le second orteil, de manœuvrer avec le pied la barre du gouvernail, enfin, de ramasser les menus objets avec le même pied pour ne pas se donner la peine de se baisser.

Les femmes présentent pourtant aussi la même particularité, et elles emploient parfois leurs pieds aux usages les plus inattendus. Elles sont, par exemple, les sages-femmes, qui, assises en face de leurs patientes, se servent simultanément des doigts et des orteils pour faciliter aux nouveau-nés leur entrée en ce monde. Les hommes portent souvent les ongles d'une longueur démesurée, et on en voit qui les ont si longs, qu'ils ne peuvent ni écrire ni même rien toucher sans une extrême difficulté ; ils sont forcés, pour ne pas casser ces griffes pendant leur sommeil, de garnir leurs doigts de dés en bambous. Les boys et les dandys ceignent leurs reins d'une ceinture en laine de couleur, à bouts flottants, et à laquelle ils suspendent leur blague à tabac ou à bétel, leur bourse et leur montre. Celle-ci est portée d'une façon apparente, le cadran en dehors, dans une espèce de poche brodée et percée d'une ouverture comme nos porte-montres en tapisserie ; rien de plus commode pour le public : veut-on savoir l'heure? On n'a qu'à la voir sur l'abdomen du premier passant cossu qu'on rencontre. Quelques-uns même ont deux montres et, dans ce cas, ils en portent une de chaque côté du ventre, tandis que s'ils n'en possèdent qu'une, ils se la placent sur le nombril. Ajoutez à cela l'éternel éventail et un large parasol plat en papier verni, ou mieux encore une ombrelle ou un parapluie européen, et vous aurez le tableau complet d'un Saïgonnais élégant. Tous les Annamites de la classe élevée, les lettrés, les fonctionnaires, les notables, revêtent une longue robe qui descend jusqu'à mi-jambe et se boutonne sur le côté droit de la poitrine. Les jours ordinaires, les manches sont étroites et serrées; les jours de cérémonie, elles sont longues, très amples et souvent véritablement démesurées.

Les travailleurs ne portent guère que le pantalon; leur torse cuivré est ordinairement nu, et leur tête est abritée sous un chapeau conique, fait de feuilles sèches grossièrement tressées. Les coolies chinois s'affublent d'un chapeau plat, mais d'un chapeau prodigieux, dont les bords ont plus d'un mètre de largeur, qui sert en même temps de parapluie et de parasol et qui pourrait abriter toute une famille, couvre-chef désopilant qui se retrouve au Tonkin chez les travailleurs des champs. Le costume des enfants se réduit à une simple blouse et souvent à rien du tout.

Tout Annamite a, comme nous, au moins deux noms : un nom de famille et un nom particulier, réunis l'un à l'autre par la particule *van*. Le nom particulier n'est donné à l'Annamite qu'à l'âge de dix-huit ans. Un mois après sa naissance, il reçoit le *ju-ming* ou nom de lait, qui est un nom de fleur ou de vertu et, à dix-huit ans, il change le ju-ming pour le *chu-ming* ou nom d'école, qu'il gardera toute la vie. Quand un Annamite parle de lui, il ne dit pas *je* ou *moi*, mais il fait comme chez nous les enfants, et, dans l'intimité, il se désigne par son petit nom; s'il s'adresse à des personnes qu'il voit en cérémonie, il se désigne lui-même par le mot *toï*, serviteur. Quand il interpelle quelqu'un d'un rang égal au sien, il ne l'appelle ni *tu*, ni *vous*, mais, *anh*, frère, et, s'il parle d'une tierce personne, il ne la désigne jamais par le pronom *il*, mais par son nom ou par son titre.

Les Annamites se logent dans des cases en paille qui se réduisent souvent à une simple toiture de chaume ou de dua-noc, c'est-à-dire de palmier d'eau, supportée par des piliers de bambous. A Saïgon ils habitent souvent des maisons bâties par des Chinois dans le style de leur pays, ou de simples baraques en planches : ces habitations sont les plus nombreuses.

Rien ne nous est plus facile que de visiter l'intérieur d'une de ces demeures, comme si nous étions chez nous. Voici, par exemple, la maison hospitalière de Mytho, une Laïs à la peau de cuivre et aux dents d'ébène qui nous ouvre sa porte. Un étroit escalier de bois, où nous sommes suffoqués par l'odeur sauvage des petits bâtons brûlés à Bouddha ou aux ancêtres, nous conduit aux pièces exiguës de l'étage supérieur, car il y a un étage ici, ce qui est une grande exception et un grand luxe. Les murs sont, à l'intérieur, tapissés de sentences et de prières imprimées en noir sur du papier rouge. «*Tchâ! Tchâ!* Père! Père! » s'écrie Mytho à notre vue, expression d'une grande surprise et en même temps d'une grande joie, et, joignant ses mains,

elle les rapproche de sa poitrine et les secoue
légèrement en hochant la tête. *Tchin, tchin,
quouan!* Bonjour, bonjour ! Ainsi saluent toujours Annamites et Chinois, comme leurs bonshommes de porcelaine qui branlent leur petite
tête à balancier. L'un de nous est au dernier
mieux avec la maîtresse de céans ; aussi, s'avançant
vers lui, pose-t-elle ses mains sur ses épaules et,
approchant le nez de sa figure, se met-elle toute
joyeuse à le sentir et à le flairer ainsi qu'un parfum agréable : comme à tous ceux de sa race le
baiser lui est inconnu, et c'est par cette pantomime qu'elle le remplace. Sans ses dents noires,
ses yeux bridés et son nez épaté, Mytho serait
une femme passable. Elle a sacrifié à ses amis
européens l'ignoble habitude du bétel et elle se
pare pour eux de ses plus coquettes houppes de
soie dans le chignon, de ses plus beaux bracelets
de jade ou de stéatite, de ses plus soyeux habits de
soie bleue ou jaune. Ses doigts maigres jouent avec
un gratte-dos, petite main en ivoire emmanchée
d'une longue baleine. Son mobilier semblerait,
par exemple, bien réduit à la plus pauvre de
nos petites dames. Des stores de bambous peints
en vert et rehaussés de paysages fantastiques
avec des nuages rouges et des arbres bleus, ne
laissent arriver dans la maison qu'un jour blafard et verdâtre ; contre l'un des murs de la
pièce où Mytho nous reçoit est dressée une es-

trade de bois, sorte de lit de camp, qui sert tout à la fois de siège et de lit de repos dans la journée ; quelques bancs, quelques tabourets de bambou s'offrent aux visiteurs, enfin, dans les coins, se rangent, contenant les vêtements et les bijoux, de grands coffres de bois qui servent aussi de siège ou de lit, selon la circonstance, et auxquels le vernis huileux du tong-chou donne une délicieuse couleur de vieux bois, un charmant aspect de meuble antique. Des nattes de jonc très artistement tressées, rayées de rouge et de jaune, couvrent le plancher, et de tous côtés, sur le sol, des vases peints de chinoiseries en bleu pâle, des jardinières minuscules en porcelaine, cubiques et grosses comme des encriers, élèvent, ainsi que dans un parterre de théâtre, leurs fleurs d'arums aquatiques, leurs pivoines éclatantes et leurs chrysanthèmes aux reflets d'or ou de sang. Une simple cloison de papier rouge divise cette pièce en deux parties et cache la chambre ou plutôt l'alcôve. Des draperies de soie bleue tendent ce réduit, et sur leur fond fané brillent en relief des bonshommes grotesques et des dragons fantastiques brodés avec des fils d'or et de soie. Là sous des courtines semblables aux tentures, est dressé le lit. C'est encore une large table basse, à quatre pieds, et légèrement inclinée ; des nattes un peu plus fines tiennent lieu de matelas, la tiédeur de l'atmosphère sert de couverture, et c'est tout. Les oreillers sont de simples cubes, de simples parallélépipèdes de bois ou de rotin, ou bien de petites planchettes ovales que supportent deux ou quatre petits pieds peu élevés. Pendant que les femmes dorment, les malheureuses, ce n'est pas leur tête qui repose sur cette planchette recourbée en croissant, c'est leur nuque seule, le crâne portant à vide ; le monument compliqué de leur coiffure, de celle des Chinoises surtout, est ainsi ménagé et peut n'être refait que tous les trois ou quatre jours. Entrer chez un indigène, c'est aller boire du thé quelque part, et Mytho se garde bien de manquer à ce devoir sacré de l'hospitalité chinoise. De petites tables sont apportées par une vieille duègne édentée, petite, laide, ridée, ratatinée, racornie, semblable à un escargot bouilli tiré de sa coquille, un idéal de laideur enfin, et des théières enfermées dans des paniers de rotin capitonnés le thé ambré et fumant coule à flots dans les tasses de porcelaine mince qu'on recouvre d'un couvercle semblable à une soucoupe renversée. Mytho, accroupie sur son estrade, a étendu devant elle une guitare demi-cylindrique et longue comme une poutre, une vraie moitié de billot creux, dont la convexité porte une multiple série de longues cordes parallèles, et elle en tire des accords plaintifs et des symphonies tristes et monotones. Contre la muraille du fond brillent dans la demi-obscurité les écrans dorés de l'autel domestique dont nous aurons à reparler plus loin, autel qui a sa place marquée jusque dans les plus misérables demeures. Devant le dieu, qui rit d'un large rire, brûlent des baguettes parfumées. L'une d'elles est graduée de sorte que le feu qui la consume lentement indique l'heure, selon la marque à laquelle il est arrivé quand on le consulte. C'est un moyen ingénieux et économique pour remplacer les pendules et les montres.

Le bâton parfumé joue un grand rôle dans la vie de l'Annamite. On en voit souvent un grand nombre plantés devant la porte d'une maison et brûlant tous à la fois, avec un mince filet de fumée odorante, tandis qu'au milieu d'eux est placé un tison à demi brûlé. Cette plantation bizarre indique que, dans la maison, il vient de se faire un accouchement; si le bout brûlé du tison est du côté de la case, le nouveau-né est une fille; s'il est du côté de la rue ou des champs, c'est un garçon.

Un accouchement, puisque nous venons d'écrire ce mot, doit être une bien terrible épreuve pour une femme annamite. D'abord ce n'est pas dans sa maison qu'elle accouche, on la transporte dans une cabane de planches et de paille qu'on élève pour cet usage et qu'on brûle quand tout est fini, c'est-à-dire au bout d'un mois. Puis arrivent les manœuvres insensées de la *ba-mu*, cette sage-femme cabalistique, qui, comme je l'ai dit, agissant en quadrumane, travaille des pieds et des mains pour venir en aide à son infortunée cliente. Puis ce sont, immédiatement après la naissance de l'enfant, les massages féroces de la même ba-mu, qui, se suspendant au toit de la baraque, foule l'accouchée sous ses pieds nus, d'abord du menton aux genoux, ensuite de la nuque aux jarrets. Puis, ce n'est pas tout : la nouvelle mère passera trois semaines sur son lit de torture et, pendant trois semaines, on la fera littéralement cuire à petit feu avec un réchaud de charbons ardents sans cesse alimenté et brûlant sous ses reins; on ne lui donnera presque rien à manger, mais on l'abreuvera, pour faire venir le lait, d'une tisane faite surtout avec des feuilles de caï-du-du, de ce carica papaya, dont les propriétés digestives ont été si savamment étudiées par notre maître, le Dr Bouchut; enfin, toujours dans le même but, on couvrira sa poitrine de cataplasmes faits du même caï-du-du et de menthe pilée. Mais nous empiétons ici sur le domaine de la médecine. Revenons à nos Cochinchinois.

Les Annamites s'adonnent à l'opium, comme les Chinois, mais ils ne se contentent pas de ce poison lent : ils fument aussi le tabac en cigarettes coniques roulées dans des feuilles desséchées, en cigares, ou, comme les Chinois encore, dans d'espèces de pipes en cuivre qui sont de petits narghilés portatifs ou dans des pipes microscopiques qui ressemblent à la pipe à kief des Arabes.

Mais ce que le Cochinchinois place au-dessus du tabac, au-dessus même de l'opium, c'est son infâme bétel. Ce bétel, qui se chique, est un assemblage de trois choses : le bétel lui-même, la noix d'arec et la chaux. Le bétel est une plante grimpante de la même famille que le poivre et qu'on cultive sur des échalas, comme le houblon; sa feuille rappelle celle de nos liserons, et c'est elle qu'on emploie fraîche. La noix d'arec se cueille en gros régimes sur ce palmier élégant et élancé, si commun en Cochinchine, et qu'on nomme l'aréquier : c'est un fruit gros comme une noix ordinaire dont la peau épaisse et verte contient une amande dure, compacte, pareille à un noyau de datte avant sa maturité. La chaux, enfin, est de la chaux ordinaire fabriquée avec des coquilles de mollusques d'eau douce qu'on va chercher au Cambodge et qu'on calcine; cette chaux, employée en pâte, est colorée quelquefois en rose-rouge par du curcuma, mais elle est souvent employée blanche. Pour préparer une chique, on prend une feuille de bétel entière, on y étend un peu de chaux et on en enveloppe la moitié ou le quart d'une noix d'arec dépouillée de son écorce : c'est ce petit paquet qu'on se met dans la bouche et qu'on mâche lentement jusqu'à en faire une bouillie. Les Annamites se servent du bétel dès l'âge de quatre ou cinq ans, et tous, hommes et femmes, le chiquent continuellement depuis cet âge jusqu'à leur mort. L'effet produit par cette ignoble coutume sur la physionomie de ces gens-là est épouvantable. La bouche, agrandie et déformée, semble littéralement aller d'une oreille à l'autre; les lèvres, toujours ouvertes, l'inférieure tombant sur le menton et les coins de la bouche plissés et écartés dans un hideux rictus, découvrent des dents noircies et des gencives décharnées; et tout cela est teint d'une salive couleur de sang qui s'écoule en bave rouge par les commissures; les rues sont partout mouchetées de larges crachats de vermillon, comme si tout le monde ici venait de chez le dentiste. Si l'Annamite fume une cigarette, s'il mâche un tronçon de canne à sucre, on voit ces objets sortir tout rouges de sa bouche comme si on les eût plongés dans une plaie béante. On se croirait toujours en présence d'un malheureux à qui on viendrait de casser les dents d'un coup de poing et qui ne pourrait plus fermer ses mâchoires ensanglantées. La chique de nos matelots est d'une idéale poésie à côté de ces abominations. Les Annamites ne trouvent qu'une excuse à leur révoltante habitude : c'est, disent-ils, que le bétel calme la soif et qu'il fait disparaître la mauvaise odeur de l'haleine. Mince compensation à une pareille horreur! Il y aurait pourtant d'autres excuses à donner, et il reste à faire, sur les effets de ce masticatoire, des études qui seraient d'un très haut intérêt. On sait que les trois substances, arec, bétel et chaux, qui le composent, ne réagissent qu'en présence l'une de l'autre, et que c'est cette réaction qui donne lieu à la coloration rouge de la salive. Mais il résulte autre chose de cette réaction : c'est, d'abord, une ivresse très marquée chez les débutants, ivresse qui rappellerait les troubles nerveux produits sur les Océaniens par le kawa ou *piper methysticum;* c'est ensuite une excitation sensible du tube digestif sur lequel la chique de bétel semble produire une action analogue à celle que produisent le maté-yerba, la coca, le café même, en un mot les agents antidéperditeurs. Le bétel, en effet, permet de supporter facilement une abstinence prolongée et il réduit la quantité d'aliments nécessaires : il ne nourrit pas, mais il empêche la dénutrition.

La coloration noire des dents des Annamites est expliquée différemment par les voyageurs. Il est incontestable que la chaux contribue beaucoup à leur donner cette couleur funèbre, mais on sait aussi que, si les Annamites, et en particulier les femmes, ne se laquent pas précisément les dents, elles emploient cependant certaines matières destinées à produire cette horrible coloration. Selon notre ancien collègue, le Dr Mondière, c'est après leur première chute, longtemps avant leur mariage, que les jeunes filles vont prier de vieilles femmes de leur rendre le service de leur noircir ainsi la bouche. On frotte d'abord les dents, pour cela, avec un morceau de charbon de bois, enfermé dans un lambeau de linge sec ; on les nettoie ensuite au citron, on les décape, pour ainsi dire. Puis on recouvre un morceau de feuille de bananier d'une poudre particulière délayée en pâte dans un certain liquide noir et on applique cet emplâtre entre les mâchoires et les lèvres, comme ces morceaux d'écorce d'orange que les enfants se mettent quelquefois pour se grimer. La femme fait à sa coquetterie le sacrifice pénible de garder pendant toute la nuit cette feuille ainsi placée et de recommencer pendant trois nuits consécutives. Il faut, après cela, tous les jours et pendant de longues heures, se servir en guise de dentifrice de la poudre grise qui est entrée dans la composition de la pâte et ce, en se mirant religieusement dans une assiette d'huile tant que dure l'opération. Enfin, au bout de dix jours, le supplice est fini : la femme a un dentier de charbon, un râtelier d'un noir indélébile, à moins toutefois, qu'un homme n'ait vu ces pauvres dents pendant l'opération : cela suffirait pour les faire redevenir blanches au bout d'un temps plus ou moins long.

A côté des Annamites, vivent à Saïgon d'assez

nombreux Indiens venus de la côte de Coromandel, de Pondichéry et de la côte de Malabar, d'où le nom de Malabares, sous lequel on les désigne tous en Indo-Chine. Nous retrouvons chez eux les turbans, les pièces de toile rouge en châle, et les caleçons blancs que nous avons déjà vus à Ceylan.

Ces Indiens habitent, dans les faubourgs, un quartier distinct, réunion de cases assez semblables à celles des Annamites. Presque tous sont changeurs au marché ou cochers. Il en est beaucoup qui ont une certaine instruction, qui, moins le turban, s'habillent à la française, qui remplissent enfin des fonctions d'employés dans plusieurs de nos administrations.

Il est très commun aussi de rencontrer dans les rues des Cambodgiens venus de Pnomh-Penh et reconnaissables à leurs cheveux en brosse et à leur langouti, espèce de triangle qui leur sert de caleçon et dont la base est appliquée sur les reins et nouée autour du corps, tandis que le sommet est relevé entre les jambes et rattaché à la ceinture.

Enfin, plusieurs cases des environs sont habitées par de curieuses familles venues de Siam, avec leurs femmes aux ongles d'or, avec leurs jeunes filles qui, nues jusqu'à un âge assez avancé, ne portent souvent pour tout costume qu'un cœur en argenterie suspendu à une chaîne portée en ceinture, et jouant imparfaitement chez elles le rôle pudique que la feuille de vigne joue sur les statues de nos musées.

Sauf la création des inspecteurs des affaires indigènes, nous avons le plus possible respecté en Cochinchine l'organisation civile qui est, encore aujourd'hui, celle de l'empire d'Annam.

La base de cette organisation est la commune, l'autorité supérieure s'occupant seulement de la perception des impôts et des affaires de politique générale. Les habitants d'une commune se divisent en inscrits et non-inscrits. Les non-inscrits, qui comprennent les Ngu-Cu, ou inscrits dans une autre commune, et les Dan-Lan, qui ne sont inscrits nulle part, participent aux corvées et aux dépenses communales, mais ne jouissent d'aucun droit politique. Les inscrits sont les hommes originaires de la commune ; ils payent l'impôt du sang et de l'argent, et ils ont leur nom porté sur le cahier des Dan-Trang, c'est-à-dire des hommes valides. Ces inscrits élisent un conseil des notables ou des Huong, qui s'adjoint des membres honoraires ou Ong-Huong, pour constituer avec eux la municipalité. Chaque commune a un corps de miliciens, espèce de garde nationale ou plutôt municipale constituée dans la proportion d'un soldat par quatorze inscrits. Cinquante de ces miliciens forment une compagnie commandée par deux bêps ou caporaux, deux caïs ou sergents, un tholaï ou fourrier, un pho-doï ou lieutenant, enfin un doï ou capitaine. Ces miliciens, à qui nous confions souvent la garde de certains postes, sont les mattas. Les linh-taps, dont nous avons déjà dit un mot, constituent des troupes régulières qui répondent aux turcos d'Algérie. Le Huong et les Ong-Huong nomment, à leur tour, leurs fonctionnaires communaux, qui sont les Trums et les Truongs ou agents du pouvoir municipal, le Pho-Xa ou adjoint et le Ong-Xa ou maire ; ce dernier a le pouvoir exécutif, mais est responsable des décisions du conseil municipal.

A côté de l'Ong-Xa, et même ayant le pas sur lui dans les cérémonies publiques, se placent le Huong-Thau ou ancien maire, qui est le guide et le conseiller expérimenté du maire en fonctions, et qui est, en outre, chargé de la surveillance des rites et des coutumes ; le Huong-Hao, qui s'occupe de la police et de la défense contre les voleurs et les pirates ; enfin les Ong-Ca, ou personnages ayant déjà rempli plusieurs fonctions municipales.

Plusieurs communes constituent un canton ayant pour chef un Thong ; plusieurs cantons forment un arrondissement ou Huyen, administré par un Quan-Huyen, correspondant à nos sous-préfets ; plusieurs arrondissements forment un Phû ou province, dirigée par un Quan-Phû ou préfet, qu'on appelle plus simplement Phû et qui est en même temps chargé de l'administration, des impôts, de la justice, de l'instruction publique et du commandement des troupes. Dans notre Cochinchine les fonctions de Phû ont été abolies, et ce nom ne reste plus que comme titre honorifique aux magistrats qui le portent : tel est le Phû de Chô-len, charmant homme se liant très volontiers avec les officiers français, et qui n'a guère que les attributions d'un Quan-Huyen. Les Phûs ont droit à une garde militaire composée de mattas, soldats à la mine bien peu guerrière, malgré les faux découpées et les hallebardes formidables dont ils sont armés. La France a décoré quelques Phûs et a même donné la croix d'officier de la Légion d'honneur à l'un d'entre eux.

Dans le reste de l'empire d'Annam plusieurs Phûs constituent une région administrée par un Quan-Bô, chargé de l'impôt, par un Quan-An, chargé de la justice, par un Doc-Hoc, qui dirige l'instruction publique, enfin par un Dé-Doc, commandant les troupes : ces quatre fonctionnaires sont placés sous les ordres supérieurs d'un Kinh-Lich ou gouverneur.

Les Kinh-Lich relèvent d'un tribunal supérieur qui gouverne selon le code que Gia-Long imposa à l'Annam en 1801 ; enfin, au sommet de cette échelle hiérarchique, et, comme couronnement de l'édifice, se place l'empereur et roi.

Excepté celle de l'empereur et celles des officiers municipaux, toutes ces fonctions sont remplies par des mandarins lettrés munis de diplômes et qui obtiennent leurs grades au concours après un stage assez long. Le futur mandarin, sorti du peuple, passe d'abord un examen après lequel on lui confère le grade de Tu-Taï, bachelier; il devient ensuite Khu-Nhon ou licencié, et enfin, Tân-Si ou docteur. Ce jour-là, il est apte à toutes les charges publiques, il a des droits et des prérogatives extraordinaires : il devient ce que nous appelons mandarin, mot aussi inconnu en Chine qu'en Annam. Heureux docteur et heureux peuple, si tout cela se passait d'une façon aussi simple ! Tout le monde pouvant prétendre au doctorat, c'est-à-dire aux honneurs et au pouvoir, ce serait là l'idéal de la démocratie, ce serait la réalisation de ces deux nécessités sociales si difficiles à concilier : l'égalité entre les citoyens et l'existence pourtant d'une aristocratie, d'une classe dirigeante. Malheureusement l'empereur, pour battre monnaie, vend trop souvent des boutons de mandarins à des hommes qui n'ont d'autre titre que leurs barres d'or ou d'argent, et cette organisation, si belle en principe, devient, en fait, aussi mauvaise que toute autre.

Les lois annamites, en général très sages, présentent cependant des particularités que nous n'accepterions guère. C'est ainsi qu'un créancier a le droit de se payer sur la personne de son débiteur insolvable ou sur celle de ses enfants, en en faisant ses esclaves jusqu'au jour où ils se seront rachetés par le payement de leur dette.

Les femmes annamites sont, légalement, très inférieures aux hommes. Il leur est même défendu d'entrer dans certaines pagodes. Elles n'ont pas de nom propre : on les désigne par le petit nom de leur père et par un surnom ou un simple numéro d'ordre joint au premier par le mot *ti*, qui signifie famille : ainsi la troisième fille d'un Annamite qui s'appellerait Cop, s'appellera Cop-ti-ba ou Cop-famille-trois.

Quand un Annamite veut se marier, son père cherche la femme qui lui convient et donne au père de celle-ci une certaine somme, qui est censée être la dot que le futur doit faire à sa future et être destinée à couvrir les frais de la noce, mais qu'en réalité le père de la fille empoche purement et simplement. Dans les classes élevées, la femme doit toujours garder la maison. Les lois annamites, comme les lois chinoises, ne parlent que d'une femme légitime, mais elles reconnaissent en même temps les concubines, et il y a des Annamites qui ont de véritables harems. Dans les classes moyennes, le concubinage n'est permis que si la femme légitime n'a pas eu d'enfants après dix ou douze ans de mariage ; le mari achète alors dans une famille pauvre une maîtresse qu'il appelle sa petite femme ou sa femme numéro deux ; il prend souvent ainsi un numéro trois, puis un numéro quatre et, bien que la femme légitime soit supposée commander toujours, toutes ces épouses sont égales en pratique et tous leurs enfants sont égaux : l'aîné seul a certains droits particuliers. Quand la femme légitime se trouve dans cette situation que nous appelons intéressante, c'est elle-même qui va chercher et choisir pour son mari la Vo-Bê, c'est-à-dire la concubine qui fera son intérim jusqu'au jour où elle pourra reprendre sa place pleine et entière au foyer conjugal. La femme légitime peut être répudiée pour une foule de raisons plus ou moins graves, telles que certaines maladies contagieuses ou incurables, la jalousie, un bavardage impossible à empêcher, la désobéissance aux parents du mari, enfin, et même les zizanies survenues entre elle et sa belle-mère. Elle peut même l'être sans raison aucune, pourvu qu'il y ait consentement de part et d'autre. L'adultère est considéré comme un crime abominable ; la loi dite de Minh-Mang ne se contente pas de punir la femme, mais elle fait fouler la maîtresse et l'amant aux pieds des éléphants ; le mari a le droit de tuer les deux coupables seulement en cas de flagrant délit, mais il a toujours celui de tuer sa femme, pourvu qu'il soit convaincu de la faute. La loi est si sévère pour l'oubli de la fidélité conjugale, qu'elle a même voulu prévenir la faiblesse du mari, et qu'elle punit celui qui pardonne à sa femme adultère et qui la garde chez lui. Il peut ne pas la tuer, mais il peut et doit au moins s'en défaire en la vendant, et la pièce qui consacre cette vente est scellée d'une manière étrange : le vendeur renverse l'encre sur la table, y trempe sa main et la placarde sur le bas de l'acte ; quelquefois même et pour manifester encore mieux son mépris, c'est sur le sol qu'il renverse l'encrier, et c'est son pied qu'il noircit pour l'imprimer à la place de la main. Tout cela est bien changé aujourd'hui, du moins dans les provinces qui nous appartiennent ; nous avons déjà dit combien est déplorable l'état des mœurs annamites, et si la loi de Minh-Mang a jamais été en vigueur en Basse-Cochinchine, il y a longtemps qu'elle a été mise au rang des vieux accessoires vermoulus.

La langue des Annamites que nous n'avons certes pas eu le temps d'étudier, mais dont nous avons pu nous faire une idée par la lecture attentive des savants ouvrages de M. Aubaret, est une langue très voisine du chinois et monosyllabique comme elle.

Chaque syllabe étant un mot et les syllabes ne pouvant pas être en nombre indéfini, il en est naturellement résulté que la même syllabe a plusieurs sens. C'est alors l'intonation seule qui détermine la signification du son produit ; c'est ainsi, par exemple, que le mot *ma* peut avoir six sens : prononcé, en effet, naturellement et comme nous prononçons notre pronom possessif féminin, il veut dire *chanvre;* sur un ton descendant, c'est-à-dire comme si on voulait prononcer maa en baissant la voix sur le dernier a, il signifie *pour;* sur un ton interrogatif, *sépulcre;* sur un ton grave, tiré du fond de la poitrine, *enduire;* sur un ton remontant, *cheval,* enfin sur un ton aigu, *joue.* Quand nous avons voulu écrire l'annamite avec nos caractères romains, nous avons dû employer une foule de signes pour indiquer ces intonations différentes : accents graves, aigus, circonflexes, trémas, petits ronds ou points d'interrogation placés au-dessus ou au-dessous des voyelles. Ces différences d'intonation ne sont pas les seules difficultés de la prononciation de l'annamite : il y a encore des syllabes qui changent de sens selon qu'elles sont prononcées plus ou moins vite, sur un ton plus ou moins dur, qu'elles sont plus ou moins aspirées, et il y a jusqu'à quatre degrés d'aspiration ; enfin, selon que leur son est plus ou moins ouvert ou plus ou moins fermé. Cela fait, au total, quelque chose de presque impossible pour un gosier européen. Je n'ai, par exemple, jamais pu dire le mot *ruon,* qui signifie vin et qui se prononce à peu près rhœu-œu-on, mais en donnant à *rhœu* un son guttural, à *œu* un son ouvert et à *on* un son très bas. Comme spécimen de la musique étrange de cette langue, j'ai bien souvent aussi et sans succès essayé de prononcer correctement la phrase suivante : *Thuong-cha-me-la-chin-phep-troï*, qui signifie : aimer père et mère être supporter pouvoir ciel, c'est-à-dire : aimer son père et sa mère c'est suivre la loi du ciel. On doit prononcer sur un ton dur puis ouvert : thœu-œu-on ; puis sur un ton descendant et avec une aspiration rude : kha; sur un ton grave : me; sur un ton descendant : la; sur un ton grave : khin ; sur un ton aigu : p'pheph; enfin, sur un ton descendant, un mot qui n'est ni troï ni tloï, mais une moyenne entre les deux. On voit comme c'est simple ! Le génie de la langue diffère du français autant que sa prononciation : ainsi, Monsieur après un substantif remplace le pronom possessif; les verbes n'ont d'autre temps que l'infinitif; le pronom, lui, remplace le datif et encore le pronom possessif, etc. La phrase suivante, par exemple : *Con-ong-ké-bay-aï-va-ké-bay-am-chung-het-nguoï-long*, veut dire : Votre fils qui vous aime et vous embrasse de tout son cœur, et se traduit mot à mot, par : fils monsieur qui vous aimer et qui vous embrasser tout fin lui cœur.

Gênée par ses lettres, dont chacune représente un mot, et par ses mots, qui ne peuvent avoir plus d'une syllabe, la langue annamite ne pouvait qu'être et est, en effet, très pauvre. C'est ainsi que le mot français bonté ne peut se traduire que par *su-lanh*, chose bonne ; cadenas par *ong-khoa*, tube-clef, etc. C'est encore ainsi que le même mot s'applique à l'arbre et à son fruit et qu'on est obligé, selon le sens qu'on veut lui donner, de le faire précéder du mot *cay*, arbre ou du mot *traï*, fruit : cay-chuoï, bananier ; traï-chuoï, banane. C'est enfin, et encore par suite de la même pénurie d'expressions que, pour rendre l'idée d'un animal mâle ou femelle, on emploie le même mot suivi de la désignation du sexe. Pour dire bœuf, par exemple, on se sert du mot bô, précédé de con, qui exprime l'idée de chose animée et suivi de duc qui veut dire mâle : con-bô-duc, tandis que pour dire vache on emploiera le même bô, précédé encore de con, mais suivi de caï ou femelle : con-bô-caï.

Un des spectacles les plus curieux que les rues de Saïgon offrent souvent à la curiosité c'est celui d'un enterrement annamite. Un grand bruit de musique sauvage annonce de loin l'arrivée du cortège funèbre : il est produit par des gongs sur lesquels on frappe à coups redoublés ; par d'espèces de tam-tams, de tambours de basque tendus de peau sur les deux faces, qu'on tient suspendus en passant le pouce dans un anneau qui y est fixé, et sur lesquels on frappe encore plus fort ; par une autre espèce de tambour plat qu'on bat avec les mains, enfin, par de petites clarinettes qui rendent un son aigu et plus criard que celle d'un aveugle. Les musiciens, auteurs de tout ce pieux tapage, sont suivis de gens qui portent au bout d'une hampe des lanternes allumées ; derrière eux, vient ou ne vient pas, selon le rang et la richesse du mort, une file de voitures de deuil ; elles contiennent les femmes qui, la tête couverte de longs voiles blancs et vêtues de la même couleur, remplissent l'air de leurs cris plaintifs ; ceux qu'on pousse dans la première voiture atteignent le diapason de clameurs hystériques. Ces hurlements sont l'œuvre des parentes du défunt et, à défaut de parentes, des pleureuses qu'on paye pour cela. Les voitures sont suivies d'hommes en deuil, c'est-à-dire en blanc ou en bleu, qui portent des brancards sur leurs épaules ou à la main, comme on tient les chaises à porteurs : sur ces brancards s'élèvent, placées de champ, de longues planches peintes en rouge, couvertes d'inscriptions noires ou dorées et surmontées d'ornements incompréhensibles : ni dieux, ni fleurs, ni dragons, ou plutôt dieux, fleurs et dragons tout ensemble ; sur d'autres brancards, sont portées des assiettes de fruits, de viande, de pain, de divers comestibles destinés aux repas futurs du mort ; au milieu de cette vaisselle, brûlent des lampes ou des chandeliers et fument les inévitables bâtons allumés. Derrière ces appareils, s'avancent larmoyants les fils et les descendants du défunt en habits funèbres faits de toile grossière et sans bordures ni ourlets, les mains embarrassées de petits drapeaux blancs qui semblent les gêner beaucoup.

Puis ce sont des hommes qui brandissent, emmanchées comme de longues pelles, de nouvelles planches à inscriptions : les unes disent le nom, les titres, les mérites du mort ; les autres, le nom de ses ancêtres, qui semblent ainsi assister aux funérailles de leur descendant. D'autres tiennent de grands parasols rappelant ceux dont se servent nos sacristains quand ils accompagnent le viatique ; d'autres, enfin, portent un disque de bois qu'on voit partout, le taï-ki, qui est l'emblème du grand vide au delà duquel il n'y a rien.

Ce taï-ki est, au bout d'une hampe, un rond de bois divisé en deux parties semblables par un diamètre sinueux qui, partant d'un point de la circonférence, va aboutir au centre en décrivant une courbure à droite et qui, du centre, va au point opposé de la circonférence en décrivant une courbure à gauche. Chaque moitié du cercle représenté par ce disque ainsi divisé est peinte d'une couleur différente. Le taï-ki, on le voit, est quelque chose de bien peu compliqué pour un symbole qui a une si vaste signification !

Autour de ces porteurs, vont et viennent des hommes qui font partir des pétards et qui allument des paquets d'espèces de petits serpenteaux détonant avec un bruit de mitrailleuse ; l'intention de ces artilleurs est d'effrayer et de chasser les mauvais esprits qui pourraient s'attacher aux derniers pas du mort et le suivre jusque dans l'autre monde. D'autres, moins bruyants, jettent et éparpillent au vent des morceaux de papier doré et argenté : il paraît que les mêmes mauvais esprits sont assez naïfs pour voir dans ces chiffons de l'or ou de l'argent monnayé, et que, perdant leur temps à les poursuivre, ils perdent en même temps la piste du défunt. Ces papiers s'ornent souvent aussi de dessins qui représentent des meubles, des piastres, des habits : on les allume alors avant de les jeter, et c'est une manière économique de faire passer au mort les objets de première nécessité dont il pourrait avoir besoin dans l'autre monde.

Le tir des pétards et le jet des papiers dorés ne sont pas toujours des précautions suffisantes pour éloigner les esprits malins ; l'enterrement défile quelquefois devant des maisons connues pour être hantées par ces génies malfaisants; le cortège entier prend alors le pas de course, et c'est au galop et en bousculant ses accessoires funèbres qu'il franchit ce mauvais pas. Nous vîmes une fois un convoi mortuaire prendre tout à coup cette allure peu recueillie en passant devant une case inhabitée ; un prêtre catholique conduisait le deuil et, le surplis au vent, prenait part à la course générale : c'était l'enterrement d'un Annamite qui s'était fait chrétien. Ma première idée fut que quelque buffle échappé était venu troubler la cérémonie ; il n'en était rien : la case inhabitée était tout simplement un repaire de démons. Quant au prêtre, il était assez intelligent pour se conformer, en apparence, aux préjugés de ses ouailles, et il courait avec eux, comme il les laissait tirer des pétards et brûler du papier doré.

Le cortège se termine par la civière que soutiennent une vingtaine d'hommes. Couverte de draperies, d'ornements de toute sorte, entourée souvent d'une balustrade en bois peint, elle a l'air de la châsse d'un saint. Sous ces décors se cache la bière, mastiquée, vernie et laquée dans laquelle, un éventail dans une main, une prière dans l'autre, le mort est enseveli dans un mélange de coton et de chaux.

Le cercueil est un objet qu'on prépare longtemps à l'avance ; il fait souvent partie du mobilier des maisons aisées, et c'est un cadeau que les enfants font volontiers à leurs parents quand ils avancent en âge.

Au retour du cimetière, la famille et les invités se réunissent pour pleurer autour de la table en faisant le repas des funérailles, repas suivi de cérémonies religieuses et de sacrifices. La principale de ces cérémonies est le dépôt dans la chambre des ancêtres des inscriptions que nous avons vues figurer au cortège. Cette chambre des ancêtres est pour les riches un édifice particulier, pour les autres une pièce de leur maison, pour les pauvres, enfin, un simple coin de leur logement. Il s'y élève une sorte d'autel en escalier dont chaque degré est occupé par les planchettes d'une génération ; au-dessus de cet autel est accrochée au mur une image violemment enluminée de quelque dieu barbu ou de la déesse-vierge à la fleur de lotus ; de chaque côté de cette grotesque image de sainteté, sont suspendus par des chaînes de cuivre ou simplement déposés sur l'autel des verres pleins d'huile de coco et dans lesquels des veilleuses brûlent sans cesse, comme la lampe du sanctuaire ; aux angles supérieurs de la même image, sont fixés d'espèces d'écrans ovales en clinquant découpé et qui représentent des fleurs, des bonshommes et des cadrans de montre. Çà et là, sur les degrés de l'autel, sont placés des vases, des bouquets et des pots pleins de sable, dans lesquels, après les avoir allumés, on fiche les petits bâtons qu'on brûle en l'honneur des aïeux. Sous l'autel ou sous la table qui le représente, sont suspendues une nouvelle veilleuse et des guirlandes de petits bâtons ou de petites bougies, comme les chandelles de Noël à la devanture de nos épiciers.

C'est dans cette chambre, en présence de la

mémoire des aïeux, que s'accomplissent tous les actes importants de la vie de famille. Le respect ou, pour parler plus justement, le culte des ancêtres est, en réalité, la seule religion de l'Annam. Il va sans dire que ce respect, ce culte ne s'adressent pas seulement aux ancêtres dont la planchette est déposée dans la chambre de famille, mais encore au père vivant; la loi, elle-même, est terrible, quand il s'agit de la soumission due au chef de la famille : un fils qui dépense follement l'argent de son père reçoit autant de coups de rotin qu'il a de fois gaspillé 4 francs, et une centaine de coups administrés dans la même séance entraînent souvent la mort du coupable; l'insubordination du fils envers le père lui vaut légalement cent coups de rotin, à moins que le père ne préfère le tuer lui-même tout de suite, ce qu'il a toujours parfaitement le droit de faire; un homme, âgé de plus de douze ans, qui frappe son père, sa mère ou l'un quelconque de ses ascendants, est décapité; s'il n'a fait que les insulter au lieu de les battre, la loi s'adoucit et on se contente de l'étrangler. Quant au parricide, la loi en question n'en parle même pas : c'est un crime qui lui semble impossible, et elle ne saurait, du reste, quelle peine lui infliger : on sait cependant si Chinois et Annamites sont inventifs et ingénieux en fait de supplices perfectionnés. Il est pourtant dit qu'on rasera la ville dans laquelle un parricide se commettra, mais il paraît qu'on n'a jamais eu l'occasion d'en raser aucune. Un homme devient-il illustre? il ennoblit ses ascendants et non sa postérité. Est-il criminel? il ne déshonore pas ses enfants, mais ses ancêtres, dont les planchettes sont alors jetées au ruisseau.

Après la mort d'un parent, commence le deuil qui, pendant les trente premiers jours, consiste à ne pas se raser, à ne faire aucune espèce de toilette, à ne se laver même ni la figure ni les mains. Le deuil que prennent les veuves dure presque toute leur vie et, chaque année, quand revient l'anniversaire de la mort de leur mari, elles sont astreintes à pleurer et à hurler tout le jour. Le culte des ancêtres entraîne nécessairement le respect des sépultures; profaner une tombe est un crime énorme; on ne détruit jamais les mausolées; aussi est-ce par centaines qu'ils s'élèvent dans la plaine de Ki-Hoa, vastes champs qui s'étendent de Saïgon à Chô-Len et qu'on nomme la plaine des tombeaux.

Un tombeau annamite est constitué par des murs en granit gris, et plus souvent en briques revêtues d'une épaisse couche d'un ciment particulier, élevés à hauteur d'homme, tapissés d'inscriptions et circonscrivant un grand espace carré comme la clôture d'un petit jardin. Au mur du fond s'adossent des bancs de pierre cachés souvent par une muraille isolée, semblable à une large pierre tombale debout et qui porte l'épitaphe; le mur opposé est percé d'une ouverture qui sert de porte et qui est flanquée de colonnes en pierre surmontées de statues fantastiques ou de grandes boules. En avant de cette porte, de nouvelles murailles circonscrivent un nouvel espace vide, espèce d'antichambre de cette maison, de cet enclos funéraire. On y pénètre par une nouvelle porte en avant de laquelle s'élève, isolée, une nouvelle muraille qui la cache comme un écran ou un paravent. La crête de tous ces murs est, surtout aux angles, chargée de statues et d'emblèmes en pierre sculptée. Au milieu du premier espace clos dont nous venons de parler, se trouve le tombeau proprement dit, pierre tumulaire toute simple ou souvent servant de base à une vache de granit couchée et endormie.

Tous les tombeaux ne sont pas aussi compliqués : il en est qui ne sont qu'un tas de terre en forme de pyramide tronquée et surmontée d'une demi-sphère en pierre ou de deux demi-sphères juxtaposées comme des seins de femme; d'autres sont de simples pyramides de terre gazonnée; d'autres, enfin, ne sont qu'un vulgaire tumulus.

Il y en a, au contraire, de beaucoup plus luxueux. Tel est celui qui est un des buts de promenade les plus connus des environs de Saïgon. Il est situé en pleine campagne, fort loin de la

ville et presque au bout de la plaine des tombeaux.
C'est une bâtisse, une véritable maison entourée
d'une muraille qui supporte une balustrade de
bois. De larges auvents aux tuiles historiées prolongent la toiture sur les quatre côtés; ils semblent destinés à protéger les peintures qui recouvrent les murailles de la maison. Deux rangées
de colonnes en bois dur, reliées en tous sens par
des poutres et des traverses peintes et sculptées à
jour, supportent ces auvents; devant la porte, s'élève la muraille paravent que flanquent de grands
animaux de pierre, tigres, lions ou dragons extraordinaires; les angles des murs sont surmontés de corbeilles de fruits et de gigantesques artichauts de granit. Dans l'intérieur de la maison
sépulcrale, est un grand massif cubique de maçonnerie qui est comme le sarcophage, au devant
duquel s'élève, sur un piédestal, un pan de mur
isolé, espèce d'énorme planche des ancêtres,
tandis que, en arrière, l'autel des aïeux se dresse
contre le mur du fond. Au-dessus de cet autel, un
écusson porte des emblèmes qu'on ne s'attendait
pas à trouver en ce lieu : ce sont des armoiries
timbrées d'une couronne comtale! Il n'y a guère
que trois quarts de siècle, un cortège imposant
conduisait vers ce tombeau celui à qui il était
destiné. Des palanquins dorés et des parasols innombrables, insignes des hautes dignités, entouraient le cercueil; une imposante escorte de mu-

siciens, de soldats, de canons et d'éléphants déployait à sa suite toute sa pompe asiatique ; la famille royale avait elle-même dérogé à tous les usages pour accompagner l'illustre mort autour duquel les dames de la cour se pressaient en pleurant ; le roi prononçait en personne l'oraison funèbre. Tous ces honneurs étaient décernés à un Français, à un chrétien, Mgr Pigneau de Béhaine, évêque d'Adran et vicaire apostolique de Cochinchine. Quels services ce missionnaire avait-il donc rendus à la cour ? Il avait tout simplement restauré la monarchie annamite. L'empereur d'Annam, en effet, Sa Majesté Nguyen Anh, fut renversé du trône et chassé de ses États vers 1780. Mgr d'Adran vint à son secours. Il partit pour la France et arriva à la cour de Louis XVI qu'il sut intéresser au malheureux sort de son cousin oriental. Précurseur de Garnier, le pieux évêque voulait placer l'Annam et le Tonkin sous le protectorat de la France, ouvrir à notre commerce les fleuves de ces deux pays et surtout contre-balancer dans l'extrême Orient l'influence de l'Angleterre. Louis XVI le récompensa de ses bonnes intentions en lui octroyant la couronne de comte qui orne aujourd'hui encore son tombeau, et il allait lui accorder des troupes qu'il devait ramener en Cochinchine, lorsque éclata l'orage révolutionnaire. Mgr Pigneau ne put emmener avec lui que quelques officiers tels que Chaigneau et Vannier, dont les noms sont encore portés dans la marine, et Ollivier, qui fortifia à la Vauban plusieurs places du Tonkin. Ce Français ne se doutait certes pas que les remparts qu'il élevait alors auraient un jour à résister aux assauts de nos soldats et seraient arrosés de leur sang. Le Vicaire apostolique forma une armée sérieuse que ses officiers instruisirent et guidèrent et, grâce à ses efforts et à son courage, Nguyen-Anh reconquit le trône et fut nommé roi d'Annam sous le nom de Gia-Long. L'Évêque fut élevé à la dignité de premier ministre et, vers 1799, quand il eut la douleur de perdre ce protecteur, le roi lui fit construire le tombeau dont nous venons de parler et qui passe encore aujourd'hui pour un des échantillons les plus complets et les plus curieux de l'architecture funéraire annamite.

CHAPITRE VIII

CHÔ-LEN ET LES CHINOIS.

De Saïgon à Chô-len. — La ville. — Magasins. — Exécution. — L'écriture chinoise. — Costume. — Queue. — Petit pied. — Pagode. — Religion. — Théâtre chinois. — Musique et jeux. — Rue aux fleurs. — Fumerie d'opium.

Non loin de Saïgon se trouve Chô-len, la ville chinoise ; c'est là que résident les principaux négociants venus du Céleste-Empire. Chô-len fait pour ainsi dire partie de Saïgon, avec cette différence, qu'on n'est plus dans l'Annam quand on est à Chô-len : on est aux portes de Pékin. Plusieurs routes y conduisent : la route de la plaine des Tombeaux, par exemple, qui traverse les champs de Ki-Hoa, au milieu de leurs aréquiers, de leurs chaumières en palmier, de leurs troupeaux de buffles et de leur innombrable multitude de mausolées fantastiques; la route des Mares, qui longe l'arroyo chinois, enfin l'arroyo chinois lui-même. Prendre un sampan à Saïgon, se coucher à l'abri de son toit de paille et remonter ce grand chemin liquide pour se rendre à Chô-len, constitue la promenade la plus pittoresque, la plus intéressante que puisse rêver un curieux.

L'arroyo chinois qui, par des détours et par ce qu'on pourrait appeler des arroyos de traverse, va aboutir au Mé-Kong, est le principal boulevard du Cambodge, ce Sroc-Kmer qui est aujourd'hui placé sous notre protectorat et dont la puissance fut jadis si colossale, qu'il avait, dit-on, une armée de cinq millions d'hommes et cent vingt rois pour vassaux. De Saïgon à Chô-len, l'arroyo est littéralement couvert des navires les plus variés et les plus étranges : immenses chalands portant de véritables maisons, jonques de guerre et jonques de commerce, transports cambodgiens chargés de riz, navires européens achetés par des Chinois et déguisés en jonques, sampans de toutes tailles, quelquefois même vrais jardins flottants, dont le fond est un vaste radeau de bambous, et tout cela si serré, qu'on pourrait, d'un bateau à l'autre, aller jusqu'à Chô-len à pied et sans toucher terre. Les cris les plus gutturaux, les chants les plus bizarres retentissent partout. Je crus rêver la première fois que je me trouvai au milieu de cette prodigieuse ville aquatique. C'est la population changeante de cette rivière, population qui, mieux que nulle part ailleurs, mérite le nom de population flottante, qui rend si difficile l'évaluation exacte du nombre d'habitants de la Cochinchine et de Saïgon en particulier.

Sur la rive droite de l'arroyo, s'élèvent de toutes parts de hautes cases en paille, mais qui gardent encore le cachet de l'architecture chinoise. La rive gauche est bordée de cabanes perchées sur des pilotis, comme si la terre n'offrait plus assez de place à ses habitants, et, au delà, d'épais et élégants fourrés de bananiers, d'aréquiers et de bambous prodigieusement hauts et serrés comme dans une forêt vierge. Dans ces jardins touffus et humides, coupés partout de petits arroyos ombragés, au milieu des maisons et des paillottes, les buffles, les poules, les porcs et les biches se mêlent aux Annamites pour animer le paysage. Les habitations se continuent ainsi jusqu'à Chô-len.

Chô-len est une grande ville chinoise de 39,925 habitants. A l'exception de 83 Européens, dont 57 Français, auxquels il faut ajouter notre garnison, tous sont Asiatiques ; Chô-len, comme le dit du reste son nom annamite de Chô-lôn, est pourtant le grand marché de la Cochinchine : c'est là que se centralise le commerce intérieur de l'Annam, y compris le Tonkin et le Cambodge.

Les environs de la ville sont, presque partout, transformés en jardins de plaisance. Un jardin chinois est un véritable assemblage de curiosités et de puérilités. On y pénètre sou-

vent, non par une porte carrée, mais par une
porte parfaitement ronde, comme les trous qu'on
fait dans nos villages pour donner passage aux
chats de la maison; à l'intérieur, ce ne sont que
ruisseaux artificiels, petits ponts rustiques, arcades de verdure ou de maçonnerie, berceaux de
plantes grimpantes, grottes minuscules, cachettes
en bambou, kiosques à toits sculptés. Ici, c'est un
bassin plein de ces affreux poissons rouges dont
nous avons déjà parlé; là, c'est une grande cage
pleine de grimaces de singes; ailleurs, ce sont
des volières remplies de cris de perruches multicolores; partout, se montrent des arbres nains,
sculptés en vases, en oiseaux, en chiens, en jonques, en dragons, en hommes ou en femmes :
une carcasse en fil de fer et une plante grimpante
qui y enroule son épais feuillage et qu'on taille
de certaine façon constituent le corps de ces végétaux ridicules; s'ils doivent, par exemple, représenter un homme, les mains et la tête sont en
porcelaine et on fixe ces accessoires à leur place
par des fils métalliques.

On arrive enfin à Chô-len : les rues, les places,
le monde, tout y est du plus pur chinois. Les maisons y ressemblent aux nôtres par l'ensemble, et
en diffèrent cependant par chaque détail. Leur
unique étage est quelquefois précédé d'une galerie d'arcades; le plus souvent, il est percé de fenêtres si hautes, qu'elles vont presque du toit au

rez-de-chaussée, si larges, qu'elles ne sont guère séparées l'une de l'autre que par la cloison des pièces qu'elles éclairent. Des croisées à jalousies ou des stores verts ornées de peintures voyantes les ferment à l'extérieur. A travers les mille vitres de ces fenêtres, qui donnent aux demeures chinoises l'aspect de grandes serres, se montrent de curieuses échappées de vue sur des intérieurs : Chinoises en coiffures monumentales, le chef orné d'énormes têtes d'épingle ; enfants chauves et couverts de soie ; grandes lanternes à glands rouges et suspendues dans les appartements en guise de lustres ; plafonds garnis de dentelles et de volants de papier découpé. Les étroites largeurs de façade qui restent entre le toit et les fenêtres, entre les fenêtres et les magasins et entre les fenêtres elles-mêmes, sont décorées à outrance de dragons, de fleurs et d'oiseaux peints à la fresque. De larges auvents aux angles relevés en pointe et chargés d'animaux fantastiques prolongent les toitures sur la rue ; sur le faîte des maisons, des planches placées verticalement et découpées en croissants allongés marquent les divers angles que forment les toits. Un petit jardin précède souvent ces logis : on y entre alors par un portail que surmonte une toiture massive portée sur deux colonnes ; l'imagination des architectes se donne librement carrière sur cette toiture, et la couvre tant qu'elle peut de planches en gondoles, de découpures en forme de grecques, de chiens menaçants, de dragons grotesquement terribles et de Bouddhas ventrus, riant à pleine gorge.

Le bas de ces maisons est occupé par des magasins, qui en tiennent toute l'étendue et qui n'ont pas de devanture; le vitrage qui les ferme et qui permet aux passants de voir toute la boutique à la fois, dispense les commerçants d'avoir recours aux tentations des étalages, mais ne semble pas les dispenser des enseignes; ils en déploient, au contraire, un luxe incroyable. Ce ne sont partout que longues planches et que moitiés de bambous suspendus contre les vitres et couvertes, du haut en bas, de caractères sculptés, peints ou dorés; ce ne sont que colossales lanternes en baudruche ou en soie, peintes d'énormes lettres et se balançant sur la tête des passants; ce ne sont enfin que larges écriteaux bariolés et, au moyen de potences en fer, s'avançant jusqu'au milieu de la rue, comme cela se faisait chez nous au moyen âge.

A l'intérieur et sur les angles de toutes les solives, sont collées de longues bandes de papier rouge qui leur forment une bordure flottante et qui portent de nouvelles inscriptions en noir ou en or. Au fond de chaque magasin, s'élève l'autel obligé de Bouddha, devant lequel brûlent des lampes, des veilleuses ou des bâtons dont l'odeur de mauvais encens remplit le local d'un parfum qui rappelle celui du djaouil des Arabes. Chaque boutique contient un entassement des marchandises les plus disparates : on y vend de tout, depuis des vases, des statues en porcelaine et des services de plusieurs milliers de francs, jusqu'à des hamacs de 25 centimes et des chapeaux de 2 ou 3 sous! J'ai déjà dit quel plaisir les collectionneurs trouvent à flâner chez ces marchands : il n'y a pas d'officier ayant passé quinze jours en Cochinchine qui ne connaisse, sinon à Chô-len, du moins à Saïgon, Key-Chong, A-Pan, A-Hoï, Souï-Lang ou Souï-Sang, les principaux commerçants de curiosités chinoises.

Entrez chez l'un de ces aimables et complaisants négociants : une troupe de domestiques et d'employés s'agitent autour de vous. Dans les magasins les mieux fréquentés, aucun de ces subalternes ne porte d'autre costume qu'un large pantalon bleu. Comme nous sommes loin de nos jolis petits messieurs du Louvre et du Bon-Marché! Derrière le comptoir, se tient, en longue robe ou en veste blanche, le maître de céans à qui d'énormes lunettes rondes donnent l'air d'un chat-huant. Quand il n'a rien de mieux à faire, il passe le temps à agiter en tous sens un sac de drap fermé dont il tient un bout dans chaque main; ce sac, qui semble vide, contient une certaine quantité de pièces d'or; à la fin de la journée,

ISMAÏLIA.

quand ces louis ont été ainsi secoués longtemps, ils n'ont rien perdu de leur forme ni de leur coin, mais ils ont laissé sur l'étoffe rude du sac une poussière d'or que, par je ne sais quel procédé chimique, le marchand saura bien y retrouver. Plein d'affabilité, il s'avance vers vous, vous fait asseoir et vous offre du tabac et du thé sans sucre ; le plus souvent, vous vous contentez de fumer, de boire et de regarder. Si vous achetez quelque chose, le négociant ne manque jamais de prendre la pièce que vous lui donnez, de la déposer sur l'index de sa main droite à demi fermée et de la faire adroitement sauter d'une chiquenaude donnée avec l'ongle du pouce pour la rattraper d'un air distrait et indifférent : la pièce a sonné pendant qu'elle sautait ainsi et le tintement qu'elle a rendu a dit qu'elle n'était pas fausse. Si votre achat est important et s'il y a, pour son payement, un calcul à faire, le Chinois prend son souan-pan, espèce de boîte à calcul dont le cadre contient dix tringles parallèles garnies de gros grains de bois ; il les y fait courir de droite et de gauche, comme un joueur qui marque des points au billard, et il vous donne en une minute le total de votre addition. Un employé plie votre achat dans du papier-étoffe, de manière à n'en laisser dépasser qu'un angle qu'il cachette comme l'enveloppe d'une lettre, et le marchand, qui est déjà devenu votre ami, vous reconduit avec son plus cordial et en même temps son plus respectueux tchin-tchin.

Les magasins des épiciers sont peut-être les plus curieux de tous, et il faudrait un interminable catalogue pour énumérer tous les comestibles étranges qu'on y trouve. Remarquons-y, en passant, ces œufs pourris et noirs qui exhalent une violente odeur sulfureuse; cette huile de ricin qui sert aux assaisonnements et qui, fraîche, c'est-à-dire comme on l'emploie, a un goût excellent et n'a rien des propriétés qui nous la font employer en médecine ; ces nids d'hirondelles enfin, dont nous avons déjà parlé, et qui, dépouillés de tout corps étranger et réduits à la gélatine qui en forme comme le mortier, ont l'aspect de champignons desséchés.

Dans la rue, au milieu des barbiers établis en plein vent, des restaurants ambulants, circule sans cesse une foule bigarrée et curieuse : Chinoises vacillantes, domestiques balançant à la main leurs colliers de sapèques, coolies demi-nus ployant sous les fardeaux, Chinois en bleu de ciel ou en gris perle ; et, de temps à autre, pompeux et grave, passe sous son parasol garni de franges et de glands qui y sont suspendus comme des stalactites à une voûte, parasol quelquefois plus large que celui des fruitières de nos marchés, quelque mandarin annamite venu de l'intérieur et tout fier de ses parements et de ses écharpes.

Au milieu de la ville, s'élèvent des halles plus curieuses encore que celles de Saïgon ; non loin d'elles, des crocodiles attendent leurs bouchers, dans des réservoirs dépendant d'un petit canal qui traverse Chô-len. Un grand pont, formé d'une arcade élevée, enjambe ce canal, non loin du marché ; c'est le pont lugubre où se font les exécutions capitales. Il était, la première fois que nous y passâmes, pour ainsi dire encore rouge du sang qui y avait coulé quelques jours avant. Huit pirates annamites, qui avaient capturé et coulé une jonque après en avoir tué l'équipage, avaient été pris sur l'arroyo Chinois ; les mains liées derrière le dos, précédés de gongs et de tam-tams qui sonnaient une bruyante marche funèbre, ils avaient été conduits sur ce lieu de supplice par un détachement de nos soldats indigènes. Là, rangés en ligne, ils s'étaient tous agenouillés sur le bord du pont, le cou nu, la tête baissée. L'exécuteur, nous racontait un officier de nos collègues qui avait assisté de près à cette scène, l'exécuteur s'était plongé le doigt dans la bouche et, de sa salive hideuse rougie par le bétel, il avait tracé sur les nuques la marque sanglante où devait frapper sa lame ; puis il avait levé au-dessus de sa tête un grand sabre affilé comme un rasoir, dont il tenait la poignée dans sa main droite et la pointe dans sa main gauche ; à un signal du gong, il avait lâché la pointe, le sabre avait semblé retomber sans effort, et la tête d'un pirate avait roulé dans l'arroyo dont l'eau s'était teinte de sang. Huit fois, le sabre du bourreau avait accompli sa terrible course et huit têtes grimaçantes s'en étaient, l'une après l'autre, allées au fil du courant. Les condamnés affectent, en général, un profond mépris pour la mort ; un seul de ces huit pauvres diables avait levé les yeux vers notre confrère et lui avait dit en souriant, dans notre langue : « Ça pas bon, Français, couper tête ! »

Quand le crime commis n'entraîne pas la peine de mort, les coupables sont quelquefois condamnés aux travaux forcés, et on rencontre souvent, dans les rues de Chô-len, des files d'Annamites affublés de grands chapeaux coniques et que conduisent des mattas armés de nos anciens briquets. Ce sont les forçats du pays, mais les forçats les moins coupables et qui n'ont été condamnés qu'à quelques mois de peine : les autres sont transportés à Poulo-Condor.

Si la faute était trop légère pour entraîner même cette espèce de bagne, on condamnait autrefois le délinquant à la cadouille, bastonnade qu'on donnait avec un rotin de la grosseur du petit doigt. Le nom barbare de cette peine lui venait de Ca-Duoï, nom annamite d'une raie très commune en Cochinchine. Ce poisson est muni d'une queue longue et mince, dont on fait pour les cavaliers des cravaches élégantes mais peu solides. En 1861, lors de la prise des lignes de Ki-Hoa, on en trouva plusieurs dans les campements ennemis. Les Français demandèrent aux Annamites le nom et l'usage de cet instrument; les Annamites répondirent Ca-Duoï et firent la pantomime de frapper. Nous en conclûmes que c'était un instrument de correction et son nom est resté avec le sens de bastonnade qu'il n'avait pas, si bien que les Annamites croient parler français en s'en servant, comme nous-mêmes nous croyons parler annamite. Rotin ou cadouille, les peines corporelles sont d'ailleurs abolies depuis 1864 et ne sont plus appliquées qu'arbitrairement et illégalement.

Des volumes entiers ne suffiraient pas à décrire tout ce qu'on voit de particulier, de curieux à Chô-len. En tout et pour tout, de la semelle des souliers aux cheveux, le Chinois diffère du Français : s'il écrit, par exemple, au lieu de papier comme le nôtre, il emploie un papier qui ressemble à de la soie ; au lieu d'encre liquide, il délaye de l'encre solide ; au lieu d'une plume, il se sert d'un pinceau et encore ce pinceau est-il fait à l'envers des nôtres et les poils sortent-ils du manche comme la mine sort d'un crayon, et ainsi de suite. Cela nous amène à dire un mot de l'écriture commune aux Annamites et aux Chinois.

L'annamite s'écrit avec notre alphabet modifié comme nous l'avons dit ou avec des caractères chinois. Il faut plusieurs années pour apprendre à lire le chinois, mais on a, quand on le sait, l'avantage de pouvoir comprendre à la lecture et sans les savoir plusieurs langues qui s'écrivent avec les mêmes signes, de même qu'on peut lire et comprendre le chinois sans savoir le parler. Cela est tout simple, puisque chaque signe représente un mot, une idée. Ainsi, deux espèces de crochets qui se suivent expriment l'idée d'un roseau, mais qu'on prononce cette lettre *Truoc* en chinois, *arundo* en latin ou *roseau* en français, on comprendra toujours qu'il s'agit du même végétal.

L'écriture chinoise n'est pourtant pas une écriture exclusivement idéologique ou, du moins, elle a une origine phonétique. Ainsi, les mots différents formés par la même syllabe sont représentés à peu près par les mêmes lettres, qui ne diffèrent que par un petit détail : les mots *ong* et *qua*, par exemple, qui signifient le premier *droit* et *pâle* et le second *fruit* et *vrai*, sont représentés par les mêmes lettres, mais avec une légère variante, selon qu'elles expriment droit ou pâle, fruit ou vrai. Il n'y a aucun rapport entre droit et pâle, pas plus qu'entre fruit et vrai, ces signes semblent donc représenter le son plutôt que l'idée ; mais chaque syllabe étant un mot et la même lettre se modifiant selon le sens de la syllabe quand elle en a plusieurs, il n'en devient pas moins vrai que l'écriture chinoise s'est transformée en une écriture purement idéologique, hiéroglyphique. Les Chinois ont cent mille lettres; les Annamites ne leur en ont emprunté que neuf cents.

Chaque lettre chinoise représentant un mot, c'est-à-dire une syllabe, c'est-à-dire un seul son, on peut se servir de cet alphabet pour écrire les mots français; le procédé n'est guère employé à Saïgon que par les marchands de bibelots qui veulent écrire sur un objet le nom de son acheteur français, ou par les fabricants de cannes qui veulent graver son nom sur la pomme d'argent ciselée de leurs magnifiques rotins, souvenir obligé d'un voyage en Cochinchine. Ainsi, pour écrire le mot Philippe, ils tracent d'abord le signe qui signifie *non* et qui se prononce *Phi*, puis le signe qui veut dire *habitude* et qui se prononce *li*, enfin celui qui exprime *faction* et qui se prononce *pe;* pour un Chinois ou pour un Annamite cet assemblage bizarre signifiera non-habitude-faction, mais se prononcera : Phi-li-pe. Cette écriture a pour origine assez curieuse les kouas de Fo-hi, fondateur de l'Empire chinois et grand philosophe. Les kouas sont des images qui se réduisent à de petites lignes parallèles ou liang-hi. Les unes, simples comme un trait d'union, sont les *yang*, qui représentent le principe lumineux, actif et mâle, les autres, interrompues comme deux traits d'union se suivant sur la même ligne, sont les *yin*, qui représentent le principe ténébreux, passif ou femelle. Fo-hi avait, avec ces liang-hi, diversement assemblés ou plutôt superposés parallèlement, formé huit kouas et les avait rangés l'un à la suite de l'autre sur une circonférence, chacun d'eux perpendiculaire à un rayon : il était résulté de ce travail une figure cabalistique sur laquelle il avait basé son livre symbolique d'Y-King, livre auquel personne, dit-on, n'a jamais rien compris, pas même Confucius. Ce qu'il y avait de plus clair dans ce grimoire circulaire, c'est que chacun de ces kouas était destiné à représenter un élément : la terre, l'eau, les montagnes, etc. Ce furent les premières lettres. Fo-hi y ajouta lui-même six lou-chou ou caractères figuratifs, tels qu'un petit rond avec un point au centre pour représenter le soleil, un croissant pour la lune, une espèce de *t* à deux pieds pour l'homme et ainsi de suite. Il combina ces lou-chou entre eux pour former d'autres mots : en associant, par exemple, le rond du soleil et le croissant de la lune, il fit le signe qui représente la lumière ; en répétant trois fois à la file le signe qui veut dire homme, il exprima l'idée de suivre, et ainsi pour d'autres ; on ajouta de nouveaux signes à ceux-là, on combina kouas, lou-chous et signes nouveaux, et on arriva peu à peu ainsi à l'épouvantable complication de cette écriture hirsute dont la science seule peut remplir la vie d'un homme.

L'annamite et le chinois s'écrivent en allant de haut en bas et de droite à gauche; ainsi le commencement du pater s'écrirait :

Arrive,	que	êtes	notre
etc.	votre	au	père
etc.	règne	ciel,	qui

Les Chinois, dit-on, connaissaient les caractères mobiles, c'est-à-dire l'imprimerie, bien avant l'invention de Gutenberg ; mais les Annamites ne se sont jamais servis et ne se servent encore que de planches en bois sur lesquelles les caractères sont sculptés en bas-relief et à l'envers, naturellement. Ils ont pour les papiers ainsi imprimés un respect tel, qu'ils les brûlent pieusement quand ils en trouvent et qu'ils ne les emploient jamais à aucun usage profane.

La division du temps chez les Annamites et les Chinois diffère aussi de la nôtre. La journée se divise en heures et en veilles ; l'année se divise en mois lunaires, ce qui nécessite, de temps à autre, l'emploi de mois intercalaires ; enfin, les grands espaces de temps se divisent en cycles, grands cycles et petits cycles, se combinant entre eux d'une façon tout à fait ingénieuse. Tout ceci ne serait qu'assez simple; mais où commence la chinoiserie de la chose, c'est dans l'usage de désigner toutes les divisions du temps : heures, jours, mois, saisons, années et cycles, par une des innombrables lettres de l'alphabet. Or, chaque lettre exprime un mot, mieux qu'un mot, une idée; chaque division du temps a donc un nom, et un roman chinois peut parfaitement commencer et commence souvent ainsi : « C'était à l'heure de la poule qui chante, le jour de la pluie humide, au mois des eaux claires, pendant la saison de la grenouille qui pleure, dans l'année du feu qui brûle et des nuages qui passent; la charmante Hao-Pan, aux yeux de jade, née dans la saison du veau qui tette, de l'année heureuse du froid qui gèle et du poisson qui frétille !... » et ainsi de suite. On voit sans peine les ressources intarissables que peut fournir à la poésie l'exploitation d'une pareille mine de richesses. Quant aux Célestiaux de Chôlen, ils se contentent d'exploiter notre colonie.

La Cochinchine appartient autant aux Chinois qu'à nous-mêmes : nous payons, ils empochent; nous semons, ils récoltent. La ferme de l'opium est une preuve des bénéfices énormes que l'un d'eux a pu faire à nos frais. Quant au petit commerce, il se monopolise encore plus entre leurs mains : ils sont bottiers, et ce sont eux qui vous vendent pour 5 francs une excellente paire de souliers; ils sont tailleurs, et ils vous livrent pour 30 francs un costume complet en soie; ils sont repasseurs de linge, portefaix, blanchisseurs, ils sont tout. Une de leurs qualités est un talent d'imitation poussé au dernier degré. On cite à Saïgon un Chinois qui construisit, sur un modèle, une frégate entière et un autre qui démonta une machine à vapeur, en fit une parfaitement semblable, identique, avec cette différence, qu'elle ne put jamais marcher. Pour les travaux vulgaires, leur esprit d'imitation servile est poussé plus loin encore. Avez-vous besoin d'un pantalon, d'un habit, donnez-en un à copier au premier Chinois venu ; il le défera pièce par pièce, bouton par bouton, le refera ensuite et vous rendra deux vêtements si parfaitement semblables, que, si l'étoffe est la même, vous ne pourrez plus les distinguer l'un de l'autre. Un de nos camarades nous racontait même à ce propos qu'il avait, un jour, chargé un tailleur chinois de lui faire une culotte : quel ne fut pas son étonnement de la recevoir, quelques jours après, avec des pièces au fond et des reprises aux genoux, comme si elle eût été portée pendant six mois; elle était pourtant neuve. Tout s'expliqua : le modèle donné à l'ouvrier avait ces reprises et ces pièces, et le tailleur trop scrupuleux les avait reproduites sans en oublier un point.

Le costume des Chinois, celui du moins qu'ils portent habituellement à Chô-Len, n'est pas disgracieux : leurs pieds sont chaussés de souliers de soie ou de velours, brodés en couleurs et garnis d'une épaisse semelle blanche de cuir ou de feutre ; leurs jambes sont protégées par des bas de toile cousus, très larges, ne se moulant pas sur le mollet et garnis aussi d'une semelle rouge ou bleue. Leurs pantalons en calicot ou en soie de couleur sont si larges que, de loin, les deux jambes se confondent, et que les hommes ont l'air de porter une jupe ; quand il pleut, le bout de ce pantalon entre dans le bas, et celui-ci se fixe au-dessous du genou par un ruban de couleur. Leur principal vêtement est une veste blanche, bleue, brodée, croisée sur la poitrine, échancrée en carré au devant du ventre, garnie de petits boutons de verre ou de métal qui ressemblent à des grelots, enfin, sans bras ou avec des manches semblables à celles que nos mères appelaient des manches pagodes. Leur tête est ordinairement découverte ; elle est rasée, sauf au sommet, d'où part une queue de beaux cheveux noirs artistement tressés. Cette queue tombe jusqu'aux jarrets ; la nature ne pouvant en faire tous les frais, cet appendice commence par les cheveux eux-mêmes, mais il se continue par des fils de soie noire et se termine par un petit gland de soie noire ou rouge, sans qu'il soit possible de dire, en voyant une tresse, où les cheveux finissent et où la soie commence.

La queue, qui fut, comme signe de reconnaissance, imposée aux Chinois par les Mandchoux, a fini par être adoptée par ces conquérants eux-mêmes, et aujourd'hui elle est pour tous un signe d'honneur : quand un Chinois criminel va être exécuté, on commence par lui couper la queue. Elle se porte ordinairement enroulée autour du crâne, comme un petit turban; mais un Chinois commet une impolitesse si, en entrant chez quelqu'un, il ne la secoue pas d'un mouvement de tête en arrière pour qu'elle se déroule et tombe sur son dos. C'est une marque de déférence à laquelle les officiers français tiennent beaucoup et qu'ils ne manquent pas de rappeler à ceux qui l'oublient. Il faudrait pourtant bien se garder de toucher à cet ornement pour le dérouler soi-même; son propriétaire en serait indigné et courroucé : tirer la queue à un Chinois est lui faire une grave injure. Les Européens ont pourtant pour elle un respect médiocre, et nous avons vu quelquefois des soldats humilier cruellement, en les attachant tous ensemble par la queue pour les empêcher de fuir, des malfaiteurs qu'ils venaient d'arrêter.

Quand la pluie ou le soleil mettent le Chinois dans l'obligation de porter un chapeau, celui-ci prend les formes les plus extraordinaires : c'est le *salako* en hémisphère; c'est un cône à pointe de métal; c'est une espèce d'ombrelle en feuilles de palmier; c'est un chapeau rond, concave, en rotin tressé à jour comme les chaises cannées; c'est une sorte de claque à bords tombants et qui encadre le visage dans une ouverture ovale; ce sont des casques laqués, ornés de glands, agrémentés de miroirs; ce sont enfin ces prodigieux couvre-chefs si communs à Saïgon, et dont les ailes sont si larges, que, si celui qui le porte étend le bras, un fil à plomb qu'on ferait tomber de leur bord irait rencontrer le poignet.

Les jours de fêtes, le costume demeure à peu près de même forme, mais il est alors en soie de couleur, tout brodé et tout broché d'or et d'argent, avec des ornements sur les bords, sur le dos et sur la poitrine. Le Chinois se croit ainsi magnifique, et il faut voir avec quelle grâce affectée il se dandine en jouant, d'une main, avec son parasol plat, et de l'autre, avec l'éventail qui ne le quitte jamais, qu'il agite en l'élevant au-dessus de sa tête, qu'il ouvre et qu'il referme sans cesse, comme une précieuse dans une soirée.

Les enfants ont souvent deux queues au lieu d'une : il en naît une de chaque côté de leur tête, et elles se réunissent sur la nuque pour se continuer et se terminer par une tresse unique. Comme chez les Annamites, le costume des femmes, chez les Chinois, est à peu près le même que celui des hommes; leurs pantalons sont seulement plus larges, et leur veste, qui tombe jusqu'aux pieds et qui est fendue jusqu'aux hanches, est couverte de plus de broderies; les colliers, les bracelets et les boucles d'oreilles sont, un peu comme partout, leur luxe favori. Les Chinoises sont loin d'être laides : leurs yeux relevés leur donnent, au contraire, un cachet d'originalité piquant et nullement désagréable. Décrire leur coiffure est une chose impossible : dire comment s'agencent ces cheveux lustrés, relevés, tirés sur la tête, ces chignons massifs, piqués de longues et grosses épingles, ces queues, ces nattes légères, ces bandeaux relevés et plus minces que des ailes de papillons noirs, ces coques transparentes, ces fleurs de papier, ces dorures, ces peignes à jour, serait un travail si compliqué, que personne n'y comprendrait rien, en commençant par celui qui l'aurait fait. Leurs chaussures semblent n'avoir qu'un but : rendre la marche aussi difficile que possible. Ce sont tantôt des socques dont la semelle est beaucoup plus courte que le pied, de manière que le talon porte à faux; tantôt des souliers perchés sur une haute et étroite semelle de bois, de sorte que celle qui les porte a l'air de marcher sur des échasses; tantôt aussi d'espèces de bas de toile qui se terminent par des souliers microscopiques : ces bas sont, en arrière, garnis d'une forte semelle de bois qui, placée verticalement et faisant corps avec le soulier, oblige la femme à tenir le pied fortement étendu et à ne marcher que sur sa pointe. Toutes ces formes de chaussures ont pour but d'imiter le fameux petit pied dont la mode barbare est toujours aussi florissante en Chine que jamais. Il n'est pas rare de rencontrer dans les rues de Chô-len de pauvres femmes dont l'allure hésitante, balancée et sans équilibre, révèle l'existence de cette ridicule déformation. Ce n'est guère que lorsque la femme a atteint l'âge de six ans qu'on commence à l'y soumettre. Pour la produire, on replie d'abord les quatre derniers orteils sur la plante du pied, comme le sont les doigts dans la main fermée, et on les maintient dans cette situation au moyen d'une bande ; on replie ensuite le gros orteil sur les autres en rapprochant, autant que possible, son extrémité du talon et on le fixe par de nouveaux tours de linge. Cette ligature est resserrée peu à peu ; pendant les cinq ou six premiers mois de l'application de cet appareil, la femme éprouve de la gêne, quelques douleurs ; peu à peu, elle s'y habitue, et son pied qu'on maintient en même temps dans l'extension forcée, finit par devenir un affreux moignon avec lequel elle ne peut marcher que sur le dos des orteils. Les ligatures doivent être portées toute la vie et constamment ; la déformation qu'elles occasionnent n'est, en effet, pas indélébile, et le pied finirait par revenir à sa forme normale s'il n'était plus contenu. Le petit pied n'est pas, comme on le croit, l'apanage des riches ; on le trouve dans toutes les classes de la société. L'origine de cette coutume sauvage est peu connue ; il est tout simplement probable qu'elle a germé dans le cerveau fêlé de quelque empereur malade et que, adoptée par ses courtisans, elle s'est continuée jusqu'à nos jours. Son but est moins connu encore ; on a supposé qu'elle était destinée à retenir les femmes à la maison ou qu'elle devait modérer les écarts d'un tempérament que les maris trouvaient trop fougueux ; cela est peu probable, le petit pied des femmes qui en ont l'habitude ne les gênant pas assez pour les retenir prisonnières. Il en est même qui supposent que cette mutilation, empêchant les femmes de se tenir debout, les oblige à se traîner dans leur intérieur sur une partie que la nature a plutôt faite pour s'asseoir que pour marcher ; cette région, forcément exercée de la sorte, doit, disent-ils, acquérir un développement comparable à celui des mollets de nos danseuses et ce serait dans ce but que les Chinois auraient adopté cette habitude ; il est encore moins probable qu'ils aient poussé jusque-là la sensualité et l'amour des formes.

Les vraies Chinoises sont plus rares à Chô-len que les Chinois. Ceux-ci, en effet, laissent volontiers leurs femmes en Chine, gardeuses du yamen conjugal, pendant que le mari va chercher fortune et se fait une famille provisoire dans les pays où il se trouve. Les premiers venus en Cochinchine ont épousé des Annamites; ceux qui les ont suivis ont épousé pour un temps les filles métisses nées de ces alliances et qu'on appelle des Minh-Huong; les autres ont pris pour femmes les filles de ces Minh-Huong et des Chinois, et ils ont fini par former ainsi une race de femmes qui ne sont plus Minh-Huong qu'à un degré si lointain, qu'il n'y a presque plus de différence entre elles et les filles jaunes du Pé-Tchi-Li.

Il y a à Chô-len deux établissements du plus grand intérêt et qu'on ne manque jamais de visiter : ce sont la pagode et le théâtre.

La pagode, élevée par les Cantonnais qui habitent Chô-len, et apportée pierre à pierre de Canton, porte le nom harmonieux de Kwan-chin-whay-quan. De grandes et belles portes sculptées à jour s'ouvrent sur la cour qui la précède et qui lui sert de parvis. Au fond de cette cour dont les murailles sont, comme les étagères d'un musée, tapissées de statuettes coloriées, s'élève la pagode; c'est un grand monument à toit rouge dont le faîte est chargé, surchargé d'oiseaux, de dragons, de bonshommes dorés et peinturlurés à outrance; les murailles de côté du monument, prolongées jusqu'à une certaine hauteur au-dessus du toit, portent aussi une innombrable population de statuettes curieuses et de chiens extraordinaires aux oreilles et à la queue en éventail, aux yeux hors de la tête.

L'intérieur de la pagode a la forme d'une croix grecque ; la branche par laquelle on entre correspond au pied de la croix et est réservée aux fidèles ; on y trouve à portée de la main une cloche magnifique, des gongs suspendus et une espèce de tambour colossal en bronze : la peau de cet instrument est remplacée par un large gong mis en équilibre par son centre sur un montant qui occupe l'axe de la caisse, de manière que ses bords ne touchent pas ceux du tambour; de formidables coups de canon peuvent seuls donner une idée du bruit qu'on fait en frappant sur cette machine. Tout Chinois qui vient à la pagode pour prier doit frapper sur la cloche, sur le gong ou sur le tambour pour réveiller les dieux, pour attirer leur attention avant de leur présenter sa requête. Des pilons sont pour cela pendus au mur, à la disposition de tout le monde. Les bras de la croix ou transepts contiennent, l'un la sacristie, l'autre le chapitre ; enfin l'abside sert de sanctuaire. Au point d'intersection des quatre branches de la croix, est une cour découverte dont le centre est occupé par un grand fourneau de bronze en forme de coupe ; on y brûle des bâtons odorants et des morceaux de papier d'or ou d'argent couverts de figures emblématiques. Au fond du sanctuaire, s'élève un large autel en forme de table sur lequel trônent de grandes statues dorées et vêtues qui représentent Bouddha, Koang-Yn, patronne de Canton, et divers autres dieux à l'aspect formidable. Autour d'eux, sont placés debout d'énormes plumeaux, des vases de fleurs artificielles, des statuettes, des montres, des cloches, des tambours, des gongs, des bannières, des planchettes emmanchées, en un mot, un entassement indescriptible des chinoiseries les plus diverses. Au-devant de l'autel pend, du plafond, un grand *panka* de bois, doré, sculpté, fouillé, et qui est une splendide œuvre d'art ou au moins de patience. De temps à autre, un Chinois entre dans la pagode, fait retentir le gong ou le tambour de la porte, arrive jusqu'à l'autel, y allume un petit bâton, joint les mains, fait ce salut qu'on appelle le *tchin-tchin,* va allumer un lambeau de papier dans le fourneau et se retire : sa prière est faite. Quelquefois, il ne se contente pas du *tchin-tchin,* mais il exécute un *laï,* c'est-à-dire une de ces prosternations qui ne sont réservées qu'aux dieux et aux grands de la terre. Tout cela, cependant, se pratique sans aucune espèce de recueillement; les bonzes eux-mêmes ne le font qu'en riant; celui qui nous accompagne et nous explique ce que nous voyons, contrefait la grimace des statues qu'il nous désigne, en nous disant comme une chose très drôle : « Ça, madame Bouddha! Ça, M. Bouddha! » Ce peu de respect va jusqu'à insulter les dieux, à les maltraiter, quand ils n'accordent pas assez vite ce qu'on leur demande. Une fois, par exemple, il plut trop longtemps; les Chinois prièrent Bouddha de faire cesser ce déluge, et Bouddha fit la sourde oreille. Que firent alors les bonzes pour lui donner une leçon? Ils sortirent sa statue de la pagode et l'exposèrent en pleine pluie, où il abîma ses beaux habits de soie et où il perdit toute sa dorure. Cela lui donna à réfléchir, et la pluie cessa.

Les femmes annamites, nous l'avons dit, n'entrent pas dans la pagode, au moins dans la plupart d'entre elles, et si une con-gaï viole cette défense du Code, on ne la punit pas, mais on inflige à son mari et, à défaut de mari, à l'oncle, au frère, au parent mâle le plus rapproché, une raclée de coups de bambou non moins solide que légale. C'est très commode pour les épouses qui veulent faire de la peine à leur conjoint.

L'indifférence des bouddhistes et des Annamites, en général, en matière de religion, est constatée et avouée par nos missionnaires eux-mêmes, qui voient avec douleur que si leurs conversions sont faciles, elles sont en même temps bien peu stables; une province annamite comptera un beau jour plus de vingt mille chrétiens, et un an après, on n'y retrouvera plus que des païens revenus à leurs divinités grotesques. Il n'y a que peu de bouddhistes en Annam. Les pagodes renferment quelquefois une statue de Bouddha, il est vrai, mais presque toutes sont consacrées à la mémoire d'une célébrité locale ou nationale. Il y a aussi des pagodes élevées aux tigres, aux éléphants, aux phénomènes naturels, aux dauphins, comme celle du cap Saint-Jacques, à tout ce que le peuple peut redouter enfin, comme à tout ce qui peut lui être utile.

La religion des Chinois est, comme celle des Annamites, une chose si vague, d'ailleurs, qu'elle explique le peu de cas qu'en font ses adeptes : l'Empereur est trop au-dessus de ses indignes sujets, pour professer le même culte qu'eux, et il adore le ciel, le soleil, la terre et la lumière ; les personnages d'un rang inférieur adorent la pluie, le vent, les tonnerres, les dragons ; d'autres suivent la morale épicurienne de Lao-Tseu ; les derniers, enfin, réservent leurs dévotions pour les mânes de leurs propres ancêtres ou pour celles de Confucius, qui n'est pourtant pas un dieu pour cela. Confucius ou Kon-Phu-Tzé, savant philosophe contemporain de Léonidas et de Pythagore, est simplement, disent les Chinois, un sage qui n'a pas fait une religion, mais qui a donné au monde un code de morale se réduisant à ces préceptes : se bien conduire envers l'autorité, c'est-à-dire envers le roi, envers le père de famille et envers son prochain : autant dire envers tout le monde. Le gouvernement chinois et le gouvernement annamite n'ont pas, à proprement parler, de religion d'État ; ils se contentent de reconnaître le ciel et un être suprême indéfini. Chez les Chinois, c'est la religion de Fô ou de Bouddha qui a le plus d'adeptes. Postérieure à celle de Brahma, elle en diffère essentiellement en ce que, si elle admet les migrations de l'âme, elle y ajoute une perfection qui termine cet éternel voyage. L'idée de ces métempsycoses perpétuelles n'était pas satisfaisante, il fallait que l'âme, après avoir plusieurs fois changé de logement, pût enfin se fixer. Les fondateurs du bouddhisme ont eu, pour arriver à ce résultat, l'idée qu'il fallait anéantir les causes de renaissance, qui sont les manifestations de la vie ; ces manifestations sont les mêmes que celles de la douleur et du plaisir, douleur et plaisir étant, au point de vue physiologique, deux degrés différents des mêmes sensations ; ce sont donc la douleur et le plaisir qu'il fallait abolir. La douleur et le plaisir nous viennent par les sens ; supprimons donc les sens, et nous aurons supprimé du même coup cet amalgame de joies et de soucis, de voluptés et de souffrances qui constitue la vie humaine. Nous serons arrivés au Nirvâna des Indiens, c'est-à-dire à l'anéantissement complet de notre personnalité, ou plutôt à son absorption en elle-même avec persistance du sentiment de l'existence : l'état de béat abrutissement d'un fumeur d'opium se rapproche de cet état suprême. Ainsi anéantis, nous n'aurons plus dès lors de causes de renaissance ; les migrations de notre âme s'arrêteront et nous serons parfaits, nous serons Bouddah ! Tel est l'idéal du bouddhisme !

Malgré le sans-gêne goguenard avec lequel les bouddhistes professent leur religion, malgré la tolérance de leur gouvernement, les Annamites et les Chinois ne voient pas nos missionnaires de bon œil, et tous les prétextes leur sont bons pour les persécuter et les expulser. Ils sont encore plus détestés en Chine depuis qu'un certain Hung-seu-Tsuen, en se faisant nommer Empereur et en fomentant la fameuse révolte de Taï-Pings, eut, en 1851, la malheureuse idée de prendre la croix pour emblème. Il n'en fallait pas tant pour que les bouddhistes regardassent les missionnaires comme complices des insurgés et se missent à les poursuivre avec plus d'acharnement.

Le théâtre chinois est, après et peut-être avant la pagode, une curiosité de haut goût et qui, à elle seule, vaut largement le voyage de Chô-len. Les représentations théâtrales ont souvent lieu dans la cour intérieure des temples, pour que, toutes les portes étant ouvertes, les dieux puissent, de l'intérieur, jouir un peu du spectacle et se désennuyer ainsi de leur éternelle immobilité, mais, le plus ordinairement, et c'est le cas à Chô-len, elles se donnent dans un édifice spécialement construit pour cet usage. Les comédiens, comme chez nous, sont réunis en troupe sous l'autorité d'un directeur; leur profession est considérée comme incompatible avec la dignité humaine, et ceux qui l'exercent sont flétris non seulement par l'opinion, mais encore par la loi, qui leur défend tout accès aux honneurs et aux charges publiques. Les grands personnages sont admis gratuitement au spectacle; aussi, la première fois que nous y allâmes, ne fûmes-nous pas médiocrement flattés de voir le caissier se lever respectueusement à l'aspect de nos uniformes, s'incliner devant nos galons, en prononçant avec déférence le mot de ong-quan, officiers, et refuser notre argent. Le plus modeste sous-lieutenant devient là-bas un grand mandarin. La salle ne contient que deux ordres de places : le parterre et les loges. Celles-ci ont, entre autres avantages, celui d'être ventilées par des pankas que balancent des domestiques invisibles; elles sont rangées autour de la salle, à la hauteur de la galerie de nos théâtres, et les premières loges se trouvent sur la scène elle-même. Le fond de cette scène est occupé par une toile où sont peints des panneaux à devises, des dessins fantastiques et de larges rosaces. Les coulisses et les décors sont inconnus. Deux portes s'ouvrent sur le fond du théâtre : les acteurs entrent régulièrement par l'une et sortent par l'autre. Sur la scène, que ne ferme aucune toile, sont placés, à peu près à demeure, les accessoires tels que des tables couvertes de tapis, de grandes chaises à dossiers droits cachées sous des draperies rouges et bariolées, enfin, et surtout un ou deux lits à rideaux, le lit jouant un rôle des plus importants dans le théâtre chinois. La salle et la scène sont éclairées par des vases en cuivre suspendus à des traverses et où des paquets de mèches brûlent, toutes à la fois, dans de l'huile de coco : cela a l'air d'un potage au macaroni qui flamberait comme un punch. Sur la scène encore, moitié à droite et moitié à gauche, est placé l'orchestre formé de cymbales, de tymbales de bois, de tam-tams, de violons, de hautbois et de gongs. La salle est comble : quelques Annamites montrent, çà et là, leurs turbans noirs et leur vilaine figure; tous les autres spectateurs, fumant et jouant de l'éventail, déroulent leur queue de Chinois sur le dossier de leur siège. Au milieu d'eux, circulent avec des cris aigus des marchands de gelée, de morceaux de canne à sucre, de mangoustans et d'autres friandises exotiques.

La représentation va commencer : l'orchestre prélude par un tapage épouvantable qui ne cessera qu'à la fin de la représentation ; le bruit est tel, qu'il est impossible de dire un mot à son voisin ; il faut avoir eu les oreilles déchirées, crevées par ces ouvertures terribles, pour s'en faire une idée : quand les acteurs parlent ou chantent, le fracas diminue un peu et il permet à peu près d'entendre la pièce ; mais les chants ou les tirades ne sont pas finis, que cet orchestre endiablé recommence à faire rage. Après les passages pathétiques, les musiciens jouent avec une frénésie véritable, si on peut appeler cela jouer : le hautbois souffle de toute la force de ses poumons dans son instrument, qui rend le son exaspérant de cinquante scies grinçant toutes à la fois ; le cymbalier, haletant, sue, se hausse tant qu'il peut sur la pointe des pieds, élève ses cymbales au-dessus de sa tête et les applique l'une contre l'autre avec toute l'énergie dont il est capable ; le gong, enfin, frappe à tour de bras et à coups redoublés sur son disque de bronze, et fait à tout ce vacarme un accompagnement à faire concevoir des craintes sur la solidité de l'édifice. Quelquefois, cependant, la musique devient plus humaine, et on peut alors saisir des lambeaux d'airs saccadés qui rappellent ceux des chansons arabes et qui ne manquent ni d'un certain charme ni d'une grande originalité. Le costume des acteurs est à peu près le même pour toutes les représentations ; je n'ai jamais pu comprendre de quelles pièces il se compose : on ne voit que

de la soie, des broderies d'or et de couleur, des
faces de dragons qui grimacent sur le ventre des
comédiens, de petits pavillons triangulaires qui
flottent sur leurs épaules, des palettes qui s'agitent derrière leur coiffure, des ailes fixées sur le
bas du dos et qui, cousues aux bords des larges
manches, battent l'air toutes les fois que les
bras s'élèvent. Les figures sont blanchies, noircies, rougies, peintes à faire peur; les femmes
conservent heureusement leur face naturelle.
Après un quart d'heure de l'ouverture étourdissante dont j'ai parlé, quelque chose roule tout à
coup sur la scène, saute, cabriole, bondit et se
lève enfin avec un cri perçant et terrible : c'est
le premier acteur qui vient de faire son entrée;
un second dégringole après lui; un troisième
arrive de même; c'est à se croire en présence des
clowns les plus disloqués de l'Hippodrome; il
paraît cependant que cette façon de se présenter
est de rigueur, même dans les œuvres les plus
sérieuses. C'est alors que la représentation commence, et quelle représentation! Ce sont des
danses, des contorsions, des tours de force, des
passes d'armes, des batailles générales dans lesquelles le même acteur est tué vingt fois; des dia-
logues débités tantôt sur le ton le plus élevé, le
plus aigu possible, tantôt d'une voix rauque et
sépulcrale, tantôt, enfin, avec de véritables hurlements de chats écorchés vifs. Les femmes por-

tent des costumes moins insensés que ceux des hommes ; mais leur voix prend naturellement un ton plus aigu, plus perçant encore : on ne peut mieux comparer leurs intonations étranges qu'à une tyrolienne parlée. Les minauderies les plus exagérées, les gestes les plus forcés accompagnent leurs conversations : tantôt leurs bras se raccourcissent tant qu'ils peuvent et rentrent dans leurs manches, comme des escargots dans leurs coquilles ; tantôt, au contraire, ils s'allongent et leurs mains s'ouvrent, s'étendent et se renversent tellement que les doigts semblent se replier en sens inverse ; tantôt, enfin, ces doigts s'écartent, s'allongent, se plient en tous sens. Ont-elles à marcher? leurs pieds, toujours rapprochés l'un de l'autre, ne quittent pas les planches et ne les transportent qu'en formant entre eux des angles ouverts tantôt en avant, tantôt en arrière ; l'orchestre accompagne bruyamment ces promenades de marionnettes, et les actrices, les bras arrondis et élevant des petits bouquets ou agitant en cadence un éventail au-dessus de leur tête, cheminent lentement, le cou renversé sur l'épaule, le corps plié d'un côté ou de l'autre, les reins cambrés de manière à faire ressortir tant qu'elles peuvent une partie de leur personne sur laquelle elles semblent faire tout leur possible pour attirer l'attention de leurs admirateurs; cela semble être une de leurs principales préoccupations. Une actrice qui change de place en scène marche toujours de côté comme les crabes et tourne toujours le dos aux spectateurs de manière à les priver le moins possible de cette vue. Les acteurs leur parlent avec les intonations les plus aiguës et les miaulements les plus amoureux et les plus doux : ils ne les embrassent jamais, mais ils leur frôlent le visage de leur éventail fermé que, avec les gestes les plus galants, ils se passent ensuite sous le nez, comme si, à ce contact, il s'était imprégné des parfums les plus voluptueux.

Ils ne les traitent cependant pas toujours avec ces tendres égards et, souvent, au milieu d'une bataille, les femmes s'en vont, les jupons par-dessus la tête, rouler sur la scène de droite et de gauche pour se relever aussitôt en faisant des ronds de jambe et en poussant de longs cris plaintifs. Que le lecteur ne se scandalise pas de ces détails : ces actrices ne sont que des jeunes gens, portant les costumes et remplissant les rôles des femmes, qui ne paraissent jamais sur les théâtres chinois : les mœurs corrompues de ces hommes-femmes justifient d'ailleurs largement le mépris qu'Annamites et Chinois professent pour les comédiens.

Des files d'enfants armés de lances, de sabres et de faux emmanchées traversent parfois la scène à la queue leu-leu, en sautillant et par rang de taille ; des combats terribles s'engagent entre les acteurs qui poussent des rugissements de ménagerie en révolte ; des personnages habillés en dragons ailés gambadent comme pris d'un accès de folie subite et, au milieu de ce bruit, de ces sauts, de ces cris, la représentation va d'un seul trait jusqu'à la fin, sans une minute d'entr'acte.

Le sujet ordinaire des pièces est tiré de la mythologie, de l'histoire du pays et plus souvent encore, comme chez nous, d'aventures galantes dans lesquelles le mari joue ordinairement le rôle ridicule. Celles de nos compositions théâtrales qui ont l'amour pour sujet se terminent presque toujours par le mariage ; il en est de même sur le théâtre chinois ; mais les auteurs vont beaucoup plus loin que les nôtres. Les rideaux du lit que nous avons remarqué dans les accessoires s'entr'ouvrent, livrent passage au couple amoureux et se referment ; pas assez cependant pour ne pas laisser entrevoir et deviner la pantomime inexprimable à laquelle se livrent les acteurs. Pendant quelques minutes alors, la rage de l'orchestre ne connaît plus de bornes ; les autres comédiens semblent devenus épileptiques ; les spectateurs sont enthousiasmés. Puis, les rideaux s'entr'ouvrent de nouveau, les deux premiers rôles reparaissent, sans crier, cette fois, et la pièce est finie.

Après une soirée passée au milieu de ce fracas,

il est impossible de clore l'œil; on entend pendant toute la nuit bourdonner dans ses oreilles et dans sa tête les symphonies diaboliques qu'on vient de subir.

Les instruments dont se servent le plus souvent, en Cochinchine, les Chinois et les Annamites pour faire cette musique féroce, ne sont pas très nombreux. Les instruments à vent sont des flûtes en roseau et de petits flageolets criards au pavillon de cuivre, au tuyau de bois et au bec de paille; les instruments à cordes sont des guitares énormes, demi-cylindriques, longues comme des poutres et dont on se sert comme de la cithare; d'autres guitares au manche très long et à la petite caisse formée d'une monture et de deux morceaux de peau de boa; d'autres guitares encore larges, rondes et plates, dont on joue comme de la mandoline; enfin, des violons en bambou. Il y a encore, il y a surtout des instruments à percussion; des tam-tams ou tambours très-plats, dont la peau est très fortement tendue et qu'on bat comme la grosse caisse; d'autres tam-tams semblables à une moitié de tonneau; des cymbales pareilles à celles de nos musiciens; des tymbales qui diffèrent des nôtres en ce que c'est sur leur convexité que s'escrime l'exécutant; des cubes de bois d'une seule pièce, évidés, et sur lesquels on frappe avec des baguettes; des gongs enfin, grands plats de bronze qui rendent aux peuples de l'extrême Orient les services que nous rendent les cloches. Les Annamites emploient aussi une autre espèce de cloche qu'on entend de fort loin : c'est un gros tronc d'arbre cylindrique, creux et largement fendu du haut en bas, qu'on suspend, qu'on fixe entre deux montants, et qu'on bat à grands coups de marteau. Les jeux auxquels les Chinois et les Annamites se livrent pour charmer leurs loisirs sont : le volant, qu'on lance avec le pied ; le tir à l'arc et à l'arbalète ; les cartes, beaucoup plus compliquées que les nôtres ; le domino, qui diffère aussi de celui que nous employons ; une espèce de jeu de l'oie, les échecs, les dames, enfin, les jeux de hasard, tels que le ba-kouan, sorte de roulette qui fonctionnait publiquement à Saïgon depuis la conquête. Les jeux étaient, en effet, formellement défendus en Cochinchine avant notre arrivée, mais on jouait beaucoup en cachette. Nous avions cru pouvoir, pour ainsi dire, légaliser ce vice, le canaliser à notre profit et nous avions autorisé les jeux publics. Le mal, auquel avaient bientôt succombé nos soldats, nos marins et nos officiers eux-mêmes s'était, au contraire, développé à un point effrayant. Il n'y avait pas de misérable village qui n'eût sa maison de jeux, dont les directeurs passaient la journée devant leur porte, secouant aux oreilles du public quelques poignées de sapèques de cuivre enfermées dans un long sac dont ils tenaient un bout dans chaque main.

Cette musique métallique grisait tellement tout le monde, qu'on ne pouvait plus confier une piastre à un boy qu'on envoyait au marché, sans qu'on vît disparaître boy et piastre. Les Annamites affolés voulaient de l'argent à tout prix pour aller jouer et ne reculaient devant aucun moyen afin de s'en procurer, pas même devant l'assassinat. Si bien que le gouvernement français a dû prohiber ces jeux, quoiqu'il en retirât de jolis revenus. Les Portugais, par exemple, qui exploitent encore le ba-kouan à Macao, lui font, dit-on, rendre un bénéfice annuel de quatre cent mille francs.

Il y a encore à Chô-len, comme à Saïgon, un quartier qui a droit à la visite du voyageur dont la curiosité ne recule devant rien, c'est celui qu'on appelle le quartier de la rue aux fleurs : fleurs animées qui, hélas ! prouvent trop souvent à nos marins la justesse de ce dicton : « Il n'y a pas de roses sans épines... »

Nous sommes ici plutôt en Chine qu'en Cochinchine. Derrière de gros barreaux de bois, comme des perruches dans leur cage, jouent, fument et boivent des océans de thé des Chinoises qu'on prendrait pour des enfants. Rangées sur d'étroits divans qui garnissent le fond de leur demeure largement ouverte sur la rue, elles envoient au passant les bouffées de fumée de leur pipe de cuivre et les sourires de leurs yeux relevés vers les tempes. Accroupie sur une table basse, les mains jointes, flanquée d'un vase bleu à long col qui contient deux ou trois chrysanthèmes, une matrone qui, par sa pose, rappelle la déesse à la fleur de lotus, surveille ses pensionnaires. Faites un signe : deux des barreaux qui ferment la cage seront enlevés, vous pourrez vous glisser par cette ouverture, vous étudierez à loisir ces étranges costumes de soie aux couleurs voyantes et ces coiffures compliquées, et vous pourrez croire que les figurines d'une potiche ou d'un éventail chinois se sont animées pour vous. Quelque chose ajoute encore à l'originalité de ces demeures, c'est, à côté d'une petite porte par laquelle quelquefois disparaissent mystérieusement les fleurs de thé de céans, l'inévitable autel de Bouddha, autel minuscule avec ses bâtons allumés, ses fleurs de papier et ses grandes images. Un autel, en ces lieux, semble au moins déplacé : mais n'avons-nous pas vu, à Malaga, les fleurs andalouses entretenir religieusement des bouquets et des veilleuses devant la niche de la Madone ? On ne peut demander à des bouddhistes de montrer plus de respect et de convenance qu'à des chrétiennes.

Nous n'avons rien dit encore de la fumerie d'opium, c'est pourtant une des principales curiosités nocturnes de ce pays si curieux dans ses moindres détails. L'opium est, en Cochinchine comme en Chine, une des causes les plus terribles de l'abrutissement du peuple et surtout des classes aisées. L'emploi en était absolument défendu avant notre arrivée ; les Chinois se cachaient pour le fumer et les fumeurs annamites étaient très rares. Nous avons sur la conscience d'en avoir, après la conquête, permis et généralisé l'usage.

En Chine, il existe de luxueux établissements analogues à nos cafés et où se réunissent les fumeurs ; à Saïgon et à Chô-len, il n'y a que ce qu'on appelle des fumeries, comme nous en avons déjà entrevu à Singapour. Ce sont des magasins, des tabagies obscures où on est, en entrant, pris à la gorge par les émanations âcres de l'opium brûlé et qui ne sont meublées que de lits de camp sur lesquels les indigènes viennent s'assoupir à leur aise. L'opium ne se fume pas, comme on le croit généralement, dans ces pipes à petit fourneau de cuivre qu'on rapporte de Chine, mais bien dans un instrument tout particulier. C'est un gros bambou, long comme le bras, pour que la fumée ait le temps de se refroidir en le parcourant, et percé, sur sa longueur, d'un trou placé comme l'embouchure d'une flûte ; dans ce trou s'enfonce le goulot d'une espèce de petite bouteille en terre rouge dont le fond présente à son centre une ouverture microscopique : c'est sur cette dernière ouverture, hors de la bouteille, que, au moyen d'une aiguille, le fumeur place en rond la petite quantité d'extrait qu'il va brûler.

Une veilleuse en cuivre est placée près de lui ; il en approche l'opium dont sa pipe est chargée, l'y allume avec précaution, en appliquant l'extrémité du bambou sur ses lèvres ainsi que l'embouchure d'une trompette et, aspirant la flamme comme si cette pipe était un chalumeau fonctionnant en sens inverse, il absorbe lentement, avec béatitude, la vapeur qui pénètre dans le récipient de terre et il l'avale, ou plutôt la respire, comme un fumeur de cigarettes qui remplit ses bronches de la fumée de son tabac.

Une charge de pipe ne donne que quelques bouffées et l'opération que je viens de décrire se répète jusqu'à ce que le sommeil de l'ivresse vienne terminer la séance : il arrive ainsi un moment où la fumerie n'a plus l'air que d'un dortoir de gens ivres-morts.

Les Chinois et les Cochinchinois ne sont pas les seuls qui s'adonnent à ce vice ; il y a malheureusement des Européens qui y ont cédé aussi et qui vont se vautrer dans les fumeries avec eux. J'ai voulu en essayer, et je n'ai rapporté de mon expérience qu'un violent mal de tête et un profond mal au cœur, désagréments que j'avais déjà éprouvés en Algérie en voulant fumer du haschich : pour un poison comme pour l'autre, il faut une certaine habitude et pas mal de persévérance au début.

Ajoutons, cependant, que ce que nous venons

de dire de l'ivresse de l'opium ne se rapporte qu'à l'abus qu'on peut en faire et qu'on exagère beaucoup les effets de l'opium, surtout au point de vue de l'intelligence. Ce serait une erreur de croire que tous les fumeurs aboutissent à l'abrutissement et à la mort. Il en est, et ce sont les plus nombreux, qui ne font de ce narcotique qu'un usage modéré et qui ne finissent pas plus de cette triste manière que tous les buveurs d'absinthe ne finissent par le *delirium tremens*. Il y a, d'ailleurs, peu d'Annamites à qui leur fortune permette d'en fumer assez pour que leur santé en soit réellement altérée. Il ne faut pas, en effet, être un bien grand fumeur pour consommer 10 et même 15 francs d'opium par jour!

Le reproche le plus juste qu'on puisse faire à l'opium, c'est que son usage produit un besoin si impérieux, que les indigènes cherchent à le satisfaire en se procurant de l'argent par tous les moyens, et que cette passion les pousse souvent au mal, comme l'ivrognerie et la débauche sont, chez nous, les mobiles les plus habituels des crimes qui se commettent.

Le commerce de l'opium était, jadis, affermé par l'État à un riche négociant chinois, du nom de Van-Taï, qui en avait le monopole pour la Cochinchine et qui en retirait un bénéfice annuel de plusieurs millions. L'administration française s'est heureusement ravisée; la ferme a été transformée en régie, ce qui a été une heureuse réforme au point de vue social et politique, comme aussi et surtout sous le rapport financier. Cette régie nous a, en effet, donné l'année dernière un revenu fort respectable de 8,600,000 francs !

CHAPITRE IX

DE SAIGON AU TONKIN.

De Saïgon à Haï-Phong. — Le Delta. — Histoire. — Expédition de Francis Garnier. — Expédition du commandant Rivière. — Début du conflit franco-annamite. — Le Tonkin, colonie française.

Saïgon est la dernière relâche des navires qui vont de Toulon au Tonkin.

Quelques mots de géographie sont ici nécessaires : le continent asiatique envoie vers le sud trois vastes péninsules qui s'avancent dans l'océan Indien. La première de ces terres, en venant de France, est l'Arabie que nous avons tournée en touchant à Aden; la deuxième est l'Hindoustan où nous avons mouillé à Ceylan ; la troisième enfin est l'Indo-Chine qui se bifurque elle-même en deux pointes : la presqu'île de Malacca, qu'on croit être l'ancienne Chersonèse d'or, et où nous avons visité Singapour et la presqu'île Indo-Annamite où nous venons de laisser Saïgon. C'est sur la côte orientale, et mieux au nord de la côte orientale de cette dernière péninsule, que se trouve le Tonkin, le Dong-Kinh ou cour du nord en langue du pays.

Le Tonkin se trouve donc au nord du royaume d'Annam et au sud des provinces chinoises de Quang-Si et de Quang-Tong ou Canton. Il est baigné par la mer de Chine qui le sépare de la grande île d'Haïnan, île peu connue qui fait partie de l'Empire du fils du ciel et dont la capitale est Hoï-How.

L'occupation de cette île, si rapprochée de notre future possession, eût été autrement intéressante pour nous que celle de Formose. N'est-il pas à craindre, en effet, que profitant du premier différend qu'ils auront avec la Chine, les Anglais ne s'emparent de ses ports, et ne serait-ce pas là un coup terrible pour nous, tant au point de vue de notre situation politique et militaire au Tonkin, que sous le rapport commercial ?

Quelques heures après notre sortie des bouches du Dong-Naï, nous longeons à distance les côtes boisées de la province de Binh-Thuan, nous doublons. le promontoire de Padaran et nous mettons le cap au nord. La province de Binh-Thuan avait été réunie à notre possession cochinchinoise par le traité du 25 août 1883 : elle eût immédiatement payé ses frais d'administration, elle nous eût mis en contact direct avec l'Annam, enfin, son annexion nous eût permis d'exercer à chaque instant une surveillance active sur les provinces voisines ; ce sont là des avantages qui n'étaient certes pas à dédaigner : la province de Binh-Thuan a pourtant été, peu de temps après ce traité, rétrocédée à l'Annam par le gouvernement de la République qui n'a pas voulu, on ne sait pourquoi, ratifier cette clause précieuse. Nous ne tardons donc pas à dépasser la frontière qui sépare le noble royaume de notre Cochinchine française.

C'est la côte du pays d'Annam que nous allons remonter pendant trois ou quatre jours. Cette côte, très accorte en un grand nombre de points, nous permet souvent de nous rapprocher des montagnes verdoyantes et boisées qui viennent baigner dans la mer le pied de leurs forêts. Partout, entre les collines, du cap Padaran à Tourane, s'enfoncent des ports nombreux et excellents, des baies ravissantes d'aspect ; partout, s'élèvent de riants monticules cultivés où jaunissent les énormes épis des champs de maïs ; partout, dans les plaines humides, s'étendent les vertes prairies des rizières. De loin en loin, surgissent les toits de paille des villages qu'ombragent les aréquiers et quelquefois les cocotiers à l'élégant feuillage, tandis qu'une longue file de montagnes bleuâtres forme, vers l'ouest, le fond du tableau. La perspective est agréable, l'atmosphère s'est rafraîchie et nous avons pourtant hâte d'arriver, trop heureux qu'aucune tempête ne vienne mettre ses émotions dans l'uniformité un peu monotone de ce voyage. Nous sommes, en effet, ici dans la région des typhons et, à bord, on se répète, avec une certaine émotion, le nom des malheureux navires qui sont partis de Chine pour rentrer en France, il y a de longues années déjà, et qui ne sont pas encore arrivés. Un petit nuage, un rien, un grain se montre à l'horizon dans la direction du nord-est; il est noir comme une tache d'encre, tout noir avec une bordure rouge; il monte lentement, il s'approche, il grandit; sa marge rouge passe au blanc, comme un fer chauffé à une haute température; la mer est calme, lourde; elle semble se ramasser sur elle-même comme une panthère qui s'apprête à bondir; son azur noircit; rien ne bouge encore et déjà un grondement sourd se fait entendre. Puis, tout à coup, le vent se déchaîne; il arrive comme un coup de foudre; la mer se soulève en vagues bondissantes; le nuage a envahi le ciel et il crève en cataractes; le tonnerre gronde; les éclairs embrasent le chaos : c'est le typhon! Ballotté en tous sens, le navire surpris dans cet épouvantable désordre s'élève, retombe, tournoie éperdu et craque de toute part. Tantôt le vent semble venir du ciel; il tombe sur le pont, et le bâtiment, qui s'affaisse sous cette poussée colossale, s'enfonce dans les lames furieuses; tantôt, au contraire, la rafale semble monter comme un souffle que la mer lancerait aux nuages; on dirait que le navire va prendre son vol comme un goëland qui s'enlève; le typhon a l'air de l'aspirer; les mâts tordus sur leur axe sont parfois arrachés de leurs emplantures et les lambeaux des voiles se redressent comme une chevelure qui se hérisse. Après de longues heures de cette tempête horrible, le calme s'établit; on respire un instant; mais ce n'est, hélas! qu'un répit, qu'un entr'acte de ce drame terrible. Comme un escadron qui revient à la charge, le vent recommence dans la direction inverse; il vient du sud-ouest, cette fois, et la lutte entre les vents contraires reprend avec plus de fureur.

Le beau temps se maintient heureusement pendant toute notre traversée et, le second jour après notre départ, nous sommes par le travers de Quinhone, point de la côte d'Annam où nous avons depuis longtemps une concession, un représentant et une petite garnison de soldats d'infanterie de marine.

Le lendemain, apparaissent au loin une montagne isolée et plus élevée que les autres et, à ses pieds, la grande et magnifique baie de Tourane, célèbre par les infructueuses opérations de Rigault de Genouilly. Puis, s'allonge une série blanchissante de dunes incultes, dont le sable ne peut même pas nourrir des aréquiers et qui séparent la mer de larges lagunes intérieures. A l'extrémité nord de cette plage à peu près déserte, où les longues vues ne montrent qu'un grand village, que les toits recourbés de quelques pagodes champêtres, s'ouvrent, par une coupée, près du cap Choumay, les lagunes dont nous venons de parler. Une autre passe, dont les forts et les ouvrages de défense ont été, en août 1883, enlevés par la division de l'amiral Courbet, se présente à Tuan-An, village souvent confondu à tort avec Tourane. Hué est beaucoup moins éloigné de ce point que de Tourane et n'est guère séparée de Tuan-Tu que par une dizaine de kilomètres à vol d'oiseau.

Le royaume annamite n'est qu'une longue bande de terre que baigne la mer de Chine et qu'une chaîne de montagnes sépare du Laos et du pays de Moïs, régions encore peu connues et qu'habitent des populations à demi sauvages et virtuellement tributaires de l'Annam, de Siam ou du Cambodge. Cette chaîne de montagnes est, en certains points, fort élevée et très puissante. Vers le nord, elle s'écarte du rivage pour s'enfoncer dans l'ouest, et elle laisse ainsi, entre la mer et elle-même, des espaces assez vastes pour qu'il puisse s'y former de grands bassins et de grands cours d'eau tels que le Song-Ca dans le Nghé-An et le Song-Mâa dans le Thanh-Hoa.

De Tourane au Tonkin, les steamers européens ne trouveraient plus aucun abri et la côte couverte de dunes plates et d'un aspect plus ou moins aride, devient très basse pour se relever bientôt dans les provinces du Tonkin méridional.

Enfin, après cinq jours de traversée, nous atteignons les bouches du fleuve Rouge, but de notre voyage.

Le fleuve Rouge, qui arrose et fertilise le Tonkin, est une artère qui ne manque pas de grandeur, mais qui, malheureusement, est très médiocrement navigable. Né, au nord, dans la province chinoise du Yun-Nan, le fleuve Rouge qui porte en Chine le nom de Hong-Kiang et qui prend, en pénétrant dans le Tonkin, les noms de Song-Coï et de Song-Ca, traverse ce pays dans sa plus grande largeur; mais il ne peut donner accès aux gros bâtiments. Les plus grands avisos qui peuvent remonter jusqu'à Hanoï, dans la bonne saison, ne calent pas plus de trois mètres, et encore sont-ils exposés à de fréquents échouages. Ce n'est qu'avec des chaloupes à forte machine et à faible tirant d'eau qu'on peut remonter jusqu'à Lao-Kaï, mais nullement jusqu'à Mang-Hao, et encore cette navigation n'est-elle possible que pendant deux mois de l'année. Malgré les avantages attribués à ce fleuve qui vient des pays mystérieux de la soie et du thé, malgré l'importance commerciale qu'on a pu lui prêter, ce n'est donc pas lui qui peut attirer les colonisateurs au Tonkin. Pour utiliser sa voie d'une façon régulière, il faudrait construire un chemin de fer reliant Mang-Hao et le haut du fleuve à Lao-Kaï ou mieux à Hanoï, et allant de là à la mer en passant par Bac-Ninh. Une autre voie ferrée, détachée de la première, devrait suivre un trajet plus ou moins parallèle au cours du Day, de façon à circonscrire ainsi les deux côtés du Delta. Et encore le chemin de Lao-Kaï ne nous donnerait accès qu'à la partie la moins favorisée du Yun-Nan. De l'avis des personnes compétentes qui ont étudié le pays, c'est le sud du Yun-Nan lui-même que nous devons viser de façon à y arriver du côté de Semoa. C'est par là que nous avons toutes les chances possibles pour contrebalancer l'influence des Anglais et pour faire à leur commerce une concurrence profitable, c'est par là qu'il sera le plus facile à nos négociants d'aller chercher les produits du Yun-Nan et de l'Empire des fleurs, quand le Tonkin nous appartiendra.

A peu près au centre du Tonkin, un peu avant d'arriver à Son-Tay, le fleuve Rouge reçoit deux larges affluents : la rivière Claire, à gauche, et la rivière Noire, à droite. La rivière unique qui résulte de la réunion de ces trois grands cours d'eau se dirige vers l'est et ne tarde pas à se bifurquer quelques lieues plus loin, dans les environs d'Hanoï. Les deux branches de cette bifurcation se divisent bientôt à leur tour ; leurs divisions se subdivisent à l'infini, se réunissent plus loin, se séparent de nouveau, se rejoignent par des canaux naturels, communiquent quelquefois par des arroyos artificiels dont le peu de profondeur et dont les sinuosités nombreuses rendent la navigation pénible et difficile, et de la réunion de ces mille bras résulte le delta du fleuve Rouge. Un second delta, le delta du Thaï-Binh, arrose le nord du Tonkin et occupe notamment les provinces de Haï-Dzuong, de Bac-Ninh et le Quau-Yen.

Le delta du fleuve Rouge ne forme guère que la cinquième partie du Tonkin, mais il en est la partie la plus populeuse, la plus fertile, la plus commerçante, et les deux deltas ensemble se divisent en presque autant de provinces que le reste de cette portion du royaume d'Annam, provinces peuplées chacune de deux millions d'habitants, en moyenne, et dont les noms de Hanoï, de Bac-Ninh, d'Haï-Dzuong, de Hong-Yen, de Ninh-Binh, de Nam-Dinh, sont aujourd'hui populaires en France.

La bouche dans laquelle nos navires vont mouiller le plus souvent est celle d'Haï-Phong qui se trouve à environ cent vingt kilomètres d'Hanoï, mais quand ils veulent s'engager dans ce delta, ils doivent ressortir d'Haï-Phong, reprendre la mer et pénétrer dans l'intérieur par la bouche dite du Daï, dans la province de Nam-Dinh.

L'entrée d'Haï-Phong est très basse et, de loin,

les terres du rivage semblent se confondre avec les eaux; elles ne sont dominées que par les maisons européennes qui seules montrent d'abord leurs murailles blanches et leurs toits rouges. Les jonques aux voiles découpées comme des ailes de papillons, les sampans aux grossières peintures couvrent la rivière de toute part; bientôt entourées de palissades en bambous, dépassées par les têtes vertes des aréquiers, apparaissent les paillottes des nombreux et gros villages qui entourent la ville. L'agglomération de la population indigène est surtout concentrée sur les bords du Song-Tam-Bac; mais elle est encore assez médiocre, sauf les jours du grand marché à peu près hebdomadaire qui se tient à Haï-Phong. Au delà de la ville, se développent les immenses plaines du Tonkin auxquelles les rizières donnent, de loin, l'aspect de vastes marécages ; des montagnes ferment le tableau de tous côtés. Ce sont, à l'est, la pointe Do-Sou, où existe un feu qui indique l'entrée; au nord, la grande chaîne calcaire qui passe derrière Quang-Yen; à l'ouest, la montagne de l'éléphant; à l'ouest encore, au dernier plan, comme enfin au sud, de hautes montagnes élèvent à l'horizon leurs sommets grisâtres et confus.

Haï-Phong, la première ville tonkinoise qu'on voit, en général, en venant de France, semble, d'abord, devoir être choisie pour devenir la capitale du Tonkin. Il existe pourtant, non loin de là,

une ville qui serait bien préférable pour ce rôle :
c'est Quang-Yen. Le Cua-Nam-Trieu, en effet, qui
donne accès à Quang-Yen, a, sur sa barre unique,
au moins quatre-vingts centimètres de profondeur
en plus que le Cua-Cam, au fond duquel est bâti
Haï-Phong ; il pourrait, par conséquent, donner
passage à de plus gros navires. Quang-Yen,
qu'entourent des collines couvertes de pins,
présente un aspect ravissant et est un des points
les plus salubres du Tonkin. Son grand port, où
les navires pourraient toujours sans peine refaire
leurs provisions d'eau douce, se trouve, avantage
considérable, à proximité des mines de charbon
dont nous parlerons plus loin ; enfin, on pourrait,
sans travaux extraordinaires, y construire des
habitations comme les nôtres, chose presque
impossible à Haï-Phong. On ne trouve, à proprement parler, dans cette dernière ville, ni terre,
ni eau douce ; les maisons à un seul rez-de-chaussée s'y enfoncent dans le sol qui ne peut en
supporter le poids ; on ne peut enfin y pratiquer
la moindre levée de terre sans faire un trou
dans la vase liquide.

Ce n'est guère que depuis une douzaine d'années
que l'histoire du Tonkin devient intéressante
pour nous. Avant cette époque et jusqu'au commencement de ce siècle, l'Annam constituait
comme aujourd'hui un seul royaume placé sous
le gouvernement de la dynastie nationale des Lê,

Dans les premières années du dix-septième siècle, les Lê abandonnèrent l'exercice du pouvoir à des espèces de maires du palais. Le chef de la famille Lê portait seul le titre de Vica, roi, tandis qu'il y avait deux chua : l'un, de la famille des Trinh, au Tonkin, lequel exerçait une véritable autorité souveraine, et l'autre, de la famille des Nguyen, à Hué, où il gouvernait au nom de Vua-Lê. En 1802, ce Nguyen-Anh dont nous avons parlé à propos de l'évêque d'Adran, et qui n'était jusque-là que chua ou, autrement dit vice-roi de Hué, bien que, pour nous conformer à l'usage, nous l'ayons à tort, qualifié d'empereur d'Annam, se fit nommer roi sous le nom de Gia-Long, supplanta tous les Lê et réunit toute la race sous sa dénomination.

A dater de cette époque, il n'y eut plus de vice-royauté, et l'Annam et le Tonkin furent placés tous deux sous l'autorité directe de l'empereur de Hué. Le Tonkin n'a donc jamais été vassal de l'Annam, mais il en a toujours fait partie intégrante. Il n'est aujourd'hui qu'une agglomération de provinces régies absolument comme les autres provinces de l'Empire ; l'Annam n'est pas plus le suzerain du Tonkin, que la France n'est la suzeraine de la Bretagne ou de la Normandie. Au point de vue ethnologique, il n'y a aucune distinction à établir entre les Tonkinois et les Annamites ; c'est le même peuple, c'est la même race, ce sont les mêmes gens. Au point de vue politique, il est un détail qui a pu, en partie, faire naître l'erreur trop accréditée que le Tonkin est un État particulier dépendant de l'Annam : c'est que les mandarins qui l'administrent viennent de Hué. La raison de ce fait est toute simple : pour obéir à cette règle chinoise qui veut que jamais un mandarin n'exerce de charges dans son pays, ceux qui commandent au Tonkin viennent du sud du royaume, tandis que ceux qui sont originaires du Tonkin sont appelés à administrer les provinces méridionales.

Il n'y a donc qu'une race, qu'un gouvernement, qu'un État. La question actuelle du Tonkin est née de l'erreur contraire : on a cru pouvoir toucher au Tonkin sans toucher à l'Annam, quand, en réalité, il ne devait pas y avoir une question du Tonkin, mais purement et simplement une question de l'Annam. Les choses eussent été bien simplifiées si on se fût placé, dès le début, à ce point de vue, car la conquête du royaume tout entier est l'issue forcée de notre entreprise, et notre guerre eût marché d'une façon plus rapide et plus économique si on eût commencé par là.

En 1872, l'histoire un peu embrouillée du Tonkin se lie à la nôtre; elle devient, à cette époque, attrayante comme un roman de chevalerie et nos marins y accomplissent des faits d'armes à peine croyables.

Il y avait alors à Hang-Kau ou Hang-Keou un commerçant français, M. Dupuis, qui se livrait au négoce de la soie, de l'étain et du thé, lorsque la commission du Mékong passa par cette ville, rentrant de son voyage. Ce négociant fut alors mis au courant des besoins des troupes chinoises qui bataillaient au Yun-Nan contre l'insurrection musulmane et, en même temps, des facilités problématiques d'accès que présentait le fleuve Rouge pour les ravitailler en armes et en munitions. Il vit là une occasion de réaliser de beaux bénéfices, et il alla, par terre, s'entendre avec les mandarins chinois. Après cette entrevue, et après s'être assuré de la possibilité de faire monter les pirogues par le fleuve Rouge, il vint en France faire une commande d'armes perfectionnées et il retourna en Chine, où il équipa deux petits navires à vapeur et une jonque pour transporter ses marchandises au Tonkin et de là dans le Yun-Nan. L'insurrection musulmane était terminée, malheureusement pour lui, et ses armes devenaient inutiles. Il chercha alors dans des spéculations sur diverses marchandises, et notamment dans le commerce du sel, une compensation à cette affaire à peu près manquée, mais une nouvelle difficulté surgit : le sel constitue, au Tonkin comme en France, un monopole du gouvernement et les mandarins s'opposaient à ce qu'il en fût transporté en Chine. De là, naquirent toute sorte de querelles si bien que l'amiral Dupré, gouverneur de la Cochinchine, dut envoyer le *Bourayne* au Tonkin pour prendre des informations sur cette affaire dont on parlait beaucoup dans notre colonie. La mission de M. Sénès, commandant du *Bourayne*, avait pour but officiel l'hydrographie du pays et la chasse aux pirates, et pour but confidentiel, l'étude de l'état du Tonkin et du parti que la France pourrait tirer des affaires de M. Dupuis. La quadruple mission de cet officier fut remplie en conscience ; il poussa même jusqu'à Hanoï où il fut insulté par des soldats chinois qui s'y trouvaient. Tout sembla s'arranger pendant le séjour du *Bourayne* dans les eaux du Tonkin ; mais, M. Sénès parti, les querelles recommencèrent et les autorités annamites, effarouchées des agissements, suspects pour eux, de M. Dupuis, lui signifièrent d'avoir à vider les lieux, lui et ses jonques.

Venu du Yun-Nan et spécialement protégé par un titaï, un mandarin du nom de Mâ, mandarin chinois et parfaitement régulier d'ailleurs, M. Dupuis voyageait sous le pavillon de l'empire du Milieu et, dans ses difficultés avec les chefs du Tonkin, se réclamait du gouvernement du Yun-Nan et de celui du Quang-Tong, et invoquait la suzeraineté de la Chine, se présentant lui-même comme sujet et comme négociant chinois. On ne peut certes blâmer M. Dupuis d'avoir agi ainsi dans les intérêts de son négoce, mais cet appel à la Chine est regrettable en ce sens qu'il a contribué à allumer les convoitises et les revendications du tsong-li-yamen sur l'Annam, qu'il lui a, pour ainsi dire, rappelé une suzeraineté qui, depuis longtemps, n'était plus que nominale et qui ne s'affirmait plus que par quelques dents d'éléphants et quelques ballots de soie, tribut de politesse que la cour de Hué envoyait à peine tous les trois ans à celle de Pékin. Les Annamites avaient d'ailleurs si peu de déférence pour cette suzeraineté surannée, qu'ils traitaient le pavillon de la Chine comme un vieux mouchoir jaune, et que, ne se trouvant pas assez protégé sous le pli de ce foulard, M. Dupuis, un jour de grand tapage, ne trouva rien de mieux à faire que de hisser le drapeau tricolore. C'était une autre histoire. Les Annamites n'osèrent plus toucher à un commerçant devenu subitement français, mais ils furent autorisés à porter plainte à l'amiral Dupré et ils le firent. Le gouverneur de la Cochinchine leur promit de renier M. Dupuis et de le faire sortir du Tonkin. C'était, d'ailleurs, une excellente occasion pour nous introduire dans ce pays souvent convoité, pour y devancer les Anglais que les Chinois allaient appeler à leur secours contre leurs vassaux insoumis. Soit qu'on chassât M. Dupuis, soit qu'on le protégeât, on serait au Tonkin ; les Annamites nous auraient appelés eux-mêmes et, selon la phrase souvent répétée, ils auraient introduit le loup dans la bergerie : il fallait en profiter.

C'est Francis Garnier, lieutenant de vaisseau déjà connu par ses explorations du Mékong, que l'amiral choisit pour lui confier la délicate mission d'aller régler pacifiquement les difficultés survenues entre un homme d'un côté, M. Dupuis, et le gouvernement de Tu-Duc, empereur d'Annam, de l'autre.

La mission de M. Garnier était toute de conciliation. Il n'en était pas moins nécessaire de lui donner une escorte, n'eût-ce été que pour le prestige. Il partit donc de Saïgon en 1873 avec deux canonnières, le l'*Espingole* et l'*Arc* qui coula en route et qui fut remplacé par le *Scorpion*, venu de Chine quelques jours plus tard. Il était suivi d'une centaine d'hommes et accompagné de quelques officiers de marine, parmi lesquels se trouvait notre ancien camarade et notre ami, le Dr Harmand, alors médecin de 2e classe de la marine, et qui devait jouer un rôle si actif et si héroïque dans toute cette affaire, je pourrais dire dans cette épopée.

Quelques jours après son départ de Saïgon, Garnier arriva à Hanoï avec sa petite troupe, ses barques et ses canonnières. Sa mission commença mal et il fut reçu avec beaucoup de réserves par le gouverneur d'Hanoï, Nguyen-Tri-Phuong, ennemi juré de la France. Nguyen-Tri-Phuong est l'un des Annamites les plus respectables que nous ayons eu à combattre, l'un des plus dignes et des plus patriotes; il avait courageusement lutté contre nos armes lors de notre conquête de Saïgon, et s'il reçut M. Garnier avec froideur, avec hostilité même, nul ne peut lui en vouloir. Les autres mandarins, ses subalternes, regrettaient déjà aussi de s'être adressés à notre gouvernement : ils avaient appelé le loup, et maintenant que le loup venait, ils en avaient peur. Garnier ne se pressait d'ailleurs pas de donner son exeat à M. Dupuis. Il comprenait que ce négociant pourrait lui être utile dans la poursuite et la réalisation de son idée fixe, l'ouverture du fleuve Rouge au commerce français, et il se montrait bienveillant pour lui. Ce n'était pas ce que voulaient les mandarins et les lettrés de l'Annam : « Dites à Dupuis de s'en aller, ne cessaient-ils de répéter à Garnier, dites-lui de s'en aller et allez-vous-en vous-même. » Garnier faisait la sourde oreille : « Vous ne voulez pas vous en aller, s'écria tout à coup Nguyen-tri-Phuong exaspéré? Non? Eh bien, vous allez voir! » Et, séance tenante, il fait coller sur sa muraille un long rouleau de papier blanc couvert de grosses lettres menaçantes et fait planter son parasol ouvert à côté de cette affiche. Qu'on tremble et qu'on obéisse! C'était une proclamation qui mettait à peu près en quarantaine Garnier et sa petite troupe. Garnier ne tremble pas, cependant, et n'obéit pas davantage. Il fait au contraire coller, à son tour, une proclamation par laquelle il déclare qu'il ne chassera pas M. Dupuis, qu'il n'est venu que pour arranger les affaires, qu'il veut s'occuper de l'ouverture du fameux fleuve et, bravement, il termine par un arrêté commercial qu'il a pris de sa propre autorité. Qu'on respecte ceci! C'est la volonté du grand mandarin de France! Cette fois, par exemple, les lettrés se fâchent sérieusement; Garnier s'emporte; il veut venger lui-même les affronts qu'on lui fait subir, et ici l'histoire devient épique. Il se passe, à partir de ce moment, des choses qui, dit un auteur anglais qu'on ne peut suspecter de partialité, mettent Garnier et ses officiers au rang des plus braves et des plus intrépides d'un corps qui n'a jamais manqué de héros; il se produit alors, dit le même écrivain, une série des plus brillants exploits qui aient jamais illustré la marine française.

Le lendemain de sa proclamation, en effet, le 20 novembre 1873, Garnier, à la tête de 180 hommes, matelots et soldats d'infanterie de marine, enlève à l'assaut la citadelle d'Hanoï défendue par 7000 hommes, aux yeux ébahis des

100,000 habitants de la ville! On ne s'attendait guère à cette fin tragique d'une mission de pacification.

Le drapeau français est arboré sur la tour de la capitale du Tonkin, et Garnier prend immédiatement le commandement de la province. Il adresse des proclamations au peuple, qui se laisse faire s'inquiétant peu de savoir si son maître est annamite, chinois ou français, et il organise le pays. Les mandarins, qu'il n'eût pas mieux demandé que de conserver, avaient quitté leur poste. Il en nomme d'autres à leur place.

La tête du Tonkin était à nous, il n'y avait qu'à la conserver : c'était moins aisé que de la prendre.

Garnier commença par vouloir se garder du côté de la mer, et il envoya vers les bouches du fleuve Rouge l'*Espingole* montée par l'enseigne Balny d'Avricourt, par le docteur Harmand et par le sous-lieutenant d'infanterie de marine de Trentinian. Une chaloupe et une trentaine d'hommes pour conquérir un pays immense! L'*Espingole* part d'Hanoï comme pour la promenade la plus simple du monde et, en passant, elle s'arrête à Hung-Yen où Harmand va parlementer avec les autorités. Hung-Yen se rend sans coup férir et sa citadelle est confiée à des indigènes devenus nos alliés.

Plus loin, nos trois officiers débarquent à Phu-

Ly ; on résiste. Ils se mettent, sans hésiter, à la tête de vingt hommes, et, ne doutant de rien, ils marchent sur le fort qui tremble à leur vue et se rend à merci.

De Phu-Ly, ils vont à Hai-Dzuong. On résiste encore ; mais ici c'est plus grave : la citadelle est immense ; elle est forte, bien armée et elle regorge de soldats. Que faire ? Balny, sur le pont de sa chaloupe, réunit ses deux camarades en conseil de guerre. Un conseil de guerre ! Habituellement, c'est une vénérable réunion de vieillards, et ils n'ont pas à eux trois l'âge d'un général septuagénaire ! Le conseil de guerre décide de bombarder la ville pour intimider le gouverneur. L'unique pièce de la chaloupe fait rage, mais, chose étrange ! le gouverneur ne s'intimide pas. On bombarde de nouveau ; rien ! L'impatience s'empare alors de nos conquérants. Un youyou les transporte sur le rivage avec leurs hommes ; ils tirent leur sabre et, vive la France ! les voilà encore tous trois marchant gaiement en avant de leurs vingt matelots, contre une citadelle grande comme une ville. C'est une vraie bataille, cette fois. La fusillade crépite, les balles pleuvent, les canons tonnent à grand fracas, les pierres tombent comme la grêle et, miracle prodigieux, cette poignée de braves arrive sans un seul blessé jusqu'à la porte de la forteresse. Cette porte est close et solide, mais Harmand avise dans ses panneaux supérieurs un trou qui n'est fermé que par une grille de gros barreaux de bois. Il tire sur cette grille, coupe plusieurs barreaux à coups de fusil, à leur base, et il suffit ensuite d'un coup de sabre pour les faire tomber, en ouvrant une brèche suffisante. Les matelots prêtant leur dos à l'escalade ; Balny, le revolver au poing, passe courageusement par cette ouverture et tombe dans la cour pleine de soldats ; Harmand le suit ; quatre marins sautent avec eux dans l'enceinte ; les revolvers tirent dans le tas à coups redoublés : les Annamites épouvantés culbutent les uns sur les autres ; la panique s'empare de la garnison et la citadelle est prise.

Le metteur en scène du *Tour du monde* n'a rien fait de mieux dans sa bataille de Phileas Fogg et des Pawnies. Cela tient du prodige ! Quelle terreur inspirent donc aux soldats annamites les noirs diables d'Occident ?

Garnier ne demeure pas inactif pendant que s'accomplissent ces prouesses. Avec l'enseigne Esmez et un autre de nos camarades, le Dr Chédan, médecin de la marine, il marche sur Ninh-Binh. La prise de possession de cette place forte lui semblait nécessaire. Quel n'est pas son étonnement, quand il y arrive, de voir un petit drapeau français, un pavillon de youyou, flotter sur ses murs ! Que s'était-il donc passé ? Rien que de très simple. Croyant Balny occupé à faire le siège de cette ville, Garnier y avait envoyé, porteur d'un ordre, Hautefeuille, alors aspirant de vingt ans, avec une escorte de huit matelots. Hautefeuille n'avait pas trouvé à Ninh-Binh Balny qui, nous l'avons vu, avait marché sur Haï-Dzuong ; mais ce qu'il avait trouvé, c'est qu'il était tout naturel d'attaquer Ninh-Binh avec ses huit hommes, de le prendre et de s'installer à la place du tuan-phu qui s'était rendu. Cela s'était passé ainsi.

Garnier porte donc plus loin ses armes partout victorieuses et va s'emparer de Nam-Dinh, ville de 50,000 âmes, dont il confie le commandement à Harmand qu'il rappelle pour cela auprès de lui. Et voilà notre confrère devenu grand mandarin et qui, avec de pompeuses escortes de gongs bruyants, d'éléphants et de parasols, parcourt en triomphateur la province qu'il gouverne, une province de 2 millions d'âmes ! Son armée européenne ne se compose que de vingt-sept matelots ; mais avec un talent supérieur d'organisation et d'administration, il trouve le moyen, en trois semaines, de lever, d'équiper et de solder un corps de douze mille indigènes !

Le Delta entier nous appartient !

On croit lire un passage des *Mille et une*

nuits; on croit entendre raconter un conte de fées et ce conte est de l'histoire.

Mais la période des succès était, hélas, passée ! Revenus de leur terreur, les Annamites voulaient reprendre Hanoï qu'ils entouraient en troupes innombrables. Les mandarins ennemis avaient fait d'immenses levées pour combattre 180 Français ; ils avaient appelé à leur secours des bandes de sauvages. Des légions de Pavillons Noirs s'étaient jointes à eux et, laissant chaque province du Delta sous le commandement d'un de ses officiers ou d'un mandarin allié, Garnier était revenu avec sa petite troupe réoccuper et défendre la citadelle d'Hanoï fortement menacée.

Les Pavillons Noirs dont nous venons de parler pour la première fois étaient des hordes de malandrins, espèces de grandes compagnies asiatiques, qui d'habitude se tenaient surtout à Lao-Kaï, ville frontière entre l'Annam et la Chine, et un peu partout sur les bords de la rivière Rouge. Ramassis de bandits tonkinois, de déserteurs célestes et de gueux annamites, ces gens sans aveu avaient créé sur la frontière une sorte de zone neutre, où ils rançonnaient les jonques, pillaient les voyageurs, se conduisaient en oiseaux de proie. D'abord toutes réunies sous l'autorité du même chef, ces bandes s'étaient divisées en deux camps naturellement ennemis l'un de l'autre. Les brigands du premier camp se ralliaient à un pavillon jaune, et étaient un peu moins intraitables que ceux du second qui se ralliaient à un pavillon noir. Ce sont ces derniers qui viennent combattre Garnier avec les Annamites qui commencent l'attaque.

Ils sont repoussés, mais Garnier trouve malheureusement que ce n'est qu'un demi-succès. Il veut les poursuivre et, avec Balny et le docteur Chédan, il effectue une sortie à la tête d'une trentaine d'hommes. Les Pavillons Noirs viennent au-devant de lui par milliers ; les matelots français tombent sous leurs balles ; Garnier, séparé de ses hommes, disparaît ; on l'entend décharger six fois son revolver et il ne revient plus. Un instant après, c'est Balny qui est cerné par une nuée d'ennemis et enlevé. Le docteur n'a plus que dix hommes pour se défendre, dix hommes contre des hordes furieuses ! Les marins intrépides, noirs de sang et de poudre, se serrent autour de lui et, tirant toujours, maintenant les Pavillons Noirs à distance, ce petit groupe de héros recule à pas lents et regagne la citadelle.

Le soir, on ramenait à Hanoï le corps du malheureux Garnier, mais criblé de coups de lance et décapité. Plantée sur un bambou pointu, sa tête était promenée triomphalement dans les camps ennemis.

Le même jour, Harmand, envahi à Nam-Dinh, effectuait aussi une sortie avec onze marins et des miliciens. Plus heureux que Garnier, il prenait les villages de Bao-Long et de Chan-Ninh, après une sanglante bataille. Il fit de nouvelles sorties les jours suivants, toujours avec le même bonheur et le même succès.

Hautefeuille en faisait à peu près autant autour de Ninh-Binh.

Tout ce courage ne devait malheureusement pas servir beaucoup à la France. Le ministre, pour des raisons de haute politique européenne que nous n'avons pas à apprécier ici, désapprouva la conduite de Garnier. L'amiral Dupré dut se conformer aux ordres du ministère et, à son tour, au lieu de prendre sa défense, il renia le malheureux officier qu'il avait envoyé lui-même à Hanoï et qui était allé s'y faire tuer « pour cette vieille France ». Il délégua au Tonkin, muni de pleins pouvoirs, M. Philastre, lieutenant de vaisseau, inspecteur des affaires indigènes, qui fut chargé de rendre les places fortes aux mandarins, de rappeler nos gouverneurs de leurs provinces et de traiter avec l'Annam. Mission délicate et difficile, dont le résultat devait être la destruction de tout ce qui avait été fait. La perte des avantages que Garnier et ses officiers avaient su conquérir avec tant d'audace fut regardée comme une maladresse politique, comme une catastrophe, dont on fit retomber tout le poids sur M. Philastre. Cet officier, véritable bouc-émissaire envers qui l'opinion fut si injuste, était, de l'avis de tous ceux qui l'ont connu, l'un des hommes les plus honnêtes dont la marine pût s'honorer. S'il y eut quelque chose à lui reprocher dans cette affaire, ce ne fut que cette honnêteté elle-même. Nos nobles idées françaises sur la morale et sur le droit des gens doivent, paraît-il, se modifier quelque peu, lorsqu'on a affaire à la fourberie et à la duplicité des Annamites, lorsqu'on veut combattre à armes égales l'astucieuse politique asiatique.

Quoi qu'il en soit, le Tonkin était, cette fois, perdu pour nous.

Les lettrés, dont les lettres n'adoucissent pas les mœurs, ordonnèrent, pour se venger, d'épouvantables massacres des Tonkinois qui avaient accepté notre domination passagère, et les compagnons de Garnier rentrèrent en France.

Harmand, à qui le repos était odieux, vint à Toulon subir avec succès un de ces concours qui, seuls, donnent de l'avancement dans le corps de santé naval, quels que soient les services rendus, quels que soient les hauts faits accomplis, et repartit peu de temps après avec une mission pour ces pays qu'il aimait tant. Le premier, il devait, à travers les montagnes, au milieu de mille dangers, passer du Laos dans le royaume d'Annam.

Le traité fait après l'évacuation du Tonkin, et

qui commença par mécontenter la Chine, que nous n'avions pas consultée, ne nous donnait que des avantages dérisoires. Les officiers des affaires indigènes, les fonctionnaires de Cochinchine envoyés au Tonkin pour y gérer les consulats que le traité de 1874 avait tenté d'y établir, n'y purent même demeurer plus de trois ou quatre mois, et le capitaine Rheinhard lui-même dut quitter Hanoï pour aller remplir les fonctions bien difficiles de chargé d'affaires à Hué.

Il fut remplacé au Tonkin par le comte de Kergaradec, lieutenant de vaisseau, qui tâcha d'employer utilement son temps en explorant le fleuve Rouge, pendant que M. Aumoitte faisait la topographie du pays compris entre Hanoï et Bac-Ninh, que le docteur Maget, médecin de la marine, s'efforçait de donner un corps aux renseignements qu'il pouvait réunir sur le Tonkin, que d'autres voyageurs, enfin, essayaient d'étudier les bords de la rivière Noire. Ce n'était pas assez. La conquête du Tonkin, manquée en 1874, devait être remise en question un jour ou l'autre, et il est à regretter que le ministère de la marine de cette époque se soit montré indifférent aux tentatives des explorateurs, qu'il n'ait pas lui-même envoyé des missions chargées d'étudier un pays, dont la topographie devait tant nous intéresser plus tard, et où nous sommes revenus sans connaître ni Quang-Yen au bord de la mer, ni Bac-Ninh, ni Lang-Son, ni Thay-Nguyen, ni Cao-Long, ni même les routes qui viennent de la Chine et qui livrent aujourd'hui passage aux armées du Céleste Empire. Harmand, de son côté, et tout en regrettant de ne pouvoir explorer le Tonkin lui-même, exécutait ces cinq hardis voyages qui ont jeté une lumière si vive sur des pays presque inconnus avant lui.

Dès le mois de mai 1875, c'est-à-dire un an après la pénible et dangereuse campagne du Delta, il était, sur sa demande, rattaché au cadre de la Cochinchine et, suivi seulement de quatre Annamites, il partait de Pnom-Penh, et visitait le Grand-Lac et les ruines d'Angkor. La terrible fièvre des bois interrompait son voyage.

Six mois après, il parcourait les affluents du Mé-Kong.

En janvier 1877, il visitait le royaume d'Oubon et le Laos.

En février et en mars de la même année, il parcourait à grand'peine les rives gauches du Mé-Kong.

Enfin, en avril et mai 1877, cet explorateur infatigable accomplit le plus intéressant, le plus pénible et le plus périlleux de ses voyages. Il part de Bassac, traverse le Laos, gravit, vers l'est, une chaîne de montagnes, et du sommet de cette barrière, il a la joie de voir, comme une terre promise, se dérouler à ses pieds les plaines de l'Annam, avec leurs aréquiers, leurs rizières, leurs villages, leur civilisation. Il était le premier Européen qui eût ainsi traversé de l'ouest à l'est toute la péninsule transgangétique.

Cependant, les Pavillons Noirs infestaient le fleuve Rouge de plus belle, et Tu-Duc, qui ne supportait qu'à regret la présence de nos fonctionnaires au Tonkin, leur était favorable en secret. Un partisan se disant héritier de la dynastie des Lê, un prétendant, comme nous disons, fomentait des troubles de son côté. Nos traités étaient fort mal observés ; la situation de nos représentants était très peu sûre ; les Annamites appelaient les Chinois à leur secours, et on dut organiser à Saïgon une nouvelle expédition un peu dans le genre de celle de Garnier. Le commandement en chef en fut confié à Henri Rivière, ce capitaine de vaisseau aussi célèbre comme littérateur que comme soldat. Ce sont les brillants débuts de la campagne de 1873 ; c'est la même fin tragique du chef. Henri Rivière, en effet, occupe Hanoï. Les Pavillons Noirs reparaissent à Son-Tay. L'Annam se révolte contre notre entrée violente au Tonkin, prend les armes, et notre chargé d'affaires menacé, quitte Hué. Les Chinois apparaissent comme suzerains et comme protecteurs de l'Annam. Henri Rivière veut alors éloigner d'Hanoï l'ennemi qui le serre de trop près ; il tente une sortie dans la direction de Son-Tay, et il tombe sous les coups des Pavillons Noirs, qui n'ont pas, cette fois, le courage de faire un trophée de sa tête et qui, après l'avoir séparée du corps, l'enterrent presque sur le lieu même du combat, où on devait la retrouver quelques mois plus tard.

Cela ne se passa pas comme en 1873, et le ministère ne désavoua pas son envoyé. Une expédition sérieuse fut décrétée et organisée pour venger sa mort. Trois hommes furent mis à la tête de cette expédition : le général Bouet, comme commandant des troupes; l'amiral Courbet, comme commandant des forces navales; enfin, au-dessus d'eux, au sommet du triangle, j'allais dire du Delta, Harmand, tout désigné pour ce poste et nommé commissaire général civil de la République au Tonkin. Le général et l'amiral devaient être les deux bras de l'expédition, Harmand devait en être la tête. Il était surtout chargé de centraliser les affaires, de traiter avec l'ennemi et d'organiser le pays, dont il devait, après la conquête, être le gouverneur. Cette conquête était, en effet, décidée, et les débuts de la guerre furent des plus heureux; tout permettait d'en espérer une terminaison aussi rapide que favorable. Harmand comprit qu'il fallait frapper le royaume d'Annam au cœur et, après beaucoup de difficultés et de télégrammes pressants, il obtint qu'on vînt bombarder les forts de Hué. Cette opération, facile au point de vue militaire, eut les meilleurs résultats : la prise de Tuan-An, en effet, et notre présence à Hué nous permirent d'imposer notre volonté au gouvernement annamite et de paralyser toute la résistance régulière qu'il aurait pu nous opposer au Tonkin. Le 25 août 1883, pendant le bombardement même et sans instructions aucunes, Harmand rédigea et fit signer à l'Annam un traité des plus avantageux pour la France. Le gouvernement commit la générosité de ne pas maintenir ce traité intact, et celui que porta plus tard M. Patenôtre à Hué ne fut guère qu'une copie du premier, mais dont on avait retranché l'article qui nous cédait, au sud, le Binh-Thuan, qu'Harmand avait annexé à la Cochinchine, et celui qui, au nord, détachait de Hué les provinces de Nghe-An et de Than-Hoa, qu'il avait réannexées au Tonkin. Harmand avait eu pour but principal, dans cette dernière clause, de donner au Tonkin, qui devait nous appartenir, une frontière infranchissable et d'affaiblir l'Annam au point de le mettre entièrement à notre merci. Il précipitait ainsi, en la rendant plus facile et plus économique, la solution définitive et forcée de notre entreprise, c'est-à-dire la conquête pure et simple de tout l'Annam et la constitution d'un empire français d'Indo-Chine solide et inattaquable.

Comme en 1873, nous ne profitâmes encore ni

de nos succès ni de nos traités. Une armée sérieuse, des subsides suffisants accordés d'un seul coup et non arrachés lambeau par lambeau à une Chambre récalcitrante, l'autorité pleine et entière entre les mains d'Harmand, et nous pouvions regarder le Tonkin comme notre propriété. Ce qu'il fallait surtout, c'était une direction unique et chargée d'organiser immédiatement l'administration. Tous nos inspecteurs des affaires indigènes en Cochinchine savent, en effet, qu'on ne tient les Asiatiques que par l'administration et par la justice, et la guerre ne doit être que le soutien de l'administration, que la force mise à la disposition des administrateurs. Cette conception n'eût pas empêché la poursuite de la campagne contre la Chine : elle l'eût facilitée au contraire. Elle existait pourtant, cette direction unique, dans la personne du commissaire général, mais elle ne put jamais s'exercer dans toute sa plénitude, comme elle aurait dû pouvoir le faire. Un obstacle ridicule mais insurmontable s'élevait contre Harmand : c'était son ancien grade de médecin de seconde classe de la marine, grade assimilé à celui d'enseigne de vaisseau. Nous disons ancien grade, parce que, à cette époque, Harmand avait depuis longtemps quitté le service de la marine et que, lorsqu'on l'appela à la direction des affaires du Tonkin, il y avait un an et demi qu'il était consul et commissaire du gouvernement de la République française à Siam. Les amiraux et les généraux persistèrent quand même à ne voir en lui qu'un officier subalterne. Notre routine et notre respect de la hiérarchie à outrance s'impatientaient de ce qu'on regardait à tort comme un renversement de grades, et si les chefs militaires de l'armée du Tonkin ne s'avouaient peut-être pas ce sentiment à eux-mêmes, il était si bien dans les esprits, qu'il fut formulé et proclamé au Corps législatif. Comme si l'intérêt et l'honneur de la France ne devaient pas être mis au-dessus de mesquines considérations de personnes; comme si, en supposant même un grade qui n'existait plus, ce n'eût pas été là le cas ou jamais d'appliquer ici cette sage règle militaire : La fonction prime le grade ! Quoi qu'il en soit, Harmand quitta la direction politique des affaires peu après le traité de Hué et rentra en France.

La guerre continua, la pacification ne se fit pas, nos traités furent violés, et la Chine intervint directement comme suzeraine de l'Annam. L'Angleterre redoute, pour son commerce et pour sa prépondérance sur les mers, la concurrence de toute colonie nouvelle; elle est convaincue que, depuis Napoléon et le blocus, nous n'avons qu'un but, la ruiner, et que si nous ambitionnons de nouvelles colonies, ce n'est que pour faire du tort aux siennes; notre installation au Tonkin, surtout, ne peut que lui porter ombrage, et il est permis de penser qu'elle n'a pas été étrangère à ce mouvement de la Chine, qu'il est aussi très heureux pour nous que ses tentatives de médiation n'aient pas abouti. L'Allemagne, de son côté, ne peut voir sans jalousie l'extension de notre puissance coloniale. Ses négociants fournissent des armes aux Chinois, ses officiers vont servir dans leur armée, et peut-être faudrait-il entrevoir l'ombre du prince de Bismarck derrière Li-Hung-Chang, le généralissime céleste.

Et pendant ce temps, nos forces, dispersées au Tonkin, au lieu d'être concentrées sur les points principaux, n'arrivent que lentement à un résultat favorable; pendant ce temps, l'amiral Courbet, commandant l'état de siège quand la marine ne devrait être que l'auxiliaire de l'armée opérant à terre, demande tous les jours de nouveaux renforts; pendant ce temps, enfin, l'Europe étonnée assiste à cette guerre extraordinaire qui dure depuis si longtemps, à cette guerre qui coûte à la France tant de millions qu'on eût pu économiser, tant de sang qu'on eût pu ne pas verser si l'on se fût montré plus énergique dès 1873. Les Anglais eux-mêmes n'attribuent nos lenteurs et nos insuccès relatifs qu'à nos hésitations et à l'insuffisance de nos ressources. Chaque heure perdue coûte pourtant la vie à un de nos soldats! C'est surtout à la guerre qu'il faut appliquer le vieil adage des chirurgiens : *Tutò*, *citò et jucundè*. La conquête du Tonkin est nécessaire ; tout le monde est d'accord là-dessus. Mais pourquoi ne pas se presser? Pourquoi ne pas opérer avec dextérité, comme un médecin qui ampute? Et les Annamites? N'est-il pas juste de s'apitoyer aussi un peu sur leur sort? Ce sont des hommes, après tout, et des hommes qui se battent pour la plus sainte des causes, pour la défense de leur pays. On ne peut vraiment s'empêcher d'être touché, d'être quelque peu ébranlé par ces proclamations larmoyantes des généraux chinois, leurs protecteurs naturels : « Maraudeurs français, féroces habitants d'Europe, pareils à des tigres, vous convoitez le monde entier, cherchant à mettre à exécution vos desseins audacieux et cruels. Il n'y a pas de pays que vous ne désiriez conquérir ; il n'y a pas de richesses que vous ne vouliez dévorer. Le commerce international n'est pour vous qu'un prétexte. Votre cruauté est infinie. Votre méchanceté est extrême. Vous comptez sur votre force pour débaucher nos femmes, ce qui excite l'indignation de Dieu et des hommes et ne peut être souffert dans le ciel et sur la terre. » Et il est des journalistes qui s'amusent tous les jours à trouver cela très drôle! N'y a-t-il pas, au contraire, un accent émouvant dans ces plaintes un peu enfantines ? Et puis, soyons francs : n'y a-t-il pas un peu de vérité dans ces reproches? Non, la guerre est toujours quelque chose d'affreux, et la mort est toujours quelque chose d'horrible. La vie humaine a plus de valeur que cela, même quand c'est la vie d'un Annamite!

Mais l'intérêt palpitant de ces questions brûlantes nous entraîne trop loin. Nous n'avons nulle qualité pour le faire et, d'ailleurs, parler d'une guerre qui n'est pas encore terminée, porter un jugement sur des faits en train de s'accomplir serait faire de la politique, serait sortir du cadre dans lequel nous voulons enfermer ce modeste itinéraire. Nous avons cru seulement pouvoir être agréable à nos lecteurs en résumant pour eux les causes et les débuts de ce conflit franco-chinois qui préoccupe aujourd'hui tous les esprits en France, causes obscures pour les uns, débuts récents et déjà oubliés pour les autres. De même que ce livre a pour sujet la route qui conduit au Tonkin, ce chapitre a pour but de retracer, en quelques pages, l'itinéraire que notre politique a, pour ainsi dire, suivi, pour aboutir à notre guerre actuelle. Le Tonkin sera-t-il jamais une colonie française dans le vrai sens du mot? C'est peu probable. Le pays est loin d'être malsain : le choléra, qui y est endémique, y fait moins de ravages que dans les Indes; la dyssenterie y est plus rare que dans le sud de l'Annam; les fièvres des bois, les hépatites y sont moins dangereuses;

il n'y a, au point de vue de la salubrité, aucune comparaison à établir entre le Tonkin et la Cochinchine. S'il existe, actuellement, un nombre assez considérable de malades dans notre armée, cela tient aux conditions anormales du soldat en temps de guerre. On peut vivre parfaitement au Tonkin en y maintenant sa santé, et on peut citer, à l'appui de cette assertion, les missionnaires qui y passent jusqu'à vingt-cinq ou trente ans, sans présenter même les apparences de l'anémie. Et pourtant, il y a peu de chances pour que nous nous portions jamais en masse dans notre nouvelle conquête asiatique. Cela tient simplement à ce que nous ne sommes guère nés pour la colonisation, à ce que nous nous trouvons trop bien dans notre France, pour nous en éloigner, enfin et surtout, à ce que notre faible natalité nous interdit la fondation de colonies lointaines.

Nous devons donc nous féliciter que le Tonkin ne soit pas un pays que nous aurons à coloniser. Ce qu'il nous faut, ce ne sont pas des terres à défricher nous-mêmes, ce ne sont pas des cultures à créer, mais bien des contrées fertiles, à sol et à sous-sol riches, habitées par une population dense, travailleuse et qui ne demande que deux choses, pour produire, la sécurité et une bonne administration. Le Tonkin est, en cela, un idéal pour nous : il est populeux, il est fertile, il est riche, et les communications y seraient faciles à établir. On y trouve de l'étain, du sel, de l'or et de la houille. L'étain y est très abondant et à très bon marché; le sel, qui n'est pas du sel gemme, mais, en général, du sel fabriqué par les Annamites, y est d'une exploitation aisée dans les salines qui s'établissent sur les côtes; l'or, enfin, est assez commun dans les alluvions des rivières; en certains lieux, dit-on, les indigènes élèvent des canards, qui sont pour eux de véritables poules aux œufs d'or, et dans les excréments desquels ils recherchent le métal précieux que ces volatiles avalent avec le gravier. Quant à la houille, elle s'accumule en vastes bassins, elle se montre à fleur de terre en certains points de la côte, et c'est elle qui donne au Tonkin une grande partie de sa valeur pour nous. C'est ce charbon, en effet, qui pourrait nous libérer du tribut que nous payons aux Anglais; c'est lui qui pourrait alimenter les feux de notre escadre dans les parages de Chine; c'est lui, enfin, qui pourrait nous mettre à même de partager avec l'Angleterre l'empire des mers de l'extrême Orient. Il ne manque donc qu'une chose au Tonkin : une administration intelligente. C'est à nous de la lui donner. Il nous fournira alors rapidement un chiffre d'impôts qu'on estime pouvoir atteindre annuellement 200 millions, et peu à peu, à la longue, lorsque la tranquillité revenue aura permis l'augmentation de la fortune publique, nous y trouverons un débouché important pour beaucoup de nos produits, de même qu'il s'y créera de nombreux établissements industriels, tels que des sucreries, des hauts fourneaux, des usines à décortiquer le riz, des distilleries à alcools, qui pourront encore augmenter nos bénéfices indirects, c'est-à-dire les bénéfices réalisés par nos fabricants, les frêts perçus par nos armateurs, les fortunes faites par des Français. Mais, pas plus que les Indes anglaises ou néerlandaises, pas plus que la Cochinchine elle-même, le Tonkin ne comporte de nombreux colons ; ce sont ces bénéfices indirects seuls que nous devons en retirer, les seuls aussi que nous devrions demander à toutes nos colonies, en général. Le but à poursuivre n'est ni la colonisation du pays, ni même l'exportation directe de ses produits en France, et ce que nous disons du Tonkin s'applique également à la Cochinchine. Les marchés de ces possessions sont les Indes, la Malaisie et surtout la Chine. Ce que l'Indo-Chine doit nous donner, c'est de constituer un Empire solide, qui ne coûte rien à la mère patrie ; mais, au contraire, qui augmente sa force et sa puissance, tout en créant un mouvement commercial favorable à nos nationaux.

En résumé, le Tonkin ne doit pas être et ne sera pas pour nous une colonie dans le sens propre du mot : il doit être la plus belle et la plus fructueuse de nos possessions.

Nous nous laissons encore ici emporter dans une excursion bien en dehors de nos limites : hâtons-nous d'y revenir. Le Tonkin lui-même n'entre, d'ailleurs, pas dans le cadre que nous nous sommes tracé, et nous laissons à d'autres le soin de le décrire.

CHAPITRE X

DU TONKIN A TOULON.

Du Tonkin à Saïgon. — Départ de Saïgon. — En Malaisie. — Détroit de Banka. — Détroit de la Sonde. — Sous l'équateur. — Dans la mer Rouge. — Chauffeurs arabes. — Retour à Toulon.

Les vents alizés viennent en aide aux efforts de notre machine; les rivages de l'Annam défilent rapidement à notre horizon, et une magnifique traversée de quatre jours à peine nous ramène d'Haï-Phong à Saïgon.

Nous voici donc encore en Cochinchine et le moment de notre retour définitif en France est arrivé.

Le Gouverneur nous a passés en revue; on a embarqué des provisions de toute espèce et, en particulier, de petits bœufs indomptables qui, plus d'une fois, nous ont donné sur le pont le spectacle dangereux de véritables courses de taureaux; des lits sont montés dans la batterie qui, transformée en hôpital, prend un aspect lugubre; ils sont destinés aux militaires que nous rapatrions, à ces malheureux soldats et à ces pauvres marins qui tombent, là-bas, sous les influences meurtrières du climat plus qu'ailleurs sous les balles de l'ennemi. Nous avons, comme passagers, cent malades alités, deux cents convalescents, qui vont se traîner comme ils pourront dans tous les recoins du navire, et quatre cents hommes valides ou à peu près.

Les fonctions des médecins du bord sont loin d'être une sinécure pendant la traversée de retour ; c'est un vrai service d'hôpital qu'ils ont à faire ; et quel hôpital, quand le roulis et le tangage les secouent avec leurs malades, quand les coups de mer leur font fermer toutes les ouvertures, quand la chaleur les étouffe au milieu des horribles émanations de leurs patients !

Deux officiers, qui devaient partir avec nous, et dont les caisses étaient déjà à bord, meurent la veille et l'avant-veille de leur départ, foudroyés par un accès pernicieux. Les hommes qui nous arrivent, avec leurs nattes sous le bras, leur singe sur les épaules et, à la main, leur sac qu'ils peuvent à peine traîner, ont des figures de revenants ; et pourtant, comme ils sont heureux ! On les soutient, on nous les apporte dans des cadres, et ils sourient d'un sourire qui fait peine à voir. Pauvres gens, qui n'auront pas tous la force d'accomplir ce voyage tant souhaité ! C'est un spectacle qui fait monter les larmes aux yeux. Les colonies sont une bien belle chose ; mais elles coûtent bien cher !

Nous remontons le Dong-Naï jusqu'en un point qu'on nomme le point A, au-dessus de l'arroyo de l'Avalanche, et où, au milieu des palmiers d'eau, des balisiers, des aréquiers et des rizières, nous allons régler nos compas, c'est-à-dire vérifier sur des points fixes et connus l'exactitude de nos boussoles. Cette importante opération terminée, nous partons définitivement. Portés par le courant qui nous entraîne, nous repassons rapidement devant Saïgon qui hisse ses pavillons, devant les navires au mouillage qui nous saluent, comme à notre arrivée, et nous doublons bientôt le cap Saint-Jacques, où nous prenons le pilote qui doit nous conduire au large.

Laissant, tantôt à droite, tantôt à gauche, Poulo-Condor, Haon-Vioun, Haon-Cao, le lendemain du départ ; les Anambas, Poulo-Domar et l'île du Pic, le surlendemain, nous nous retrouvons, au bout de trois jours, dans le détroit de Malacca, près de Barbukit, de Pedra-Branca, enfin de New-Harbour, où nous allons mouiller encore une fois. C'est le moment des achats : nous allons accomplir une traversée assez longue, chacun veut faire des provisions et le navire se remplit de bananes, de mangoustans, d'ananas et de cocos. Tout le monde en veut. Nos Arabes, grands mangeurs de bananes, nos marins et nos militaires se livrent, avec les Chinois et les Malais, à des marchandages qui finissent le plus souvent par des luttes du dernier comique. Ici, un de nos mahométans demande des fruits à un Malais : « Qu'is qui c'i ça, ouad roupie ? » s'écrie-t-il tout à coup, et il applique furieux un ananas énorme sur la figure plate du marchand ahuri, tandis que ses confrères saisissent la corbeille, l'arrachent de ses mains et l'emportent à bord en courant; plus loin, c'est un matelot qui désire emporter de beaux coquillages au pays et qui discute avec leur brocanteur, mais qui discute avec tant de feu, que la discussion devient une dispute, la dispute une bataille et que, marchand et coquillages dégringolent à la mer; plus loin, c'est encore un soldat qui veut acheter une perruche : des Indiens presque nus portent en travers sur l'épaule un bambou où sont attachées et pour ainsi dire enfilées les pauvres cocottes prises au filet le matin même ou la veille; on ne s'entend pas, on se tiraille le perchoir, on se bouscule et finalement les perruches s'échappent et, battant des ailes, s'envolent vers la forêt natale avec d'atroces cris de joie et de délivrance, tandis que leur chasseur se roule sur le sable en proie, en apparence, au plus violent désespoir.

Nous avons toutes les peines du monde à empêcher nos malades eux-mêmes de faire des achats malsains pour eux et, malgré nos défenses et nos factionnaires, nous trouvons le lendemain des ananas et des bananes jusque entre les matelas de ceux qui sont couchés. On fait ample moisson de rotins, de nattes, de boîtes, de bibelots, de coquilles et surtout d'oiseaux et de singes : le bateau devient une arche de Noé.

Nous quittons Singapour, et, après avoir dépassé le détroit de Rio et le phare de Kara-Bésard, nous coupons l'équateur. Ce célèbre passage de la ligne, qui donne lieu d'ordinaire à des cérémonies si cocasses, reste presque inaperçu pour nous : on ne fait pas de fête dans un hôpital. Venus directement d'Aden à Singapour, nous allons revenir par le détroit de la Sonde ; cela prolongera peut-être la traversée de quelques jours, mais nous trouverons les vents alizés au sud.

On appelle ainsi, chacun le sait sans doute, des vents constants qui, en été, se dirigent vers le N.-E., dépassent l'équateur et constituent le mousson de S.-O., tandis que, en hiver, victorieusement combattus par l'alizé qui vient du N.-E., ils ne peuvent pas aller plus loin que la ligne, dévient vers le N.-O. et constituent le mousson du S.-E., comme s'ils venaient de ce point de la rose. Le lendemain de notre départ, nous nous engageons dans les îles de Poulo-Paya, de Poulo-Diang, de Poulo-Tjébia et de Kaleou. Un pilote malais, espèce de sauvage coiffé d'un casque verni en forme de cloche à melon et armé d'un *criss*, nous guide dans ce dédale. Nous le garderons pendant deux ou trois jours, lui et sa *proa*, suspendue comme un joujou aux flancs de notre colossal navire, et nous le déposerons en pleine mer après lui avoir donné plus de 500 francs pour salaire.

Le même jour nous traversons le détroit de Banka où nous passons la nuit au mouillage.

Ce détroit est percé entre l'île de Banka, à l'est, et celle de Sumatra, à l'ouest.

Autour de nous, les côtes de ces grandes terres malaises se découpent en baies verdoyantes; la plage est, comme à Ceylan, couverte d'arbres dont les troncs plongent dans la mer, et de toute part émergent, avec un panache de verdure, des rochers et des îlots minuscules. Des pirogues effilées viennent ranger notre bord ; elles sont montées par des Malais à peine vêtus, coiffés de casques laqués et dorés et armés de criss aux lames rouillées et onduleuses; au loin, avec des équipages d'hommes qui ressemblent à des singes et de singes qui manœuvrent comme des hommes, passent, ainsi que de fantastiques oiseaux de mer, des embarcations aux voiles peintes, qui s'engagent et disparaissent dans les fourrés de la rivière que reçoit le détroit.

L'île de Sumatra, qui est, à elle seule, presque aussi grande que la France, n'est séparée de Malacca que par le bras de mer que nous avons traversé en allant en Cochinchine et qui fut jadis un isthme. Patrie de l'orang-outang, cette île mystérieuse est habitée par des Chinois, par des Européens et surtout par des Malais musulmans et des anthropophages. Dans les épaisses forêts vierges de ses montagnes inconnues, erre une race d'hommes qui semblent donner raison aux théories de Darwin : ce sont les Orang-Koubous ; cousins, voisins et amis des orang-outangs, ces êtres, velus comme eux, plus abrutis peut-être, vivent dans des huttes de bambous qu'ils accrochent aux arbres et ne descendent au milieu des autres Malais que pour leur servir de bêtes de somme. Non loin des côtes, se tiennent, sous les bois, les Orang-Battaks, les Orang-Sakeys et autres cannibales qui, comme des écueils, figurent encore sur nos cartes marines avec des mentions peu rassurantes et dans le genre de celles que nous avons déjà rencontrées sur les bords de la mer Rouge.

Le surlendemain, tandis que filent loin de nous les nombreuses barques malaises qui piratent dans ces mers, nous perdons la terre de vue.

Trois jours après que nous avons quitté Singapour, la côte reparaît. Nous entrons dans le détroit de la Sonde entre Java et Sumatra : le feu de Watcher, le mont Gedeh, Poulo-Bonton, le mont Crokatoa qui fume dans le lointain, l'île du Prince et la ville d'Anjer, tels sont les points que les officiers de quart relèvent tour à tour et que nous voyons successivement surgir de la mer.

C'est du côté de Java que nous naviguons surtout. Des flottilles de proas et de bateaux, qui portent le pavillon des Pays-Bas, voltigent sur les vagues ; les rivages, charmants, sont couverts de bois magnifiques ou de longues rangées de cocotiers ; entre les troncs se montrent de beaux jardins et de gracieuses maisons à toits rouges, demeures des colons hollandais ; plus loin, le sol s'élève, de superbes champs de blé mûr font place à de vastes forêts, enfin, de hautes collines boisées forment le fond du panorama.

Comme Sumatra l'était à Malacca, Java était unie à Sumatra par un isthme, il y a un millier d'années ; le détroit de la Sonde n'est donc qu'un canal de Suez ouvert par la nature. Plus grande encore que Sumatra, l'île de Java est embrasée par quarante-cinq volcans, dont trente sont encore en pleine activité et dont quelques-uns, tels que le Krokatoa, sont un danger terrible et permanent pour les villages qui les entourent. Les forêts sont, dit-on, pleines de ruines de temples élevés aux divinités du feu par les habitants qui mêlaient jadis le culte de ces volcans à celui de Brahma. Le gouvernement néerlandais possède à Java une colonie qui pourrait servir de modèle à toutes celles du monde. Il en a si bien enrôlé les cultivateurs et si bien monopolisé les produits, qu'on a pu dire que cette terre immense est une ferme dont les Malais et les Chinois sont les ouvriers, dont les Européens, en général, sont les contre maîtres et dont les Hollandais sont les propriétaires.

Au moment où nous rangeons ses riants rivages, le ciel est nuageux; il fait frais au point qu'on s'enrhume et, avec un peu d'imagination, nous pourrions nous croire plutôt à l'embouchure de l'Amstel brumeux que sous le ciel de l'équateur.

Le soir, nous nous lançons dans la pleine mer, et la navigation monotone commence. Pendant vingt et un longs jours consécutifs, nous ne devons voir aucune côte. Vingt et un jours de mer! C'est peu de chose dans les conditons ordinaires; mais que c'est long et triste pour un transport qui revient du Tonkin ou de Cochinchine en cherchant un mousson qui s'obstine à ne pas souffler! Il fait calme, notre machine ne fonctionne qu'à regret et nous ne marchons pas. Et puis est-on jamais sûr qu'à ce calme désolant ne succédera pas tout à coup la tempête, qu'on ne sera pas, d'un moment à l'autre, emporté dans la ronde diabolique de quelque cyclone échevelé? Nous descendons ainsi jusqu'à 9 degrés de latitude sud, et le mousson est toujours un mythe, et le temps s'allonge, et chaque vingt-quatre heures, à midi, l'officier des montres, qui vient de faire son point, nous assure que nous serons à Aden dans quinze jours! Toujours dans quinze jours! Avec quelle impatience cependant on attend ce point! Les cartes sont étalées sur la table ; le doigt de l'un de nous, qui s'y promène en suivant la longitude, rencontre le doigt d'un autre qui suit la latitude ; un troisième marque du crayon le point de rencontre, c'est le lieu où nous sommes ; un quatrième, au moyen d'un brin de paille, d'une allumette, mesure le chemin parcouru la veille, le compare à celui que nous avons à faire, et il nous reste toujours quinze jours de mer à subir!

Un ennui énorme s'empare de tout le monde : les morts au whist et les interminables réussites ne réussissent plus à distraire les officiers ; ils s'ennuient ; ils deviennent souvent puérils et bruyants pour se donner l'illusion de la gaieté ; quelques jours plus tard, leur caractère s'aigrit ; la fatigue de santé que tous rapportent plus ou moins de ces insalubres contrées, une fastidieuse nourriture, qui se réduit à des conserves, les agacements d'un roulis continuel, les grains fréquents que nous essuyons, tout contribue à produire ce résultat pénible. La chaleur elle-même irrite les esprits et les nerfs ; les flots de liquide de toute espèce et, en particulier, d'eau de coco frappée dont nous nous abreuvons ne parviennent pas à calmer notre soif ; les douches primitives que nous nous administrons plusieurs fois par jour ne nous empêchent pas d'avoir de continuels vertiges ; on se sent affaibli, comme découragé. On a les gencives saignantes, la bouche en feu, on ne dort plus et, comme on ne sait pas au juste quand cela finira, on n'a même pas la consolation de pouvoir compter les jours qu'on passera encore dans cette accablante situation.

Une distraction nous reste, pendant ces heures d'ennui ; c'est aux singes que nous la devons. Il y en a partout ; le gaillard d'avant en est peuplé ; ils s'échappent et gambadent dans les enfléchures et sur les vergues ; des soldats en ont qui ont fait élection de domicile sur leur épaule ; d'autres possèdent toute une famille de macaques, père, mère et petits, gros comme des rats. Les plus curieux de ces animaux sont de l'espèce qu'on nomme, je crois, des ducs ; il est impossible de ressembler plus à l'homme que ces êtres-là : figure glabre, barbe blanche en collier, chevelure parfaitement limitée, yeux tristes et humains, rien ne leur manque.

Et pour tuer le temps, nous nous livrons à des études approfondies sur les mœurs de ces anthropomorphes en captivité. Nous remarquons même chez eux deux particularités qui nous semblent assez singulières. La première est que l'ennui, le dégoût de la vie donnent à ces malheureux quadrumanes, aux jeunes du moins, la déplorable habitude de se ronger la queue, de s'en manger l'extrémité. Peut-être veulent-ils se suicider ainsi en se mangeant eux-mêmes et commencent-ils par un bout! Quoi qu'il en soit, on a beau recouvrir leur appendice caudal de goudron, de poudre d'aloès, de petits bandages, rien n'y fait : ils passent une journée à se nettoyer méticuleusement, à enlever grain par grain avec leurs petits doigts noirs la poudre amère dont on les a affligés, et ils recommencent leur autophagie. Il faut alors couper l'extrémité rongée, déchiquetée; ils défont le pansement qui suit cette opération et ils rongent avec une nouvelle ardeur, si bien que de rongements en amputations, ils finissent par n'avoir plus au bas du dos qu'un moignon informe ; et quand, malgré tous leurs efforts et toutes leurs contorsions, ils ne peuvent plus l'atteindre avec leurs dents, leurs compagnons leur viennent en aide : ils se rongent mutuellement. La seconde particularité est qu'ils s'appellent entre eux. Il y a, par exemple, sur le gaillard d'avant, dans un coin de la chaloupe, une famille composée du père, de la mère et de deux petits que cette dernière presse sans cesse avec un amour touchant sur sa petite poitrine velue. On prend parfois le mâle, on va l'attacher à une certaine distance, hors de la chaloupe et de manière que sa moitié ne puisse le voir. L'agace-t-on alors? Il crie, mais aucun cri ne répond aux siens. Lui donne-t-on au contraire une banane ou une tranche d'ananas? il y goûte, puis il pousse un cri particulier auquel répond la femelle; nouveau cri du mâle : nouvelle réponse de la guenon, qui arrive avec ses petits dans les bras, partager le régal. Tous les animaux s'appellent sans doute, plus ou moins; la poule appelle ses poussins à la distribution du grain; mais il y avait là je ne sais quoi de plus, il y avait dans cette succession intelligente de cris et de réponses quelque chose qui ressemblait à un langage. Mieux que cela, nos singes de Malacca répondaient de la voix au nom qui leur avait été donné. Tous avaient été baptisés par leur propriétaire d'une façon, en général, assez drôle, ce dont ils ne se formalisaient pas. L'un d'eux s'égarait-il dans la mâture ou dans quelque recoin du pont? Son maître l'appelait et, s'il ne se rendait pas toujours à son appel, il répondait, au moins, par un cri qui semblait vouloir dire : « Je suis ici », et cette réponse se renouvelait à chaque interpellation, jusqu'à ce qu'il eût été retrouvé caché dans quelque rouleau de grelins, grimaçant d'une façon fort divertissante.

Presque toutes ces pauvres bêtes languirent à notre sortie de la mer Rouge : plus de fruits succulents des tropiques; du froid, un soleil moins éclatant, tout cela devait les tuer. Ils se blottirent alors, en grelottant, les uns contre les autres; leurs pauvres petits yeux si brillants et si vifs ne s'ouvrirent plus que lentement et avec peine; leurs lèvres, d'une si amusante mobilité, ne s'écartèrent plus que dans de tristes sourires de phthisiques; ils toussèrent, et, bien que la traversée du canal à Toulon fût à peine d'une semaine, ils moururent presque tous avant d'arriver en France.

D'autres animaux qui nous intéressent beaucoup aussi, pendant les ennuis de cette traversée, sont les *inséparables* petites perruches vertes, à peine de la taille d'un gros moineau, et qu'on voit voltiger toujours par paires dans les jungles de Singapour et de Malacca. Un mâle et une femelle s'unissent dès leur jeune âge et la mort elle-même ne peut plus les séparer : le divorce leur est inconnu. Nous en avons une cage remplie, où ils vivent deux à deux, toujours côte à côte, toujours amoureusement serrés l'un contre l'autre. La nuit, ils se suspendent aux barreaux pour dormir, un peu à la façon des chauves-souris, et notre cage semble alors pleine de petits pelotons de plumes vertes qu'on y aurait accrochés de tous côtés : chaque peloton est formé de deux inséparables si étroitement rapprochés, qu'ils semblent ne faire qu'un. L'un d'eux vient-il à trépasser? Sa mort est, dans la journée même, suivie de celle de son conjoint, qui ne veut plus boire ni manger et qui meurt dans le coin où il est allé tristement se blottir et se rouler sur lui-même. Ils meurent deux à deux, comme ils ont vécu. Le désespoir muet de ces maris et de ces épouses modèles est si touchant, que notre ami le collectionneur lui-même, si impitoyable pour les mollusques et les gastéropodes, n'a même pas le courage de les empailler. Quand il y a un décès dans leur prison, il garde le petit cadavre, il attend le second et, les enveloppant dans le même linceul de papier, il les envoie ensemble, par son sabord, continuer dans le paradis des oiseaux l'idylle amoureuse de leur vie. Plus sensibles encore que les singes au froid relatif de la Méditerranée, nos inséparables y rendirent, toujours deux à deux, leur pauvre petite âme aimante. Ceux de nos camarades, qui avaient plusieurs fois déjà fait le voyage, nous dirent qu'ils n'avaient jamais pu, non plus, en conserver aucun jusqu'à Toulon. A nos sabords ouverts se balancent aussi des cages peuplées de bengalis, de charmants petits êtres faits de vie et de gaieté, et qui, le matin, saluent à plein gosier le soleil levant dont les rayons viennent dorer les flancs noirs de notre bateau.

Le soir, quand la nuit tombe, des grillets, cachés dans on ne sait quelles coutures du faux-pont ou de la cale, entonnent à grand bruit leur ballade aux ténèbres. Nous les avons sans doute embarqués à Saïgon avec les ballots de foin destinés à nos bœufs. Ce sont des grillets annamites, mais leur langage est de tous les pays, et c'est avec plaisir qu'on écoute ces sifflements stridents et monotones qui, des déserts de l'océan, emportent la folle du logis dans les prairies de France, au milieu des chaumes desséchés par les soleils d'été, dans les chemins embaumés de la délicieuse odeur des foins.

Il faut, à tous ces animaux du bord, ajouter comme sujet d'amusement ceux qui passent le long du navire.

Un jour, par exemple, nous prenons des fous, des oiseaux qui ressemblent à de gros goëlands, dont le bec est énorme et dont les ailes mesurent environ un mètre d'envergure. Ils tournent en volant autour de nos mâts et, avec une étourderie qui justifie leur nom, ils viennent follement se poser sur les bastingages et naïvement se laisser prendre à la main. On les dépose sur le pont, on s'en amuse un instant et on leur rend la liberté. Un autre jour, nous sommes distraits par des vols d'hirondelles de mer; puis, ce sont des albatros qui passent au large; puis encore, des malamoques, des pétrels, des gonis; puis enfin, des damiers qui courent sur les lames et des frégates qui traversent le ciel avec la rapidité d'un boulet de canon.

Les poissons sont plus rares que les oiseaux. Nous ne voyons guère que des tazars et des bonites; nos hommes parviennent, malgré la marche du navire, à pêcher quelques-unes de ces dernières. Parfois, cependant, nous traversons des bancs de poissons si nombreux, si prodigieux, que leur rencontre est consignée dans le journal de la timonerie. De loin en loin, quelques cachalots passent à l'horizon en lançant au ciel leur jet d'eau intermittent ; quelques galères, méduses colossales aux brillantes couleurs, flottent près de nous avec leur mouvement lent de parapluie qui s'ouvre et qui se ferme ; quelques bandes de poissons volants s'enlèvent au-dessus des vagues, comme des troupes de grands papillons aux ailes richement colorées. Deux requins, deux peaux bleues, les ailerons triangulaires hors de l'eau, nous suivent depuis notre sortie de la Sonde, sans que nous puissions savoir si ce sont toujours les mêmes. Les marins prétendent qu'ils sentent la mort et que l'apparition d'un de ces lugubres animaux annonce que quelqu'un va mourir à bord du navire qu'il suit : ils sont, au propre autant qu'au figuré, les croque-morts des malheureux dont la mer est le tombeau.

Vingt fois, pendant cette triste traversée, nous avons la douleur de satisfaire leur horrible convoitise ; quatre fois, entre autres, pour des hommes de l'équipage, qu'un court séjour dans la rivière de Saïgon et qu'un seul voyage ont suffi pour tuer. C'est le soir, à l'heure de la prière, que se pratique la lugubre opération de l'immersion des morts ; c'est, en mer, le mot plus juste dont on se sert pour remplacer celui d'inhumation. Dès qu'un de nos malheureux malades a rendu le dernier soupir, on le transporte dans une cabine obscure de l'entre-pont, dite la chambre de repos, et on le dépose sur un lit de fer qui n'est recouvert que d'une planche étroite. Le cadavre est cousu dans un drap de toile à voile et aux pieds de ce paquet à forme humaine est attachée une grosse pierre; au moment de quitter Saïgon, nous avons fait la funèbre provision de cailloux destinés à cet usage. Le commandant en second, l'un des officiers du bord et un piquet de matelots rendent sommairement les derniers devoirs à celui qui ne reverra pas le pays. La prière du soir est dite sur le pont; l'équipage, qui ne voit pas ce qui se passe, est encore un instant silencieux; l'hélice cesse un moment de tourner pour que le mort n'aille pas se briser dans ses ailes; le pavillon est hissé en berne; l'aumônier, qui vient de revêtir son surplis, arrive dans la chambre de repos, suivi d'un mousse qui porte l'eau bénite; deux timoniers éclairent la scène avec des fanaux de signaux; quelques soldats et quelques marins, amis du défunt, sanglotent à la porte de la cabine mortuaire. Quatre hommes prennent alors la planche sur laquelle repose le corps; le sabord est ouvert, la planche y est appuyée par le bout qui correspond aux pieds, l'extrémité opposée est élevée et le cadavre glisse. Le navire qui roule s'incline souvent alors du côté opposé et le pauvre mort s'arrête un instant, comme s'il ne sortait du bord qu'à regret ; le coup de roulis inverse le pousse ; sa tête, qui heurte en passant le haut du sabord trop étroit, rend un son sourd qui fait mal à entendre ; il disparaît ; on entend dans la mer le bruit de sa chute ; le sabord se referme et tout est dit. Si on a la curiosité de le regarder du sabord voisin, on voit son fantôme blanc tournoyer, passer entre deux eaux, debout, suivre un instant, entraîné par le courant, le navire qu'il vient de quitter et s'évanouir dans la direction des requins. S'il s'agit d'un officier, l'immersion se fait du haut de la dunette ; l'équipage est rassemblé, des coups de canon retentissent et le mort disparaît au milieu de la fumée, noblement drapé dans les plis flottants d'un drapeau tricolore qu'il entraîne avec lui.

Le lendemain du décès d'un matelot ou d'un soldat, le commissaire du bord, qui cumule les fonctions d'administrateur, d'officier de l'état civil et de notaire, procède, en présence de deux camarades du défunt, à l'ouverture et à l'inventaire de son sac. Modeste et touchant héritage ! Il se réduit à bien peu : soigneusement pliés dans du papier, quelques pauvres petits bibelots en laque commune, qu'il rapportait précieusement à ses amis, à sa fiancée, peut-être ; quelques images chinoises sur du papier de riz; deux ou trois photographies de parents qui ont toujours voyagé avec lui; un mince paquet de lettres, de lettres jaunies, coupées aux plis, salies comme les pages d'un livre souvent feuilleté, et ordinairement tout est là. Nous les lisons parfois ces lettres; elles sont navrantes; les dernières surtout, celles qui disaient les impatiences de l'attente, les douces joies du retour tant souhaité. Pauvre soldat, pauvre marin tombé obscurément pour la patrie! On savait qu'il revenait, on l'attendait au village, et nous l'avons laissé là-bas, quelque part dans l'immensité de la mer des Indes et, promené par les courants sous-marins, son cadavre raidi n'est plus qu'un fantôme qui erre à l'aventure au milieu des coraux blancs des Maldives, dans les profondeurs glauques des océans sans fond. Les effets du mort sont vendus à l'équipage. Les lettres, les portraits et les souvenirs seront religieusement renvoyés à sa famille et y feront couler des larmes bien amères. Infortunée victime d'une politique coloniale que les mères ne comprennent guère! L'aumônier seul est venu, au moment où il allait mourir, murmurer des paroles d'encouragement à ses oreilles. Nous avons vu des protestants eux-mêmes réclamer les consolations de notre prêtre à cette heure suprême. On devient religieux à la mer.

Tous les dimanches, un autel est dressé dans

la batterie, au milieu des pavillons disposés en tentures; des marins et des soldats en armes forment la haie; par intervalles les clairons sonnent au champ et l'aumônier, qui se balance au roulis, célèbre la messe au milieu du recueillement le plus respectueux et le plus sincère. Le moment de la prière du soir est plus solennel encore : à un signal du tambour et à la voix de l'officier de quart qui commande : « La prière! » tout le monde appuie sur l'arrière ; sept ou huit cents hommes se découvrent à la fois tournés vers l'aumônier ; l'équipage entier oscille ainsi qu'une vague humaine et, sur ce vaisseau seul et comme perdu sur l'imposante immensité, on n'entend plus que les grondements de l'hélice et la voix du prêtre qui couvrent les murmures de la mer et du vent.

Nous n'avons vu qu'une fois un soldat, esprit fort, rire et grimacer pendant cette minute sublime : il fut immédiatement saisi et mis aux fers par les deux pieds.

Après la prière, les chants et les jeux de la soirée commencent. C'est alors le moment des agréables flâneries sur la dunette. La fraîcheur du soir ranime tout le monde. Renversés dans les longs fauteuils qui viennent de Saïgon, on suit des yeux, en rêvant, les courbes immenses que tracent sur le ciel les mâts balancés par la houle; la vaste voilure sombre forme comme des nuages dans la nuit; la lune blanchit la mer et le navire ; les brillantes constellations de l'hémisphère austral et la croix du sud paillettent le ciel, et on se livre à de longues causeries coupées seulement, de temps à autre, par les sons de la cloche du bord qui pique les heures, par la voix de l'officier de quart qui commande, par les appels des factionnaires et par les cris baroques des maîtres qui réveillent au quart.

Le temps passe cependant. Un mois s'est écoulé depuis notre départ de Saïgon. Nous passons, sans y relâcher, près des Seychelles, dont les bizarres cocos doubles viennent flotter autour de nous ; nous coupons du sud au nord l'équateur, que nous avons traversé du nord au sud vingt-sept jours avant, et nous arrivons en vue de Raz-Hafoun : ce n'est qu'une terre bleuâtre dans le lointain, mais qu'elle nous semble belle !

Le lendemain, nous doublons le cap Guardafui et, le surlendemain, nous laissons, encore une fois, tomber l'ancre en rade de Steamer-Point.

Vingt-quatre heures à Aden, et nous nous remettons en marche. Périm, Moka, le Tas-de-Foin, la Grande-Harnish, Ada-Eyle, l'île Longue, la grande Zebayer, Djébel-Teer, défilent de nouveau à nos yeux. A peine avons-nous quitté le mouillage, que la chaleur devient insupportable. Ce que nous avons appris hier à Aden n'est pas fait pour nous rassurer. Un transport de l'État qui fait le même voyage que nous, et qui, quelques jours avant, avait touché à Steamer-Point en allant en Cochinchine, avait perdu dans la mer Rouge six hommes de son équipage, foudroyés par des coups de soleil. L'année d'avant, notre navire lui-même, traversant la même mer à la même époque, y en avait perdu quatre. Un autre transport avait, en même temps, vu mourir huit personnes, dont trois officiers et une sœur de charité. La veille même de notre passage à Aden, une frégate allemande s'y était arrêtée pour y enterrer son médecin major, mort de la même façon. Toujours des morts pendant ce retour lugubre !

Si l'Océan séchait tout à coup, la route qui mène de Cochinchine en France serait marquée sur le fond par une longue suite de squelettes, comme ces ossements blanchis qui marquent dans le désert le chemin suivi par les caravanes.

Ce qu'il y a de plus terrible, c'est que toutes ces victimes ne succombent pas sous l'influence directe du soleil dont, à la rigueur, on peut toujours se garantir ; il en est qu'on trouve morts dans leur chambre où la chaleur les a suffoqués. Et nous allons traverser cette fournaise ! Aussi quelles précautions ne prenons-nous pas ! Au panka et aux bonnettes, nous ajoutons des manches à vent envoyant dans le carré un courant d'air qui semble délicieux. On va se tenir près de la bouche de ces conduits, comme on se tient en hiver devant le foyer d'une cheminée ; on se couvre la tête de bonnets mouillés ; il en est qui s'administrent des douches par-dessus leurs habits, pour les garder ainsi ruisselants sur leur corps ; on se tient dans l'avant-carré, à l'ouverture des sabords, couchés sur des nattes de joncs ; notre appareil à glace fonctionne sans cesse, et on boit, on boit toujours, ce qui n'est pas ce qu'on fait de mieux.

Nos matelots souffrent malheureusement plus que nous. Un jour, l'un d'eux s'affaisse tout à coup sur le pont : il était mort, comme s'il eût été frappé d'une attaque d'apoplexie ; le lendemain, un autre nous est apporté en délire : glace, saignées, ventouses, rien n'y fait, et il meurt dans la nuit ; le surlendemain, un troisième se met à courir en hurlant dans la batterie : il était devenu subitement fou, et sa folie n'a jamais cessé.

La température moyenne de l'air est de 40° à l'ombre ; celle de la mer elle-même est de 35° à quelques mètres de profondeur ; et, nuit et jour, cette chaleur est constante. Son effet est tel, que dans notre office, dans nos armoires, des verres vides cassent d'eux-mêmes avec un bruit sec, comme si on y versait de l'eau bouillante. Et avec cela, un tangage énorme, un tangage à donner le mal de mer à un phoque, nous balance d'Aden à Suez. Le vent saute continuellement du nord au sud et du sud au nord. S'il vient contre nous, il nous envoie toute la fumée à l'arrière et il nous étouffe ; s'il souffle en poupe, c'est encore pis : nous marchons assez vite pour ne plus le sentir et nous nous trouvons dans un calme atmosphérique qui nous asphyxie. On est toujours inondé de sueur ; quelques passagères que nous avons à bord s'abandonnent sur leur lit, la porte de leur cabine ouverte, dans un état presque complet de nudité, et les efforts de notre lieutenant ne parviennent qu'à grand'peine à les rappeler au sentiment de la pudeur. Inutile de dire qu'il faut renoncer à tout travail intellectuel, sous peine d'éprouver, après cinq minutes d'efforts, des lourdeurs de tête, des tintements d'oreille et des vertiges; ceux-ci sont souvent causés par les clartés éclatantes qui nous environnent. Le ciel, en effet, n'est plus bleu : c'est une lumière infinie ; le soleil semble être partout à la fois; le firmament a l'air d'un immense dôme de verre blanc, qui serait placé à une distance incommensurable et qu'un flot de lumière électrique éclairerait par derrière. Les troubles digestifs deviennent plus nombreux encore ; on ne peut plus manger ; la moindre égratignure ne veut plus guérir ; une piqûre de moustique devient un ulcère. Le sommeil lui-même est perdu ; on passe la nuit à changer de place sur sa couchette; la chaleur du corps et celle de l'extérieur s'emmagasinent si bien dans les coussins, qu'un thermomètre placé entre la tête et l'oreiller atteint et dépasse 50°; on est, à chaque instant, réveillé en sursaut par une sensation douloureuse de brûlure qu'on sent sur un point limité du crâne, comme si ce point était frappé seul par un rayon solaire. Et nos pauvres alités ! Quels jours de souffrance pour eux ! Comme cette traversée doit leur sembler interminable !

Il est, à bord du navire même, un lieu où la chaleur est plus atroce encore, un lieu où il semble impossible qu'un être humain puisse vivre : c'est la chambre de chauffe. Nous avons essayé d'aller en mesurer la température. Armé d'un thermomètre et nous brûlant les mains aux rampes de métal, nous sommes descendus dans ce véritable enfer. Autour d'une salle étroite, aux parois de fontes, huit fourneaux embrasés brûlent en ronflant; aucun Européen ne pourrait résister à ce travail diabolique ; ce sont des Arabes pris à Aden pour cette besogne qui en sont chargés. Complètement nus, leurs corps noirs et suants brillent à la clarté des feux qui les éclairent d'une rougeur fantastique; leurs dents blanches, leurs cheveux crépus, leurs yeux brillants donnent à leur aspect quelque chose d'infernal. Ils sont toujours huit qui chauffent à la fois et ils ne se relèvent que toutes les heures ; leur chef les entraîne par un chant monotone qu'ils répètent avec lui. Il semble que la respiration s'arrête, quand on pénètre dans cet atelier de Cyclopes. Si un chauffeur ouvre un fourneau pour y enfoncer sa pelle ou son ringard rougi, on éprouve à la face la sensation d'une vraie brûlure, on croit recevoir un jet de flammes. Nous ne sommes pas dans cette atmosphère depuis une minute, que notre thermomètre marque déjà 60°, et que nous nous enfuyons, renonçant à notre expérience.

Près de cet antre, on a livré à ces ouvriers du feu une salle où ils vont se reposer ; c'est un grand trou noir, qui n'a qu'une porte pour ouverture et qui n'est que vaguement éclairé par une lampe de mineur. Ceux d'entre nos Bédouins qui ne sont pas de service viennent, nus ou vêtus de gandouras blanches, la tête couverte d'un turban noir, s'y accroupir sur des nattes ou s'y coucher sur des caissons, la face couverte d'un linge blanc qui dessine leurs traits anguleux, comme le fait un linceul sur la figure d'un mort. La plupart fument le narghilé, en puisant du café dans un large baquet, pendant qu'un grand nègre, debout au milieu d'eux et déployant son vaste torse, leur chante je ne sais quelle histoire dont ils accompagnent le refrain plaintif en balançant leur tête et en frappant dans leurs mains. Nous ne sommes plus à bord : nous sommes au fond d'une des voûtes les plus sombres et les plus pittoresques de la casbah d'Alger.

A côté de cette curieuse réunion, se trouve la salle de bains de cet équipage étrange : des auges toujours pleines l'entourent, et le plancher de zinc en est sans cesse inondé d'eau et de savon ; la clarté douteuse d'une petite lampe éclaire ce réduit ; des Arabes nus s'y frottent mutuellement avec des poignées d'étoupe : encore une scène du vieil Alger transportée dans les profondeurs de notre navire : c'est un recoin de bains maures.

Enfin, nous mouillons à Suez! Quel joyeux accueil, quelle réception enthousiaste on fait aux figues, aux raisins, aux pastèques ruisselantes que nous apportent les Arabes! Les provisions de fruits et de légumes faites à Singapour n'ont pas duré longtemps, et il y a plus de trois semaines que rien de frais n'a paru sur notre table. On ne peut savoir, à terre, combien est pénible cette privation, combien un brin de cresson semble délicieux à des bouches enflammées par le long régime des conserves ! Il y a quelques jours, nous avons fait une véritable ovation à notre chef de gamelle : il avait réalisé une salade verte avec des queues d'oignons que l'humidité avait fait germer dans la cale et que le hasard lui avait fait découvrir !

Nous ne sommes pourtant pas au bout de nos peines : il y a encore le canal à traverser. Deux jours nous suffisent heureusement, et nous entrons dans la Méditerranée.

Quelques jours après, dans la soirée, nous traversons le canal de Messine, où nous avions passé de nuit en allant : c'est splendide! Voici d'abord, à gauche, la Sicile, longue ligne de montagnes dentelées qui commencent vers le sud par l'Etna fumant; voici, à droite, la côte de la Calabre, accidentée, boisée et coupée de larges torrents. Puis voilà, d'un côté, Reggio, avec ses trois phares et, de l'autre, Messine. Sur les rives de la Sicile, comme sur celles du continent, une succession ininterrompue de villages s'illuminent comme pour une fête; voilà enfin Charybde, qui engloutissait la mer pour la vomir contre les vaisseaux, et Scylla aux six têtes monstrueuses qui dévoraient les marins. Et pendant que nous admirons ce spectacle grandiose, des flancs de notre bateau, par les manches à vent, sort le chant de nos Arabes, qui nous arrive comme un écho de pays entrevus et déjà bien loin de nous.

Encore un jour, et le Stromboli reparaît à nos yeux; le lendemain, c'est la Corse; le surlendemain enfin, brillent à l'horizon les clartés amies d'un phare dont nos passagers se répètent le nom avec émotion : c'est Camarat! Camarat, c'est la France! Cette France qu'ils ont quittée depuis longtemps! Cette France que, si souvent, ils ont cru ne plus revoir!

Après Camarat, c'est l'île des Titans ; puis c'est Porquerolles ; puis Cépet, Sicié, Saint-Mandrier ; enfin, l'hélice s'arrête, la chaîne des ancres se déroule avec un fracas joyeux, le navire est immobile : nous sommes en rade de Toulon !

FIN.

TABLE DES MATIÈRES

CHAPITRE I.
MÉDITERRANÉE ET PORT-SAÏD.

Départ. — Le Stromboli. — En mer. — Arrivée à Port-Saïd. — Population. — Quartier européen. — Casino. — Quartier arabe. — Fellahines et Nubiennes. — Marché.   5

CHAPITRE II.
CANAL DE SUEZ ET MER ROUGE.

Canal. — Lac Menzaleh. — Le désert. — El Guisrh. — Lac Timsah. — Lacs Amers. — Golfe de Suez. — Fontaine de Moïse. — Suez. — Côtes d'Afrique. — Périm et Obock.. 30

CHAPITRE III.
ADEN ET OCÉAN INDIEN.

Arrivée à Aden. — Aden. — Citernes de Tawila. — Les bayadères noires. — Les Parsis. — Les Somâlis. — Steamer-Point. — En mer. — Effet de roulis. — La vie à bord... 79

CHAPITRE IV.
POINTE-DE-GALLES ET GOLFE DU BENGALE.

Pointe-de-Galles. — Population. — Les Cinghalais. — Marché. — Route de Colombô. — Végétation. — Éléphants. — Palanquins. — Épices. — Pagode hindoue. — Bayadères. — Dungalow... 98

CHAPITRE V.
SINGAPOUR ET GOLFE DE SIAM.

Arrivée à New-Harbour. — Coquillages. — Singapour. Environs. — Jardins de Wan-Poa. — Village malais. —

Hôtel européen. — La nuit au quartier chinois. — Lucioles. — De Singapour à Saïgon........................ 131

CHAPITRE VI.
SAÏGON.

Géographie. — Saïgon. — Jardin et hôpital. — Bibelots et incrustations. — Bord du Dong-Naï. — Population. — Jonques et sampans. — Marché. — Monnaies. — Produits. — Buffles. — Animaux divers................. 157

CHAPITRE VII.
LES ANNAMITES.

Annamites. — Costume. — Habitations. — Bétel. — Organisation. — Lois. — Langue. — Enterrement annamite. — Chambre des ancêtres. — Respect des aïeux. — Tombeaux. — L'évêque d'Adran...................... 206

CHAPITRE VIII.
CHÔ-LEN ET LES CHINOIS.

De Saïgon à Chô-len. — La ville. — Magasins. — Exécution. — Écriture chinoise. — Costume. — Queue. — Petit pied. — Pagode. — Religion. — Théâtre chinois. — Musique et jeux. — Rue aux fleurs. — Fumerie d'opium. 246

CHAPITRE IX.
DE SAÏGON AU TONKIN.

De Saïgon à Haï-Phong. — Le Delta. — Histoire. — Expédition de Francis Garnier. — Expédition du commandant Rivière. — Début du conflit franco-annamite. — Le Tonkin, colonie française...................... 292

CHAPITRE X.
DU TONKIN A TOULON.

Du Tonkin à Saïgon. — Départ de Saïgon. — En Malaisie. — Détroit de Banka. — Détroit de la Sonde. — Sous l'équateur. — Dans la mer Rouge. — Chauffeurs arabes. — Retour à Toulon............................. 333

2840-85. — Corbeil. Typ. et stér. Crété.

A LA MÊME LIBRAIRIE

NOUVELLE COLLECTION DES AUTEURS DRAMATIQUES
DU XVIe, DU XVIIe ET DU XVIIIe SIÈCLE

Magnifiques volumes in-12, format anglais, ornés de gravures, supérieurement imprimés. Chaque volume broché.. **3 fr. 50**

Le Théâtre français au XVIe et au XVIIe siècle. Comédies antérieures à Molière. Notice sur chaque auteur par M. **Édouard Fournier**. 2 vol.

Pierre Corneille (1606-1684). Théâtre complet. 3 vol.
— — Théâtre choisi.

Rotrou (1609-1650). Théâtre choisi. Notice par M. **Félix Hémon**.

Scarron (1610-1660). Théâtre complet. Notice par M. **Ed. Fournier**.

J. de La Fontaine (1621-1695). Comédies et Fables.

Molière (1622-1673). Œuvres complètes. Seule édition complète en 2 vol.

Thomas Corneille (1625-1709). Théâtre choisi. Introduction par M. **Édouard Thierry**.

Ph. Quinault (1635-1688). Théâtre choisi. Introduction par M. **Victor Fournel**.

E. Boursault (1638-1701). Théâtre choisi. Introduction par M. **Victor Fournel**.

Racine (1639-1699). Théâtre complet.

Regnard (1647-1709). Œuvres. Introduction par M. **Édouard Fournier**. 2 vol.

Dancourt (1661-1726). Théâtre choisi. Notice par M. **Francisque Sarcey**.

J. de Crébillon (1674-1762). Théâtre complet. Introduction par M. **Auguste Vitu**.

Destouches (1680-1754). Théâtre choisi. Notice par M. **Édouard Thierry**.

Marivaux (1688-1763). Théâtre complet.

Voltaire (1694-1778). Théâtre complet.

Beaumarchais (1732-1799). Théâtre complet, avec une Notice par ***.

Collin d'Harleville (1755-1806). Théâtre complet. Introduction par M. **Édouard Thierry**.

Picard (1769-1828). Théâtre choisi. Notice par M. **Ed. Fournier**.

Chefs-d'œuvre dramatiques du XVIIIe siècle. 2 vol. avec une Notice sur chaque auteur par **J. Janin**.

Boileau (1635-1716). Œuvres. Introduction par M. **Édouard Fournier**.

www.ingramcontent.com/pod-product-compliance
Lightning Source LLC
Chambersburg PA
CBHW060605170426
43201CB00009B/898